Über dieses Buch

Fast als ein Novum in der Weltliteratur haben wir hier (ursprünglich in deutscher Sprache) die authentische Biographie eines lebenden Avataras!
In lebhaften Bildern schildert der allgemein bekannte Indologe und Ayurveda-Heilpraktiker Dr. phil. P. J. Saher (zur Zeit in Dortmund) spannende Auszüge aus dem Leben eines äußerst ungewöhnlichen - jedoch nicht unheimlichen - mystischen Meisters (= **Avatara**).

Was zunächst als sensationslüsterne Effekthascherei erscheinen mag, entpuppt sich durch poetisch sanfte Erläuterungen als das gelungene Eindringen des Kosmos, der Weisheit, sogar der Transparenz in unsere Alltagswirklichkeit.

Auf den Seiten dieser von anziehendem Erzähltalent und kritisch wissenschaftlichem Geist gestalteten Darstellungen eines (beinahe) unglaublichen Lebens wird ein Leitbild von einer so ungeheuerlichen Größe offenbar, daß es auch den allerskeptischsten Leser von der ersten bis zur letzten Seite atemlos in Bann schlägt.

Man kann dieser hinreißenden Lebensbeschreibung die Fähigkeit aussprechen, eine geistige Umwandlung (im Sinne des Wassermannzeitalters) auszulösen; denn hier werden dem Logos Tatsachen zugänglich, denen sich bisher nur der schüchterne Glaube bestenfalls zu nähern wagte.

Dem dankbaren Leser wird ein Einblick in diese wunderbare Welt fernöstlicher Magie gewährt; eine Enträtselung des unheimlich Geheimnisvollen aus dem Land der Götter; ein Einblick in eine Welt, die seltenst ein Reisender je zu sehen bekommt.

Anstelle verquaster Scheinesoterik soll dieses Buch Grundlage sein für das Verständnis uns fremder Kulturen und uns zunächst "exotisch" anmutender religiöser Vorstellungen - ein Verständnis, das unerläßlich die Basis einer multikulturellen Gemeinschaft bildet. Denn obschon der religiöse Glaube in der Gemeinschaft gelebt wird, bleiben die mystisch-esoterischen Erlebnisse ein sehr personotropes Anliegen des einzelnen. Diese "Seher" kennen seit Jahrhunderten Fakten über unser Universum, die die Hochtechnik erst über Großinstrumente bestätigt hat. Dieses Buch stellt spannende Episoden aus einer selbst erlebten Esoterik gegenüber und macht deutlich, wo trotz aller "Unglaublichkeiten" die Authentizität des Erlebten liegt. So wird der Leser ernstgenommen und wird selbst zum Miterleben der geschilderten Errungenschaften herausgefordert.

Zu dem Fremwort **Avatara** (sprich: "au-taar")
aus dem Sanskrit = Avatara, zusammengesetzt von
ava = vom Himmel hoch herabsteigend und
tri = gestaltnehmend in die Menschheit hinübergehen,
in einem Wort: Umgestaltung. (Daraus wurde später tibetisch:
Tara = die Frau als Inkarnation des Göttlichen.)
Gemeint in beiden Fällen, ob Mann oder Frau, ist ein
Erleuchtung vermittelndes Wesen und somit eine versinnbildlichung *einer* von vielen Facetten Gottes, die dadurch
unterstrichen wird. So ein höheres Wesen, ob Mann (**Avatara**)
oder Frau (**Tara**), läßt sich nur aus Mitleid in einem sterblichen
Körper inkarnieren - besser gesagt: *sich umgestalten,*
um der leidenden Menschheit zum **Licht** zu verhelfen.

Dr. phil. P. J. Saher

DER AVATARA

Hilfe aus dem Unfaßbaren

Mosaik eines multidimensionalen Lebens

ISBN 3- 89478-089-4

Copyright (c) 1994 by
EWERTVERLAG
D-26889 Rhede (Ems)
04964 1363 + 05961 6511 fax 04964 1831

ZARATHUSTRA

Urbild eines Avataras

Dr. phil. P. J. Saher

DER AVATARA

Hilfe aus dem Unfaßbaren

Mosaik eines multidimensionalen Lebens

EWERTVERLAG

"Der brennende Wunsch,
die Wirklichkeit zu steigern... (zeigt),
daß wir stärker sind als sie;
... Wirklichkeit? Die
Wirklichkeit ist niemals genug,
Zauber tut not.
Wieder sah ich
zwischen der Wirklichkeit und dem,
was mir vernünftig schien, einen
hoffnungslosen Abgrund liegen."

Hermann Hesse

(Kindheit des Zauberers: VI, 372 u. a. S.)

POST FATA RESURGO
(Zum Hinscheiden von Soli Tavaria)

Sage nicht, er sei tot - er lebt!
Oh, welche Wonne, auch im Sterben süß,
Lichterglanz im Lichtkranz von Sirius,
Inbild der Lehre, von Sternen umschwebt.

Trauern wir Waisen: "Ach, kehre wieder!",
Auf ihn nicht achtend wird Irrtum vermehrt.
Vergebens hätte er uns dann gelehrt,
Andächtig lauscht er den Engeln im Chor,
Ruft standhaft mit ihnen "Excelsior!"
Ihm folgen Erwählte. - Heilig vollendete
Arbeit, sie fleht Avataras hervor.

Parsivals Segen liegt auf der gottwärts gerichteten Bahn.
Jubelnd weht Atemwärme hoher Wesen das prächtige Lichtgewand.
Sollen ärgerliche Nichtigkeiten wie der Tod
   - irdische Unterbrechungen - ihn uns nehmen?

Vorbemerkungen

Der Avatara = der Vizeregent
als Vollstrecker von Götterratschlüssen.

*"Das Deutliche und
Lichte braucht indes
das Dunkle und den Schatten,
sonst gäbe es nichts zu
verdeutlichen."*

Heidegger
(Der Satz vom Grund)

Widmung

Gewidmet dem Andenken des soeben hingeschiedenen (28. Mai 1994) Großyogameisters

Seth S. N. TAVARIA,

einem Oheim des Verfassers, der auch sein Lehrer in der Kindheit war.
Er hinterließ auch im Westen, besonders in Deutschland, ihm sehr zugetane Freunde. Auch ihnen sei dieses Buch ein verbleibendes Zeichen von Trost als auch der den Tod überwindenden Freundschaft.

"Sage nicht, O Ananda,
daß der gute Freund nur
der halbe Weg zum Heil ist;
er ist der g a n z e Weg."

Buddha

Inhaltsverzeichnis

	Vorbemerkungen	15
	Einleitung	
	Einmal nach Bombay!	
	- Re-inkarniert (bzw. 'strafversetzt') auf Erden -	19
1	Im Reiche der unheimlichen Geister!	35
2	Geheimnisse der Wüste Gobi	40
2a	Intermezzo (einige überbrückende Randnotizen)	49
3	Das Gold der Parsen	67
4	Nachprüfbare Berichte über Wunderheilungen	79
5	Als Geisel im indischen Urwald	85
6	Kommunikationsprobleme mit Krokodilen	95
7	Das mordende Musikinstrument	105
8	Nichts ist wundersamer als die Wahrheit	111
9	DIE GRALSSUCHE: nach dem Sinn des Seins	124
10	Die angeborenen Lehrmeister (parapsychologischer Kenntnisgewinn)	133
11	Mit der Kundalini durch die Chakras	139
12	Die Bekehrung eines Ungeheuers	149
Nachtrag I	Zur Philosophie der Indo-Germanen Erklärungen zu dem Begriff: AVATARA	160
	Addenda: Brief einer buddhistischen Nonne	168
Nachtrag II	DER WETTLAUF MIT DEM TODE (Prema überflog das Bermuda-Dreieck)	
	A: Premas Bericht in Ich-Form	171
	B: Erklärungsversuch des Autors	175
ANHANG		181

Auch MILAREPA (der große Yogi aus Tibet) hat nicht ohne Grund einem seiner Schüler sein Leben sehr eingehend beschrieben. Die wahrheitsgetreue Darstellung des Lebens eines Meisters ist aber außerordentlich bedeutungsvoll, da das Lesen oder Hören einer solchen Biographie eine Saite zum Schwingen bringen oder eine innere Quelle erwecken kann, die größten geistigen Gewinn ergibt. Häufig ist auch ein solches Leben durch wundersame Ereignisse und Begegnungen derart interessant, daß allein aus diesem Grunde eine schriftliche Fixierung lohnenswert wäre.

Der Lebenslauf eines Meisters (erst recht, wenn er zudem auch ein PSI-Yogi ist) hat z w e i wesentliche Aspekte, den irdischen (chronologisch-biographischen) und den metaphysischen (esoterischen). Der irdische Aspekt läßt sich auch in Form eines Stammbaumes wiedergeben; für den e s o t e r i s c h e n aber genügt es, Wesentliches in Auszügen darzustellen.

Eine authentische Biographie ist aber keine Hagiographie, in der ein 'Meister' wie ein Musterschüler zu fungieren hat zwecks Lieferung von Leitbildern oder als 'Mut-macher' für ethische Aspiranten. Denn gerade ein AVATARA-ähnlicher Meister*) ist weniger als 'Vorbild', eher als Ausnahme in die kosmische Geschichte gestellt. So versuche man auch eventuell befremdende oder gar abstoßende Lebensberichte zunächst einmal ruhig hinzunehmen. Man vermeide, sich zum 'Richter' des Lebens eines Fremden (erst recht eines PSI-Yogis) zu machen. Eigentlich kommt es beim Lesen aller hochesoterischen Werke primär auf das Hinnehmen an; eben deshalb sind sie ja auch 'esoterisch'.

---

*) In diesem Fall zugleich auch ein Ayurveda-Heiler, der noch lebt und hier im Ruhrgebiet als Heilpraktiker tätig ist.

EINLEITUNG

EINMAL NACH BOMBAY!

= Re-inkarniert (bzw. 'strafversetzt') auf Erden =

"Etwas lieben zu können
welche Erlösung!"
Klein und Wagner: V, 224

Es ist wohl kaum als Zufall anzusehen, daß mein Meister in eine p a r s i s c h e Sippe hineingeboren wurde - sind doch gerade die P a r s e n aufgrund ihrer Geschichte und ihrer engen Beziehungen zum Abendland prädestiniert, die Rolle des Mittlers zwischen Ost und West mit Aussicht auf Erfolg zu spielen. Die Tendenz der Evolution ist (nach den Worten des Meisters, dessen Leben wir schildern wollen) in zunehmendem Maße auf Verständigung zwischen Ost und West gerichtet. In geistiger Hinsicht wird in Zukunft der Akzent ganz eindeutig auf umfassender *Synthese* liegen müssen, wenn man dem kosmischen Trend nicht entgegenarbeiten will. Seit der Renaissance hat auf dem Gebiet des logischen Denkens im Abendland die Analyse übertrieben stark im Vordergrund gestanden.*)

Diese Entwicklung hat in gewisser Weise in eine Sackgasse geführt. Nun ist es an der Zeit, der Synthese den ihr gebührenden Platz einzuräumen. Hier wird das Wort 'Parse' beinahe zu einem Synonym für die geistige Richtung der zukünftigen Entwicklung. Gehören doch die Parsen zu dem i r a n i s c h e n Zweig der a r i s c h e n Familie, der sich von seinem i n d i s c h e n Zweig getrennt hatte. Nun leben die aus dem irano-arischen Raum kommenden Parsen eingebettet im indoarischen Raum - auch eine Art von Synthese, wenn man so will.

*) vgl. J.Gebser, *Ursprung und Gegenwart*, Stuttgart 1953

Mein Meister hat mehrfach betont, daß er seiner Zugehörigkeit zur Familie der Parsen eine symbolische Bedeutung beimißt, denn seine Mission steht eindeutig unter dem Leitstern der Synthese.

Da die Parsen nur untereinander heiraten, ist es verhältnismäßig leicht, den Familienstammbaum zu verfolgen. Nach parsisch-indischer Zeitrechnung wurde der Meister am 18. April 1932 in Bombay geboren, nach europäischer Rechnung jedoch erst am 19.

Die Geburt ereignete sich um 1.00 Uhr nachts; da die Parsen den Tag jeweils von Sonnenaufgang zu Sonnenaufgang rechnen, ergibt sich die beschriebene Diskrepanz.

Der Vater des Meisters stammt aus einer Familie, die den Adelstitel - K h a n d a n (= Freiherr) - führen durfte. Der Khandan-Titel gestattete seinen Trägern geringe Vorrechte. Der Stammsitz der Familie war das noch heute existierende Schloß "Fort-Songhad", das nach der indischen Befreiung von der englischen Vorherrschaft in "Killa-Songhad" umbenannt wurde. Dieses Schloß liegt allerdings so entlegen mitten im Urwald, daß es schon zu Zeiten des Vaters kaum noch bewohnt wurde und allmählich verkam.

Die väterliche Familie nahm ihren Wohnsitz in dem ehemals bedeutenden Handelszentrum Navsari (sprich: Nausari), das etwa 200 km von Bombay entfernt liegt.

Diese Stadt war, bevor Bombay Bedeutung erlangte, eine Hochburg der Parsen. Den in Navsari geborenen Parsen sagt man besondere (auch para-psychische) Charaktereigenschaften nach; man spricht von N a s a k r a[*] und meint damit eine eigenartige Mischung guter und schlechter Eigenschaften, die aber alle irgendwie besonders ausgeprägt sind. Eine Nasakra Eigenschaft, die der väterlichen Familie nachgesagt wurde, war z.B. ein unabänderlicher Wille; wenn einmal eine Entscheidung getroffen war, dann wurde auf ihr beharrt, auch wenn sie sich inzwischen als völlig falsch und äußerst nachteilig erwiesen haben sollte!

Der Meister ist sehr glücklich, daß er wenigstens einmal in seinem Leben die äußerst beschwerliche Reise nach "Killa-Songhad" unternommen hat.

[*] Eine in der Umgebung von Navsari geborene Person

Die eine ganze Nacht dauernde Eisenbahnfahrt führte zunächst bis Surat*), dem bedeutenden Handelsort, der den Reichtum der Parsen begründet hat. Dann ging es weiter nach Amalgundi**), der letzten Siedlung auf dem Weg zum Schloß. Dort hört auch buchstäblich die Zivilisation auf. Nun hieß es, in einen unangenehm rumpelnden Karren umsteigen und in den Urwald eindringen! Nach mühsamer, bergauf führender Kletterfahrt durch die unerträgliche Hitze gelangte der Reisende schließlich ans Ziel. Die Naturpracht der Urwaldlandschaft war so überwältigend, daß die Strapazen völlig in den Hintergrund traten. Ein glücklicher Zufall fügte es so, daß sich das Schloß seinem künftigen Erben am Tag der Ankunft von seiner besten Seite zeigte. Obwohl der junge Herr unangemeldet kam, wehte die Fahne mit dem Familienwappen ihm entgegen und hinterließ einen nachhaltigen Eindruck.

Der damals 15jährige Meister hatte den Zeitpunkt der Reise sehr glücklich gewählt, denn bei seiner Ankunft wurde auf dem Familiengrundstück der Saidhar gerade der einmal im Jahr stattfindende 'Markt' der Urwaldbewohner abgehalten. Die Bezeichnung Markt ist etwas schmeichelhaft, denn es werden nur Armseligkeiten feilgeboten. Die Urwaldlandschaft war von überwältigender Schönheit; über lange Strecken verläuft der Taptifluß parallel zur Eisenbahnlinie. Das unvorstellbare Wachstum der Pflanzen ließ den Gedanken an eine Amazonaslandschaft aufkommen. In diesem Fluß ist der Meister an heißen Tagen oft bis zum Bauch im Wasser gewandert und erinnert sich noch mit Freude an den angenehmen Kontrast des kühlen Wassers zu der sonnendurchglühten Luft. Die Urwaldbewohner lebten noch in einem vor-zivilisierten Zustand. Sie sprachen eine unbekannte Sprache und pflegten fremdartige Sitten.

Der Erhabene sprach oft über die Versäumnisse der indologischen Forschung, die diese seltene Gelegenheit ungenutzt ließ, einen Einblick in das seltsame Leben dieser Menschen zu nehmen.

Dem Meister war es vergönnt, wenigstens etwas von diesen Menschen in Erfahrung bringen zu können. Diese 'Primitiven' besaßen ein enormes parapsychologisches Wissen und eine treffsichere Intuition.

*) Sitz der ersten europäischen Aktiengesellschaft auf asiatischem Boden
**) Wälder geistiger Heiterkeit

Obwohl diese Menschen sehr zurückgezogen lebten und Fremden kaum Einblick in ihre Lebensgewohnheiten gestatteten, hatte der Meister zu ihren Hütten jederzeit Zutritt. Ja, sehr häufig knieten diese Menschen vor ihm hin - dem damals Fünfzehnjährigen selbst unbegreiflich.

Die Urwaldbewohner besaßen in hohem Maße die Gabe des Wahrsagens. Zwei englische Offiziere waren nicht wenig erstaunt, als ihnen einer dieser Menschen zahlreiche ihrer Erlebnisse aus dem ersten Weltkrieg erzählte.

Anschließend prophezeite der Wahrsager ihnen in symbolischer Sprache den zweiten Weltkrieg und dessen Ausgang mit etwa folgenden Worten: zwei Riesen werden miteinander ringen, aber der Riese zur linken wird den Riesen zur rechten überwinden. Von Indien aus gesehen (gegen Norden) liegt England 'links' und Deutschland (relativ zu England) 'rechts'.

Nach Abschluß des 'Marktes' kam eine Abordnung der Urwaldmenschen zum Meister und überreichte ihm zum Dank dafür, daß er die Abhaltung des Marktes zugelassen und es ihnen auch gestattet hatte, aus seinem Brunnen Wasser zu schöpfen, einen wunderschönen, in kunstvoller Handarbeit hergestellten Wassertopf aus einer besonderen Tonmischung. Dieser Topf hatte die Eigenschaft, eingefülltes Wasser auch bei glühender Hitze angenehm kühl zu halten; die Tonmischung ergab eine so hohe Porosität, daß das Wasser durch Verdunstung stets kühl blieb.

Der Meister kann sich noch gut erinnern, mit welcher Ehrerbietung diese 'Primitiven', die mit nacktem Oberkörper herumgingen, ihm stets begegnet sind. Der feinentwickelte Instinkt hatte sie den Avatara in dem Halbwüchsigen klar erkennen lassen!

Der Aufenthalt auf Killa-Songhad war angefüllt mit freudigen Erlebnissen und Begegnungen. Am Abend kam stets ein Erzähler aufs Schloß, der im Freien unter dem herrlichen Sternenhimmel wundersame Märchen erzählte, die Luft war erfüllt vom geheimnisvollen Urwaldduft; einmal kam auch ein Tiger, der eine Matratze des Meisters entführte! Zur Abwehr von Tigern besaßen die Schloßbewohner Gewehre, doch der Meister begnügte sich mit einer starken Taschenlampe. Fiel der Lichtkegel auf den Tiger, so zog er sich augenblicklich in den Urwald zurück. Wegen der großen Hitze schlief man stets im Freien - von Insekten völlig unbehelligt.

Alle diese glücklichen Erlebnisse und Umstände auf Schloß Songhad lassen den Meister noch heute mit inniger Freude an seinen Aufenthalt im Urwald zurückdenken.

Die zum Schloß gehörenden Ländereien waren im Besitz des Maharaja von Bharoda, der auch unter der englischen Kolonialregierung in seinem Gebiet frei regieren durfte. Die Ländereien waren den Saidhars von ihm zu Lehen gegeben. Der Meister war erbberechtigt und sollte nach dem Tode des Vaters das Erbe antreten. Einem esoterischen Rat zufolge lehnte der Meister die Erbschaft jedoch ab, was sich bereits kurz danach als guter Schachzug erweisen sollte. Der Maharaja wurde nämlich nach Erklärung der indischen Unabhängigkeit von der Zentralregierung entthront, und für die Lehensnehmer traten harte Gesetze in Kraft, wenn sie nicht auf dem Lehnsgrund lebten.

Auf diese Weise entging der Meister gerichtlichen Prozessen, die in der Regel mit drastischen Steuernachzahlungsbeschlüssen für die betreffenden Landeigentümer endeten.

Killa-Songhad befindet sich etwa 400 km von Bombay entfernt. Bombay hat noch keine sehr lange Stadtgeschichte; das Gebiet war einst im Besitz des spanischen Königs. Als dessen Tochter den englischen König Charles II. heiratete, brachte sie das jetzige Stadtgebiet als Mitgift in die Ehe. Es bestand damals aus sieben Inseln, die von Malaria völlig verseucht und damit so gut wie unbewohnbar waren. Als Charles Geld brauchte, verkaufte er das Gelände für DM 150 an die Ostindische Handelsgesellschaft! Bombay hat heute über 5 Millionen Einwohner.

Als Bombay sich zu einer bedeutenden Handelsstadt zu entwickeln begann, siedelten die meisten Parsen von Surat nach Bombay über. Navsari liegt etwa auf halbem Wege zwischen Killa-Songhad und Bombay.

Die meisten der in Bombay tätigen Parsen behielten oder nahmen ihren eigentlichen Wohnsitz in Navsari.

Der irdische Vater des Meisters war der jüngste von drei Söhnen. Der älteste Bruder hieß Homi und spielte in der Familiengeschichte eine interessante Rolle. Die Khandan-Familie der Saidhars war weit und breit bekannt wegen ihrer Vornehmheit; außerdem war sie in früheren Generationen ungewöhnlich reich. Jedoch bereits zu Zeiten des Großvaters des Meisters war sie schrecklich verarmt. Diese Armut hatte drei wesentliche Gründe. Zum einen soll einer der Vorfahren, es ist heute nicht mehr zu ergründen welcher, einmal im Jähzorn einen Bauernknecht erschossen haben. Als Entschädigung mußte er große Ländereien und viel Gold an die Familie des Getöteten abgeben. Seit diesem Ereignis hatte die Familie des Großvaters den Schwur getan, nie mehr zornig zu sein. Die Saidhars wurden für ihre absolute Zornlosigkeit daraufhin fast berühmt!

Ein weiterer Grund für die Verarmung: die Familie war in der Tat außerordentlich reich, aber nicht in dem Sinne von Investment-Reichtum, sondern reich an Gold, Silber und Edelsteinen. Dieser kostbare Besitz wurde in großen Wasserbehältern im Keller sorgsam verborgen gehalten. Die Geheimniskrämerei ging einmal so weit, daß die Eltern auch ihren Kindern nichts davon mitteilten, so daß nach ihrem unerwarteten Tod der Schatz in Vergessenheit geriet! Als dann das Haus in Unkenntnis des Geheimnisses verkauft wurde, war der größte Teil des Reichtums dahin.

Der dritte Grund war schließlich eine leichtsinnige Großzügigkeit - ebenfalls eine 'Nasakraeigenschaft', die in keinem gesunden Verhältnis zu den verfügbaren Mitteln stand. Es war zu einer seltsamen Art von 'Prestige' geworden, keinen Bittsteller abzuweisen.

Als der Vater des Meisters erst drei Jahre alt war, starb dessen Vater und hinterließ eine mittellose Familie. Alle drei Söhne mußten daraufhin ins Waisenhaus, da sich aus der Verwandtschaft niemand bereitfand, für die vaterlose Familie zu sorgen. In den Waisenhäusern der damaligen Zeit herrschten schreckliche Zustände; sie glichen eher Gefängnissen. Die Angestellten wurden sehr schlecht bezahlt, so daß nur gescheiterte Existenzen Stellungen annahmen. Die pädagogischen Fähigkeiten des Lehrpersonals waren entsprechend niedrig. Ein Beispiel möge die praktizierten 'Erziehungsmethoden' verdeutlichen: hatte ein Schüler seine Aufgaben nicht oder nicht ordentlich gemacht, so ließ der Lehrer ihn an sein Pult kommen, öffnete eine Schublade, in die der Ärmste seine Finger stecken mußte, und schlug die Schublade kräftig zu.

Der den Algebra-Unterricht erteilende Lehrer wandte eine besonders stupide Methode an, die jeglichen Lerneifer ersticken mußte: wenn ein Schüler eine Aufgabe falsch gelöst hatte, so mußte er zur Strafe die betreffende Aufgabe zehnmal, hundertmal oder gar tausendmal abschreiben! Dies war wohl auch der ausschlaggebende Grund, weshalb der Vater des Meisters im Abitur in Algebra versagte, obwohl er ein intelligenter und lernbegieriger Schüler gewesen war.

Neben der schlechten Behandlung durch die Lehrer hatten die Waisen auch noch manche andere Not zu erdulden. Das Essen war außerordentlich schlecht; so fanden sich nicht selten Stahlnägel in der Suppe.

Ein Fluchtversuch des Vaters, den er etwa im Alter von 13 Jahren unternahm, schlug fehl. Er wurde von einem Polizisten aufgegriffen und hatte danach umso mehr zu leiden.

Der älteste der drei Brüder, Homi, mußte zwar im Waisenhaus auch viel erdulden, aber er hatte ein besonderes Charisma. Die Menschen spürten das Besondere in ihm; er wurde rasch sehr beliebt. Seine hervorstechendste Eigenschaft war eine absolute Aufrichtigkeit. Das führte dazu, daß viele Menschen ihm ihre Ersparnisse anvertrauten und ihn so im Alter von etwas 20 Jahren zu einer Art Privatbankier machten. Er entwickelte in Geldangelegenheiten ein treffsicheres Urteilsvermögen, was den Zustrom der Rat- und Schutzsuchenden stark vermehrte. Durch Homi wurde die Saidhar-Familie weithin bekannt. Selbstverständlich brachte auch die eigene Mutter ihre letzten Ersparnisse zu ihm und machte ihn zum Treuhänder und Testamentsvollstrecker.

Homi heiratete eine Frau von legendärer Schönheit namens Dinbai. Ihre Schönheit war so ungewöhnlich, daß sie vielen unheimlich war.

Man sagte ihr nach, es habe seit Menschengedenken unter den Parsen noch nie eine so schöne Frau gegeben. Diese Ehe wurde Homi schließlich auch zum Verhängnis. Dinbai war eine sehr erdgebundene Frau, die (zunächst) keinerlei Sinn für überirdische Dinge hatte; als Charaktermängel wären ausgeprägte Rachsucht und Habgier zu nennen. Eines Tages machte Dinbai eine Reise von Bombay nach Navsari zu einem Familientreffen. Die Eisenbahnlinie führte durch ein Gebiet, das von einer Art Zigeuner bewohnt wird, die 'Schwarze Magie' ausüben. Wie bereits erwähnt, interessierte sich Dinbai (zuerst) nicht für 'okkulte' Dinge. Als der Zug in dem besagten Gebiet auf einem Bahnhof hielt, begann die Reisende eine Orange zu schälen. Plötzlich klopfte ein übel aussehender Mann ans Abteilfenster und verlangte in barschem Ton einen Teil von der Orange. Die in der

Großstadt aufgewachsene Dinbai dachte nicht daran, diesem ungehobelten Kerl auch nur ein Krümelchen von ihrer Orange abzugeben. Es geschah sonst nichts, und der Zug fuhr weiter.

Am Bahnsteig in Navsari hatte sich, wie in Indien üblich, fast die ganze Sippe eingefunden, um die Reisende zu empfangen. Man stelle sich die Bestürzung der erwartungsvollen Familienangehörigen vor, als aus dem Munde dieser bildschönen Frau anstelle von Begrüßungsworten eine männliche Stimme spricht, die einen sinnlosen Satz in einem seltsamen Dialekt mehrfach wiederholt! Die Umgangssprache der Familie war Gujarati; zwar konnten alle den 'Zigeuner-Dialekt', wenn auch nur kümmerlich, verstehen, aber niemand konnte sich erklären, wie Dinbai dazu kam. Der Satz, den sie sprach, beinhaltete etwa: "Sie mir Orange nicht gegebt!"

Die falsche Grammatik drückte ungefähr die Relation dieses Dialektes zum Gujarati aus. Der Leser ahnt schon den Zusammenhang, doch die Anwesenden waren völlig ratlos. In Navsari brachte man Dinbai zu einem kundigen Exorzisten, der sie von ihrer Besessenheit heilte.

Erst mehrere Tage nach ihrer Ankunft löste sich das Rätsel, als man sie gesprächsweise fragte, wie denn die Reise nach Navsari verlaufen sei. Dinbai erzählte auch beiläufig von einem unverschämten Kerl, der auf der Station Dhänu von ihr ein Stück Orange verlangt und natürlich nichts erhalten hätte. Da ging allen ein Licht auf, und sie machten ihr Vorwürfe, wie sie denn nur so leichtsinnig sein könne, auf so einer Bahnstation etwas zu essen usw. Diese Erklärungen machten auf Dinbai einen unerwarteten und nachhaltigen Eindruck und wurden Anlaß zu einer Familientragödie. Sie interessierte sich von Stund an nur noch für parapsychologische Praktiken in ihrer schwärzesten Form mit dem Ziel, diese Fähigkeiten ganz in den Dienst der eigenen, dunklen Absichten zu stellen. Die mit größtem Eifer betriebenen 'Studien' ließen sie auch bald eine gewisse Fertigkeit in der Herstellung zauberkräftiger Pulver gewinnen.

Plötzlich erkrankte ihr Mann Homi an einer rätselhaften Krankheit, die kein Arzt begreifen und dementsprechend auch nicht heilen konnte. Homi war bei klarem Bewußtsein unfähig, sich im geringsten zu bewegen. Nur durch Zufall kam Licht in diese dunkle Angelegenheit.

Durch die Bauweise der Häuser in Navsari bedingt, ist der Eingang am Anfang hell und setzt sich in einen allmählich dunkler werdenden Flur fort. Als zwei Freunde den kranken Homi besuchen wollten, hörten sie aus dem dunklen Teil des Korridors eine klagende Frauenstimme, die sich mit Selbstvorwürfen überschüttete. Es war Dinbai, die in der entlegendsten Ecke auf dem Boden lag und etwa folgende Worte sprach: " Ach, wie konnte das geschehen, das Pulver war doch für jemand anderen bestimmt usw". Damit wurde klar, daß Homi versehentlich ein giftiges Pulver eingenommen hatte, das für einen der zahlreichen Feinde Dinbais gedacht war!

Damit war sie selbst schwer getroffen worden, denn sie liebte ihren Mann sehr.

Nach einiger Zeit wurde Homi von seinem Zustand eines lebendig Toten durch den Tod erlöst. Kaum war Homi gestorben, raffte Dinbai in aller Eile das an Gold und Wertgegenständen zusammen, was viele Menschen vertrauensvoll Homi zu treuen Händen übergeben hatten, und verschwand!

Einen Prozeß gegen die Diebin einzuleiten war so gut wie aussichtslos, denn wie sollte man dem Gericht gegenüber beweisen, daß das Geld nicht Dinbai, sondern der Witwe Sowieso gehörte? Es gab keine Beweise, mit denen ein Gericht etwas anfangen konnte, denn alles war auf der Basis von 'Treu und Glauben' aufgebaut. Außerdem führen Parsen so gut wie nie Prozesse innerhalb der eigenen Familie. Dinbai lebte daher unbehelligt weiter in Bombay.

Wie bereits erwähnt, stammt der Vater des Meisters aus einer verarmten Adelsfamilie.

Fast konträr dazu kommt die Mutter aus einer sehr reichen, aber nichtadeligen Familie. Da Reichtum aber häufig den 'Glanz' des Adels sucht, war der Schwiegersohn aus der Khandan-Familie gerade recht. Außerdem sah der ins Auge gefaßte Schwiegersohn noch fabelhaft aus - kurz, die Hochzeit kam zustande. Wie gut der junge Ehemann aussah, mag man daran ermessen, daß er einst der Leibgarde des englischen Vizekönigs in Indien angehört hatte, die aus fünfzig ausgesuchten, bestaussehenden Indern bestand.

Die Hochzeit wurde mit großem Prunk und Aufwand gefeiert; annähernd 500 Gäste nahmen teil. Die junge Ehefrau, die nach ungefähr einem Jahr die Mutter des Meisters werden sollte, war sehr musikalisch und konnte das Harmonium hervorragend spielen. Weiterhin war sie noch für ihre kunstvollen Handarbeiten bekannt.

Der zukünftige Vater hatte sich schon damals einen guten Namen als Theaterfachmann gemacht.

Seine fundierten Kenntnisse auf den Gebieten der Dramaturgie, der Regie aber auch der Verwaltung machten ihn zu einem gesuchten Mann. Er besaß ein besonders sicheres Gefühl für das, was beim Publikum ankam, wie lange man ein bestimmtes Stück auf dem Spielplan belassen konnte etc. Wegen seiner absoluten Loyalität gegenüber seinen Arbeitgebern erwarb er sich schnell ihr volles Vertrauen und erhielt stets Generalvollmacht. Eine Episode mag den großen Idealismus dokumentieren: Während der Wirtschaftskrise in Indien Anfang der dreißiger Jahre, als die Theater als 'Luxusindustrie' die Rezession besonders hart zu spüren bekamen, arbeitete der Vater volle sechs Monate ohne einen Pfennig Gehalt nach dem Motto "Man darf seinen Chef in Zeiten der Not nie im Stich lassen!"

Die Hochzeit der Eltern hatte im Mai 1931 stattgefunden, und im April des folgenden Jahres kam der Meister in einer Klinik im Stadtteil Tardeo von Bombay zur Welt.

Das Klinikpersonal, das hauptsächlich aus indischen Katholiken bestand, nahm großen Anteil an dem Geschehen. Aus Mitleid mit dem Schmerz der jungen Mutter betete man darum, daß das Kind doch möglichst schnell geboren würde, aber wiederum nicht so schnell, daß es um Mitternacht käme, was zu erwarten stand. Eine Geburt um Mitternacht wird nämlich als schlechtes Omen gewertet. So war denn die Freude allerseits groß, als das Kind eine Stunde nach Mitternacht wohlbehalten, mit gutem Gewicht und ohne Komplikationen ankam. Eine große Überraschung gab es am Morgen des darauf folgenden Tages: die Wiege, die die ganze Zeit am Fußende des Bettes der Mutter gestanden hatte, war angefüllt mit Silbermünzen und kleinem Silberschmuck - niemand weiß, wie das Silber dorthin gelangen konnte.

Das Kind erhielt den Namen PREMALIYA (abgekürzt als Kosename Prema).

Nur noch neun Monate nach der Geburt blieben die Eltern in Bombay, da der Vater des Meisters dienstlich nach Kalkutta versetzt wurde. Die folgenden sieben Jahre waren die glücklichsten, die der Meister in seinem ganzen Leben erleben durfte. Der kleine PREMALIYA erfreute sich einer ungewöhnlichen Beliebtheit; jedermann war bestrebt, ihn zu verwöhnen und zu verhätscheln. Der Vater war Direktor des Madan Theaters, deshalb stand häufigen Theaterbesuchen nichts im Wege. Berühmte Stars, wie z.B. Saigul*) und Viktor Macleghan gingen im Hause der Eltern ein und aus. Der Meister erinnert sich noch mit dem größten Vergnügen an die riesigen, schmackhaften Eisportionen, die es in den Theaterpausen stets zu schlecken gab. Eine der ersten Kindheitserinnerungen ist der Versuch, mit Hilfe eines geschenkten Stempelkastens (building-block) den Namen des Theaters zu drucken. Aber es wollte nicht gelingen, da in den verfügbaren Buchstaben nur ein 'A' vorhanden war, und Madan enthielt unglücklicherweise zwei 'A'!

Das machte den Knaben sehr betrübt, und er nahm sich fest vor, wenn er groß und reich würde, dann wäre seine erste Anschaffung ein building-block, der zweimal den Buchstaben 'A' enthielt!

Mit in dem Hause der Saidhars lebte die jüngste Schwester der Mutter (genannt Coomie), die nur wenige Jahre älter war als der Meister. Auch sie verwöhnte den Knaben sehr, ganz im Gegenteil zu ihrer älteren Schwester. Die jüngste Tante bringt heute in Bombay eine Zeitschrift für vergleichende Religion unter ihrem Namen C.N. Tavaria heraus. Also ein weiteres Zeichen der religiösen 'Ader' der Saidhar-Familie.

In die Kindheit des Meisters fällt auch der nicht deklarierte Krieg zwischen Japan und China, der einen großen Strom von chinesischen Flüchtlingen nach Kalkutta brachte. Diese Flüchtlinge führten ein sehr kärgliches Dasein als Rikscha-Kulis oder Trödler. Die Einheimischen sahen die Flüchtlinge nur ungern, und versuchten ihren Kindern ein möglichst schlechtes Bild vom Chinesen einzuimpfen.

So erzählten sie ihnen u.a., sie sollten sich nur ja von diesen Menschen fernhalten, denn sie verschleppten mit Vorliebe kleine Kinder. Aber so etwas machte auf Premaliya gar keinen Eindruck; der Begriff 'Angst' war ihm zu der Zeit völlig fremd. Er war ein Kind, das sich vor absolut nichts fürchtete. So erinnert sich der Meister noch genau daran, wie seine Spielkameraden ballspielen wollten, aber keinen Ball hatten. Daraufhin machte

*): der "Caruso" Indiens

sich der kleine Mann auf, einen Ball zu besorgen, obwohl er einer der jüngsten war. Es war doch ganz klar, was in dieser Situation zu tun sei: Man ging in einen Kaufladen und kaufte einen Ball! Kurz entschlossen lief er in das 'verbotene' Chinesen-Getto, näherte sich einer Gruppe Kulis und sprach: "Führen Sie mich in ein Geschäft, in dem es Bälle zu kaufen gibt." Doch die Kulis konnten die Sprache des kleinen Kerls nicht verstehen und lachten nur gutmütig. Da kam eine Nachbarin und sah mit Entsetzen Premaliya in einer Gruppe lachender Chinesen stehen und gestikulieren. Sie ergriff ihn unverzüglich und brachte ihn sofort zu seinen Eltern, wo es eine große Aufregung deswegen gab.

Von seinen Eltern auf die 'Gefahr' aufmerksam gemacht, gab er zur Antwort, er glaube nicht daran, daß Chinesen kleine Kinder verschleppten, denn sonst würden sie ja auch die Erwachsenen entführen!

Die ungewöhnlich große Beliebtheit, deren der Meister sich in seiner frühen Jugend erfreute, wurde ihm sehr bald unheimlich und auch lästig. Schon damals liebte er es, sich in eine selbst gewählte Einsamkeit zurückzuziehen und über Gott und die Welt nachzudenken. Durch seinen Vater wurde er vermutlich ohne dessen bewußte Absicht auf die besondere Bedeutung des Mondes hingewiesen. Jedesmal, wenn Premaliya ein geschenktes Geldstück in seine Kindersparbüchse werfen wollte, sagte der Vater: "Warte, bis der Mond scheint"! Das Kind begann, den Zusammenhang zu erahnen.

Der Meister entwickelte bereits als Kind eine Inbrunst zum Beten. Das kam den Eltern sehr seltsam vor, denn (nach deren Meinung) beten Kinder nicht gern. Ja, häufig muß erheblicher Zwang angewandt werden, um sie dazu zu bewegen; um so unverständlicher, daß dieses Kind leidenschaftlich gern betete.

Einmal hatte Premaliya hohes Fieber, und die Eltern wollten schon den Arzt holen lassen. Aber der Junge sagte, das sei nicht nötig, er werde ohne ärztliche Hilfe gesund. Als man nach einiger Zeit nach dem Kranken schaute, fand man ihn in einer Ekstase inbrünstigsten Betens versunken. In dieser Entrücktheit rann der Schweiß in Strömen den Körper herunter, und das Fieber war verschwunden!

Das Interesse für metaphysische Zusammenhänge erwachte schon sehr früh in dem Kinde. Vor allen Dingen war es das Problem von Gut und Böse. Daß es auf der Welt so etwas wie das Böse nicht gab, hat der Meister bereits im Kindesalter strikt abgelehnt. <u>Das Böse war eine unleugbare Realität und nicht nur die Abwesenheit des Guten.</u> Mit sorgfältiger Beobachtungsgabe ausgestattet, konnte dem Jungen nicht entgehen, daß es fast grenzenlos gütige, aber auch unglaublich grausame Menschen gab. An sich selbst konnte er ebenfalls feststellen, wie er einmal von guten und ein andermal wieder von schlechten Neigungen heimgesucht wurde.

Woher mochte das nur kommen? Er begann, verschiedene Theorien über den Ursprung der Ethik zu entwerfen, aber da ihm die Wahrheit über die Herkunft von Kindern seitens der Eltern vorenthalten wurde, störte das die Entwicklung der Theorien stark. Die weitverbreitete Borniertheit vieler Eltern, über alles, was auch nur im entferntesten mit dem Geschlechtlichen zu tun hat, einen Mantel des Schweigens zu breiten, herrschte auch im Hause der Saidhars. So erinnert sich der Meister noch genau an den Aufruhr, als er in kindlicher Neugier wissen wollte, was denn die 'Brüste' seien. Schließlich gelangte Prema zu der Hypothese, daß nach der Geburt eines Kindes ein guter und ein schlechter Engel zu ihm geschickt wird. Den Eltern waren die zahllosen Fragen des Kindes nach Gott und Metaphysik äußerst unbequem. Da sie vielfach die Fragen nicht beantworten konnten, zogen sie sich aus der Affäre, indem sie sagten: "Das verstehst du noch nicht, du bist ja noch ein Kind!" Es wäre den Eltern lieber gewesen, wenn er wie ein 'normales' Kind auf der Straße gespielt hätte, anstatt unbequeme Fragen zu stellen.

Als der Meister knapp sieben Jahre alt war, reisten die Eltern mit ihm nach Bombay zu einem Halbjahresaufenthalt in der Familie der Mutter. Die Reise dauerte drei volle Tage und schien kein Ende zu nehmen. Am Bahnsteig in Bombay warteten ein älterer Herr mit einem jungen Mann auf die Reisenden. Zu dem jungen Mann faßte Prema auf den ersten Blick ein tiefes Vertrauen; es war sein Onkel, der spätere Yogi S. N. Tavaria. Was Prema sofort erfreut feststellte, war, daß sein Onkel "Soli" bereitwillig jede Frage beantwortete. Durch vieles Lesen hatte sich der Onkel, der zu der Zeit etwa zwanzig Jahre alt war, ein umfassendes Wissen erworben. Er war daher bestens in der Lage, den unersättlichen Hunger des Kindes nach jeder Art von Wissen zu stillen. Ob es um die Entdeckung Amerikas oder die Bewegung der Planeten ging, um die Probleme von Karma und Reinkarnation, der Onkel konnte erschöpfend Auskunft geben.

Der Onkel kam für Prema wie ein Geschenk des Himmels; ihm verdankt er seine eigentliche Erziehung.

Umso mehr litt der Meister unter der ebenfalls anwesenden Tante Rutty, der jüngeren Schwester der Mutter, die der genaue Gegensatz zu der unermeßlichen Güte des Onkels war. Sie verfolgte das Kind mit einem abgrundtiefen Haß; es ist unverständlich, wie ein Erwachsener einem Kind, das ihm zudem nichts angetan hat, mit einer solchen Aversion begegnen kann. Dem Meister ist dieser unbändige Haß ebenfalls rätselhaft. Es soll jedoch nach den Worten des Erhabenen geschehen, daß bei der Herabkunft eines Avataras eine Polarisierung der Kräfte stattfindet, die sich durch Menschen in der näheren Umgebung des Avataras manifestiert. Der eine Pol fördert und unterstützt die Aufgabe des Gesandten, während der Gegenpol alles daran setzt, die Mission zu vereiteln. Der Meister erinnert sich, als er einmal mit Fieber im Bett lag, wie die Tante sich ihm näherte und ins Ohr flüsterte: "Siehst du, nun haben wir dich krank gemacht, und wir werden nicht aufhören, dich zu quälen."

Merkwürdigerweise sprach sie in solchen Fällen in der Mehrzahl. Sie war allerdings eine seltsame Person.

Zu allem Unglück besaß sie einen regelrecht hypnotischen Einfluß auf ihre ältere Schwester, die Mutter des Meisters. Man kann sich also gut vorstellen, wie sie diese Gewalt rigoros ausnutzte, um ihrem Neffen zu schaden. Die Tante lebte in dem Wahn, eine 'gelehrte' Dame zu sein, sozusagen die gelehrteste der ganzen Welt. Dabei war sie schon im ersten Examen nach dem Abitur durchgefallen! Dennoch benutzte sie jede passende oder unpassende Gelegenheit, auf ihre vermeintliche Gelehrsamkeit hinzuweisen. Als der kleine Prema sie einmal fragte, warum sie denn so wenig ißt, gab sie ihm zur Antwort, 'gelehrte Menschen' äßen immer wenig. Sie beantwortete aber nie eine geistige Frage.

Der gütige Onkel war nicht in der Lage, seinen Neffen gegenüber der bösen Tante in Schutz zu nehmen, da die Familie in einer matriarchalischen Enklave lebte. In einer solchen Enklave haben die männlichen Kinder nicht den geringsten Einfluß. Das führt nach unseren Maßstäben zu grotesken Auswüchsen.

Die Töchter werden wie Prinzessinnen behandelt; sie erhalten mit der größten Selbstverständlichkeit die teuersten Kleider, während die Söhne regelrecht wie Knechte leben müssen. Söhne erhalten nicht einmal einen eigenen Kleiderschrank! Sie können sich innerhalb der Familie nicht die geringste Anerkennung verschaffen, auch wenn sie sich im Beruf eine bedeutende Stellung erworben haben. Es sei betont, daß diese Verhältnisse nicht etwa für die Parsen typisch sind. In der überwiegenden Mehrzahl herrscht das patriarchalische Prinzip, aber wer das Pech hat, in einer der seltenen matriarchalischen Enklaven zu leben, hat darunter arg zu leiden. Prema hat sehr schnell die seltsame Atmosphäre, die in einer solchen Enklave herrscht, gespürt. Er wußte auch, daß er nur der Mutter zuliebe halbwegs toleriert wurde, obwohl man sich große Mühe gab, die tatsächlichen Verhältnisse vor ihm zu verschleiern. Aber einem Familienmitglied entglitt unbeabsichtigt die Bemerkung: "Für dich werden wir natürlich nicht viel tun, denn du bist ja nur ein Sohn."

Dem Meister wurde später anschaulich demonstriert, wie es ihm ergangen wäre, wäre er als Tochter zur Welt gekommen. Zwölf Jahre nach Prema kam eine Tochter zur Welt, die in der mütterlichen Familie selbstverständlich mit offenen Armen empfangen wurde.

Alle Töchter in der Familie der Mutter zeichneten sich durch eine ungewöhnliche Schönheit aus. Das läßt den Meister den Verdacht hegen, daß es in dieser mütterlichen Linie in einer früheren Generation zu Blutschande zwischen Vater und Tochter gekommen sein muß. Auf Grund seiner Forschungen ist dem Meister bekannt, daß es am persischen Hof in seiner degradierten Form zu Blutschande der beschriebenen Art gekommen ist; die aus solchen Verbindungen geborenen Töchter sind in der Regel von außergewöhnlicher Schönheit gewesen.

Das besondere Verhältnis zum (göttlichen) MOND, das für den Meister eine alles überragende Rolle spielen sollte, drückte sich damals schon als glühende Verehrung aus. Oft stand das Kind nachts heimlich auf, um im Mondschein mit tiefer Hingabe alle auswendig gelernten Gebete zu sprechen, und war nur traurig darüber, daß die Zahl der Gebete so begrenzt war. Es fiel den Eltern auf, daß das Kind fast jede freie Minute im Gebet verbrachte, und sie waren über diese Feststellung äußerst beunruhigt. Sie befürchteten eine Geisteskrankheit hinter diesem 'unnormalen' Gebaren.

In bildlicher Weise wurde dem Meister schon in frühester Kindheit klargemacht, daß sein Schicksal in Gottes Händen lag: er sah sich auf einem Schiff, das Gott zum Steuermann hatte. Auch wenn die Geschehnisse, die oft alles andere als angenehm waren, scheinbar eine Lenkung vermissen ließen, wußte der Meister stets, daß er nicht allein war. Der Kurs war in großen Zügen festgelegt.

Engel waren dem Kinde nicht Wesen, die nur in der Fantasie existierten, sondern reale Persönlichkeiten, mit denen er sprechen konnte und die ihm vieles mitzuteilen hatten. Besonders wichtige Mitteilungen aus dem übersinnlichen Bereich wurden stets in der gleichen Weise gegeben: eine Stimme ließ vernehmen "Telegramm, Exzellenz", und der Meister mußte sich sofort für eine bedeutungsvolle Nachricht aufnahmebereit machen. Die kurz darauf folgende Nachricht wurde im Telegrammstil übermittelt. Manchmal waren die Mitteilungen traurigen, manchmal freudigen Inhalts, aber nie belanglos. Eines der erschreckendsten 'Telegramme' kam im Januar 1939 nach dem ersten Schultag des Meisters in Bombay; ihm wurde mitgeteilt, daß die kommenden sieben Jahre voller Unglück, Leid und Folter sein würden.

1. IM REICHE DER UNHEIMLICHEN GEISTER!

"Langsam...... lernte auch ich...... jenes
falsche Lied des Lebens,
jenes Sichbeugen unter
die (sog.) 'Wirklichkeit',
unter die Gesetze der
Erwachsenen, jene Anpassung
an die Welt, so 'wie sie nun einmal ist'."

-- Kindheit des Zauberers: VI, 388

Der Meister liebte das in Bombay von seinem Vater geleitete Excelsior-Theater sehr*). Es war ein riesiger Gebäudekomplex und, wie bereits erwähnt, zur damaligen Zeit die größte und vornehmste Bühne östlich des Suezkanals. So gaben desöfteren auch namhafte ausländische Ensembles Gastspiele, u.a. ist auch der berühmte Geiger Yehudi Menuhin dort aufgetreten. Das Gebäude war ziemlich kompliziert und verfügte über zahllose unterirdische Gänge, geheime Kammern und Falltüren. Prema vagabundierte mit Freude in diesem Irrgarten und versuchte, alles zu erforschen. In unmittelbarer Nähe des Excelsior befand sich das Zentrum der spiritistischen Gesellschaft Bombays, **Bhut Khana** genannt. B h u t bedeutet Gespenst und K h a n a ist der Ort, an dem es erscheint, zu deutsch also Geisterort.

Dieses B h u t K h a n a ist jedem Einwohner Bombays ein Begriff, und es war für Prema immer leicht, nach Hause zu finden, wenn er sich in der Stadt einmal verlaufen hatte, er brauchte nur nach dem B h u t K h a n a zu fragen. Dennoch scheute sich jeder, diesem Ort nahe zu kommen. Der Zutritt zu spiritistischen Sitzungen war nur auserlesenen Kreisen vorbehalten und auch dann noch schwer zu erlangen.

*): Genaue Anschrift des o.a. Theater-cum-Kinos: Bombay 1, Bastion Road, Ekke Raveline Street/Wallace Street Waudby Rd. Fort, Tel.: 20288. Der damalige Besitzer: Firma S. Engineer & Co., Clearing Agents - Western India Theaters Ltd. - Managing Agents; Modi Bros.

Bei seinen Forschungen im Excelsior entdeckte Prema einmal ein von außen sichtbares Fenster, aber es wollte ihm trotz intensiver Bemühung nicht gelingen, Zugang zu dem Raum zu finden, zu dem dieses Fenster gehören mußte. Das erregte seine Neugier und seinen Forschungsdrang so stark, daß er die Suche nach dem Eingang so lange fortsetzte, bis er schließlich eine gut getarnte Geheimtür fand. Aber auch diese Tür führte erst zu einem Vorraum, und der Sucher bekam plötzlich eine Ahnung, daß von dem gesuchten Raum aus eine Verbindung zum B h u t K h a n a bestehen mußte. Die Vermutung bestätigte sich und jagte dem Entdecker erst einmal einen tüchtigen Schrecken ein.

Aber die Aussicht, heimlich an spiritistischen Sitzungen teilzunehmen, war äußerst verlockend, zumal Prema keine Spielkameraden hatte. Er hat dieses Geheimnis streng gehütet; zudem hätte er auch mit niemandem darüber sprechen können, denn schon das Wort "B h u t K h a n a" war fast tabu, die Idee, an einer S é a n c e teilzunehmen, war noch strenger tabu, und daß ein Kind an einer spiritistischen Sitzung teinehmen wollte, das durfte einfach nicht wahr sein.

Aber war der Meister je ein Kind gewesen? Nun, es gelang ihm bald, den Raum ausfindig zu machen, in dem die Séancen stattfanden. Zuerst wußte Prema nicht, was er da vor sich hatte. Eine ältere Dame spielte Harmonium, und mehrere Menschen saßen mit übertrieben scheinender Würde herum. Dennoch hatte er sofort den Eindruck, daß das, was hier geschah, kein fauler Zauber war, sondern daß bei dieser spiritistischen Sitzung tatsächlich etwas Unheimliches in Erscheinung trat. Wäre der Meister nicht von den Erzengeln gewarnt und beschützt worden, so wäre er durch die heimliche Teilnahme an den Séancen in ernsthafte Gefahr geraten.

Ihm wurde klar, daß die Erde von einer Art Gürtel umgeben ist, in dem böse gesinnte, spiritistische Wesen hausen. Und es wurde ihm weiterhin klar, daß nur die gefährlichsten dieser Wesen in spiritistischen Sitzungen erscheinen. Die Menschen ahnen nicht, in welche Gefahr sie sich begeben, wenn sie an einer Séance teilnehmen. Prema entdeckte, daß die Teilnehmer meist an einer Liebe zu einem Verstorbenen litten und nicht bereit waren, das Grab als ein Ende anzuerkennen. Und hierin sieht der Meister schon den ersten Fehler; er hat erkannt, daß im Leben eines jeden irgendwann ein Punkt erreicht wird, an dem er sich von einem anderen Menschen trennen muß, auch wenn er ihn noch so sehr liebt. Diese Trennung muß nicht unbedingt der Tod sein, auch andere Faktoren können das bewirken. Aber der Tod ist in jedem Fall ein unwiderrufliches Ereignis und muß auch als solches hingenommen werden. Dem Meister ist bereits als Kind klar geworden, wie hoffnungslos es ist, ein Wesen an sich binden zu wollen.

Jedes Lebewesen hat seinen eigenen Entwicklungsgang, über den es eifersüchtig wacht, und sobald es sich in seiner Entwicklung durch ein anderes behindert glaubt, wird es unbedingt bereit sein, sich von diesem Wesen zu trennen, und sei es noch so geliebt.

G e g e n   d e n   D r a n g   d e r   E v o l u t i o n   k a n n   d i e   s t ä r k s t e   L i e b e   n i c h t   a n k o m m e n .

Es ist menschlich durchaus verständlich, daß jemand versucht, die verstorbene Mutter oder eine andere geliebte Person noch einmal zu sehen und zu sprechen. Aber damit gibt man den bösen Geistern einen Freibrief, den sie auch rigoros ausnutzen. Diese Wesen besitzen die Fähigkeit der Imitation in so hohem Maße, daß sie jeden Verstorbenen so exakt nachahmen können, daß auch ein kritischer Mensch in die Irre geleitet wird. Sie können so erscheinen und reden wie Jesus und Maria, berichtet der Meister. Dabei ist ihre einzige Absicht, irrezuleiten und Leid zu verursachen. Ihre Sprache ist äußerst liebevoll, und sie geben am Anfang auch tatsächlich gute Ratschläge, sie führen edle Reden von Nächstenliebe, kurz - man denkt, hier spricht ein Engel. Durch eine bestimmte Technik kann man sie jedoch leicht entlarven, denn sie haben eine deutliche Schwäche. Wenn man sich hartnäckig weigert, ihren Ratschlägen zu folgen und immer wieder Einwendungen macht, dann fallen sie sehr bald aus der Rolle. Das engelgleiche Reden schlägt dann plötzlich in ein regelrechtes Verbrecheridiom um, wie z.B. "Du dummes Schwein, warum tust du nicht, was ich dir sage!" Aber welcher Normalsterbliche bringt das schon zustande! Nach wenigen Minuten des engelhaften Redens ist auch ein hartgesottener Skeptiker restlos überzeugt, es mit einem Engel oder mit der ersehnten Person zu tun zu haben.

Die heimliche Teilnahme an den Séancen hat dem Meister einen nachhaltigen Schrecken vor derartigen Praktiken eingejagt, und er gibt unumwunden zu, ohne die Hilfe und Warnung der Erzengel wäre auch er den bösen Geistern zum Opfer gefallen.

Die Heimtücke der Geister liegt in ihrer Taktik. <u>Ihr körperloser Zustand ermöglicht es ihnen, in beschränktem Maße in die Zukunft zu schauen.</u> Dadurch sind sie in der Lage, in schwierigen Situationen dem Frager eventuell einen guten Rat zu geben, wenn sie es wollen. Am Anfang tun sie das auch in der Regel, um das Vertrauen des Fragers zu gewinnen. Hat sich der Rat bewährt, dann wird der Betroffene zutraulich und in ausgesprochen schwerwiegenden Angelegenheiten um Rat bitten und ihn auch befolgen, auch wenn er aller Vernunft widerspricht. Das ist der Augenblick des Triumpfes, jetzt frohlocken sie. Waren die Ratschläge bis dahin zumindest teilweise gut, so ist der in der entscheidenden Situation gegebene vollständig schlecht. Der Meister war in der Lage, auch das zu hören, was die anderen Teilnehmer an der Séance nicht wahrnehmen konnten, nämlich das Gerede der Bösen untereinander. Jedesmal, wenn sie einen schlechten Rat gegeben hatten, lachten sie untereinander, und an ihrem Gelächter konnte der Meister ermessen, wie schlecht der jeweilige Rat war.

Der Erhabene beschreibt dieses Gelächter als so schaurig und teuflisch, daß jeder, der es auch nur wenige Minuten ertragen müßte, unweigerlich in Ohnmacht fallen würde.

Am Anfang und Ende einer Séance wird Harmonium gespielt, und zwar ist es für das Gelingen von ausschlaggebender Bedeutung, daß in einer bestimmten Weise gespielt wird. Weiterhin müssen noch gewisse Riten ausgeführt werden, und es war offensichtlich, daß der Geisterbeschwörer im B h u t K h a n a ein großer Kenner und Könner auf seinem Gebiet war, der sich seine Kunst aber auch gut bezahlen ließ.

Der einzige Beweggrund der bösen Geister, bei einer spiritistischen Sitzung zu erscheinen, ist Leid zu verursachen. Auf diese Weise wollen sie erreichen, daß der <u>ins Elend Geleitete möglichst durch Selbstmord endet</u> und dadurch Mitglied ihres Zirkels wird. Das Motiv ist also das gleiche wie bei einem Rauschsüchtigen, der sich höllisch freut, wenn es ihm gelungen ist, einen anderen zu seinem Laster zu verleiten.

Erwähnenswert ist hier noch, daß bei Mitgliedern des 'jenseitigen' Zirkels jede freundschaftliche oder auch familiäre Bindung zu Erdenbewohnern absolut abgeschnitten ist, d.h. etwa, daß auch die ehemalige Mutter, die im Zirkel gelandet ist, einem ihrer (ansonsten von ihr geliebten) Kinder ebenfalls schlechte Ratschläge geben wird.

Dem Meister war gestattet worden, in die Existenzbedingungen der bösen Wesen Einblick zu nehmen. Sie müssen schreckliche <u>Qualen erdulden</u> als Folgen ihrer bösen Taten im Erdenleben. Sie sind <u>von unersättlicher Gier</u> besessen, und die Objekte ihrer Gier sind für sie zum Greifen nah, aber jedesmal, wenn sie zugreifen, fliehen die ersehnten Objekte. In der tibetischen Mythologie werden sie deshalb auch als hungrige Gespenster bezeichnet und bildlich als Wesen mit gierig aufgerissenen Rachen und abgemagerten Leibern dargestellt.

Nur ein A v a t a r a oder Großmeister ist in der Lage, diese gefährlichen Regionen zu erforschen, ohne dabei Schaden zu erleiden; jeder gewöhnliche Sterbliche sollte jegliche Berührung mit diesen Sphären wie ein tödliches Gift meiden. Der Meister hat mehrfach betont, daß er es jedem Leser selbst überläßt, was er von dem Gelesenen glauben will oder nicht. Widersprüche in dieser Lebenserzählung wird er allerdings sehr viele finden. Denn <u>das eigentliche Leben</u> i s t 'widersprechend' - und <u>widerspricht ständig allen gut abgerundeten chronologischen Lebensläufen</u>. Einen 'unwiderspruchsvoll-überzeugenden' Lebensverlauf findet man aber unweigerlich in jedem Groschen-Roman. Wir gehen davon aus, daß den Leser nicht ein 'historischer' Yogameister interessiert, sondern der gepredigte Meister, dessen Widersprüche in einer Höheren-Esoterik von jedem verständigen Leser aufgehoben werden.

2. GEHEIMNISSE DER WÜSTE GOBI

"Meliora presumptor -- Seien Sie bereit,
das Risiko eines Fehlschlages in Kauf zu nehmen,
um Erfolg zu haben."

Hill / Stone -Denke Positiv-

Kurz vor Beendigung des Aufenthaltes in Kalkutta lernte der Meister einen Halbchinesen kennen, der in seinem weiteren Leben eine überragende Rolle spielen sollte. Er hieß Mishra und verdiente seinen Lebensunterhalt als Riksha-Kuli. Aber dieses Leben als Riksha-Kuli war nur Maske - niemand sollte ahnen, wer sich wirklich dahinter verbarg. Der Meister bezeichnet Mishra als eine der bedeutendsten Persönlichkeiten, die je auf Erden war. Hätte Mishra im Abendland gelebt, so wären sicherlich zahlreiche Bücher über ihn geschrieben worden. Er war viele Jahre kreuz und quer durch die Wüste Gobi gewandert und kehrte nach Sammlung großer, geistiger Erfahrungen als Yoga-Meister in die Zivilisation zurück, um eine wichtige Aufgabe zu erfüllen.

Der Bekanntschaft des Meisters mit Mishra ging eine alberne, tragikomische Szene voraus: es war bei Familie Saidhar zur Gewohnheit geworden, bevor man aus in die Stadt ging, eine saure Frucht - ein **Bor** - zu nehmen, die der Meister sehr gern aß. So war es auch an dem Tag, an dem der Meister Mishra begegnen sollte, allerdings mit dem Unterschied, daß Prema die Frucht etwas später essen wollte und sie deshalb in die Tasche steckte. Die Mutter hatte das aber nicht gesehen und brachte ihm noch ein Bor. Der Junge war im Begriff zu sagen, er habe doch schon eins genommen, aber die Mutter ließ ihn nicht zu Wort kommen und steckte ihm kurzerhand ein Bor in den Mund. Als dann Mutter und Sohn in der Riksha durch Kalkutta fuhren, erinnerte sich der Junge der Frucht, die er in die Tasche gesteckt hatte und wollte sie verspeisen. Die Mutter sah das und fing ein fürchterliches Theater an, er sei ein Dieb und sollte sich schämen und so fort.

Prema versuchte ihr die Umstände zu erklären, aber sie achtete nicht darauf und blieb bei ihrer Behauptung, er sei ein Dieb. Das kränkte den Jungen sehr, denn er hatte ein äußerst empfindliches Ehrgefühl und nahm der Mutter vor allen Dingen übel, daß sie seine Erklärungsversuche nicht beachtete und wegen so einer Kleinigkeit ihn in der Öffentlichkeit als Dieb hinstellte.

In der Stadt angelangt traf die Mutter mit einer verabredeten Freundin zusammen, und die Damen gingen ins Kino. Prema kämpfte noch mit der erlittenen Kränkung, als der Riksha-Fahrer ihn mit einer seltsamen Anrede ansprach. Was Prema noch weiter wunderte, war die Tatsache, daß der Kuli ihn in seiner Muttersprache, in Gujarati, anredete. Normalerweise beherrschten die Riksha-Fahrer diese Sprache nicht. Er sagte etwa folgendes: "Mein Bruder in Bonsa, kümmere dich nicht um diese unverdiente Kränkung; ich weiß, daß deine Darstellung zutrifft."

Der Kuli hieß Mishra und sagte beim Abschied, daß sie sich noch einmal in Navsari begegnen würden und er ihm dort viel zu erzählen hätte. Diese Ankündigung erfüllte sich tatsächlich. Einige Jahre später siedelte Mishra von Kalkutta nach der Provinz von Bombay über, und dort begegnete ihm der Meister, wie vorausgesagt war.

Dieser sogenannte 'Riksha-Kuli' war außergewöhnlich (in Bombay gab es nie Rikshas - Mishra war dort Gärtner im Sinne 'biol.-dyn.' Anbau). Bei seinen Wanderungen durch die Gobi-Wüste ist er einmal politischen Gegnern in die Hände gefallen, die ihn mißhandelten und dabei das eine Bein verkrüppelten.*)

Wie er mit dem lädierten Bein überhaupt seinen Beruf ausüben konnte, ist schon wundersam genug. Er hüpfte regelrecht und kam damit erstaunlich schnell vom Fleck, sogar schneller als ein normaler Fußgänger. Obwohl er schwer litt, war er immer heiter; sein Humor kannte keine Grenzen. Er besaß eine unvergleichliche Erzählergabe; der Zuhörer geriet fast in Trance, so fantastisch wußte Mishra seine Erzählungen darzustellen.

Der Meister schlich heimlich zu ihm hin, so oft er konnte. Aber auch zahlreiche andere Menschen gingen zu Mishra, vor

---

*) Über Mishras Erlebnisse in der Wüste Gobi soll später berichtet werden, evtl. in einem eigens dafür gedachten Kapitel.

allen Dingen, wenn sie seinen Rat suchten. Er wußte immer Rat, sei es, daß jemand wissen wollte, welches der günstigste Termin für eine Hochzeit sei, oder er hatte ein Problem, mit dem er nicht zu Rande kam - Mishra war für alle da. Auch der Generaldirektor der Navsari Engineering-Works scheute sich nicht, ihn um Rat zu bitten. Niemand dachte auch daran, ihm für seine Ratschläge etwa ein Trinkgeld zu geben, und Mishra hätte von sich aus nie um Geld gebeten. Es war eine Selbstverständlichkeit, zu ihm zu gehen und sich Rat zu holen, und Mishra unterstützte diese Einstellung durch sein natürliches, liebenswürdiges Wesen. Keinem fiel auf, daß er fast alle Sprachen beherrsche, denn jeder Ratsuchende erhielt in seiner Muttersprache Antwort. Es interessierte sich auch niemand dafür, woher Mishra seine Ratschläge nahm. Er lebte von dem, was die Dorfhunde übrig ließen, dennoch hatte er eine strahlende Gesundheit; er sah auch immer sauber und gepflegt aus.

Doch wann machte er das? Der Meister bezeichnet es als typisch indisch, daß niemandem das Besondere dieses Riksha-Kulis zum Bewußtsein kam. Mishras kleine Wohnung lag unweit des Hauses, in dem der Meister mit seinen Eltern lebte, daher war es für Prema nicht schwierig, ihn oft zu besuchen. Noch immer redete Mishra seinen Besucher mit der gewohnten Anrede "mein Bruder in Bonsa" an; der Meister kannte den Sinn nicht, und allmählich ärgerte ihn das. Mag sein, daß eine unterbewußte Abwehr gegen die familiäre Form 'Bruder' seitens eines ihm sozial Tiefergestellten den Meister verärgerte - kurz, es kam zu einem kleinen Wutausbruch, und Premaliya wollte wissen, was der 'Unsinn' zu bedeuten habe. Anscheinend hatte Mishra auf diese Reaktion schon lange gewartet, denn nun hatte er quasi die Erlaubnis erhalten, all das zu erzählen, was ihm als Botschaft an den Avatara aufgegeben war. Er erzählte von seinen Erlebnissen in der Gobi und von einem seltsamen Tal, in dem eine geheime, weitgehend unterirdische Tempelstadt existiert, die den Namen B o n s a trägt.

In dieser verborgenen Stadt lebt der echte Dalai-Lama, der rechtzeitig zusammen mit den wichtigsten Manuskripten der esoterischen Weisheit aus Lhasa dorthin in Sicherheit gebracht wurde. Man wußte offenbar früh genug, daß der Dalai-Lama einmal ein politischer Gefangener sein würde. Der jetzt in indischem Exil lebende Dalai-Lama ist samt seinen Nachfolgern nur eine Scheinfigur. Dadurch soll vom echten Dalai-Lama abgelenkt werden, und der 'unechte' hat bisher seine Rolle sehr gut gespielt.

Bonsa ist so angelegt, daß selbst durch einen Atombombenangriff keine ernsthaften Schäden auftreten können. Welche Aufgabe hat die geheimnisvolle Stadt zu erfüllen? Einmal soll in ihr das große geistige Wissen der Menschheit vor der Vernichtung bewahrt werden. Zum anderen haben die Ältesten von Bonsa errechnet, daß in diesem Jahrhundert der Höhepunkt des Materialismus bereits vorüber ist. Wir leben somit im Herbst, und sehr bald wird der Spätherbst des Materialismus beginnen.

Dann werden die Interessen der Menschen sich um 180° wenden und ganz dem Bereich des Geistigen zukehren. Die Menschheit wird mit Erstaunen zur Kenntnis nehmen, welche ungeahnten parapsychologischen Fähigkeiten in jedem Menschen geschlummert haben. Aber es wird diesen Menschen im 'Spätherbst' sehr schwer fallen, sich einer strengen geistigen Zucht zur Erlangung umfassender Weisheit zu unterwerfen. Aus diesem Grund planen die Ältesten von Bonsa eine geschickte Gegenoffensive gegen den Materialismus, damit die Menschen die Befreiung erlangen. Zu diesem Zweck haben sie ein System erarbeitet, das den Menschen helfen soll, ihre Probleme wirksam zu lösen. Die bald beginnende neue Phase der Evolution wird alle vor schwierige Probleme stellen.

Die Methode zu ihrer Bewältigung wird ZENOGA sein.*) Was bedeutet dieses Wort? Entstanden ist es durch die Verbindung von ZEN und YOGA; dahinter verbirgt sich eine Kombination der besten Methoden und Übungen aus dem Zen und Yoga.**)

Ein Gremium von neun Personen hat in Bonsa in mühevoller Arbeit das ZENOGA-Konzept erstellt. Das Gremium setzte sich zusammen aus drei der größten Zen-Meister, die aus China und Japan nach Bonsa gepilgert sind, einem Großinitiator des Taoismus, einem amerikanischen Geschäftsmann und Mishra als Vertreter der indischen Yogis. Mishra war zugleich Protokollführer; der Amerikaner mag manchen erstaunen, aber die Erklärung ist einfach. Er war als Vertreter der Monogram-Filmexchange Ltd. im Auftrag der Honkong Banking Corporation auf

---

*): Ein eigenes Buch speziell über Zenoga erscheint in Bälde.
**): Besser gesagt: die dem Yoga als auch Zen zugrundeliegende Ur-Quelle der Kraft, deren eine Seite als PSI erscheint.

einer Flugreise und gelangte nach dem Absturz als Überlebender in das Tal von Bonsa. In dem Gremium sollte er die Belange der Laien vertreten, denn das zu erarbeitende Konzept war ja schließlich für Laien bestimmt. Nach Abschluß der Arbeiten löste sich die Versammlung auf, und die meisten Beteiligten kehrten ebenso wie Mishra in die Zivilisation zurück. Als interessante Randnotiz sei vermerkt, daß der Amerikaner später in San Diego dem berühmten Übersetzer des Tibetanischen Totenbuchs, W.Y. Evans-Wentz, begegnet ist.

Als letztes vor der Auflösung in Bonsa beschlossen die Teilnehmer, daß alle ZENOGA-Lehrer sich in aller Welt durch die Anrede "Mein Bruder in Bonsa" zu erkennen geben sollen; es war sozusagen als Losungswort gedacht.

Der Meister hat den Erzählungen Mishras mit größter Spannung gelauscht. Er hatte einen unstillbaren Hunger nach Erzählungen, und die Grenze zwischen Legende und Wirklichkeit war damals sehr dünn. Wenn es nur eine gute Erzählung war, dann war das allein schon Argument genug, sie anzuhören! Das fotografisch genaue Gedächtnis des Meisters hat alles genau registriert; auch Dinge, die der Erhabene damals noch nicht verstehen konnte, wurden exakt in einem besonderen 'Fach' im Gedächtnis aufbewahrt, bis die Zusammenhänge auch sie verständlich machten.

Die Erzählungen Mishras beeindruckten seinen eifrigen Zuhörer tief; dennoch wollte er wissen, woher Mishra seine Kenntnis hernahm, daß er überhaupt ein Zenoga-Lehrer werden wolle. Dafür gäbe es untrügliche Anzeichen, sagte Mishra.

Einmal sei es ein blau-schwarzes Muttermal an der Vorderseite der linken Schulter, zum anderen zeige das die Stirn, auf der der Kundige die leitenden Ereignisse des künftigen Lebens ersehen kann. So trägt jeder Mensch sein Karma auf der Stirn eingraviert, vergleichbar mit den Rillen einer Schallplatte. Zu gegebener Zeit 'spielen' sich die bedeutungsvollsten Ereignisse der 'Gravur' entsprechend im Leben des Betreffenden ab.

Die Anrede "Bruder in Bonsa" war daher als Ehrentitel aufzufassen. Mishra lehrte den Erhabenen viele Zenoga-Übungen, die ihm ermöglichten, sich in Trance zu versetzen und so nach und nach auch seine früheren Leben in Erinnerung zu bringen. Die Vorgänge und Erlebnisse in Lemuria kamen ebenfalls auf diese

Weise wieder zu Bewußtsein, ebenso erkannte der Meister, daß er kein Mensch unter Menschen, sondern ein 'Berufener' war.

Vielleicht hätte Mishras Zuhörer doch Zweifel gehegt, wenn nicht alle Einzelheiten von anderer Seite bestätigt worden wären, denn was Mishra zu berichten wußte, war so fremdartig und seltsam, vor allen Dingen so viel Seltsames auf einmal - daß Zweifel bei aller Glaubwürdigkeit trotzdem nahelagen. Aber der Onkel des Meisters bestätigte jede Einzelheit. Dieser Onkel besaß die Gabe, dem Meister im Traum zu erscheinen und ihm geistige Unterweisungen zu erteilen. Somit wurden die Nächte zu Lehrstunden. Als 'normal' Sterblicher kann man nur andeutungsweise ermessen, welche nervliche und psychische Belastung die beschriebene Art der Unterweisung für den Erhabenen gewesen sein muß: tagsüber das übliche Lernen aller möglichen, zum Teil nutzlosen Fächer, nachts Aufnahme der esoterischen Kenntnisse und Weisheiten. So nahm der Onkel seinen Schüler u.a. mit nach Ägypten, erklärte ihm den geheimen Sinn der Pyramiden als ehemalige Einweihungs- und nicht als Begräbnisstätten - wie heute vielfach noch angenommen wird.

In diesem seltsamen Traumzustand waren dem Meister ägyptische und babylonische Schriftzeichen ohne weiteres verständlich.

Was der Meister Mishra und seinem Onkel an erwiesener Liebe und an Kenntnissen zu verdanken hat, ist mit Worten nicht zu beschreiben. Die beiden Meister unterschieden sich aber in ihren Lehrmethoden in ganz charakteristischer Weise:

Mishra lehrte streng systematisch unter Einschluß praktischer Übungen, während der Onkel scheinbar zu Willkür neigte. Mit der Zeit erlangte der Meister einen Zustand, in dem es ihm leicht möglich wurde, mit den Engeln in Verbindung zu treten. Ebenso lösten sich Probleme auf eine merkwürdige und fast automatische Art: Ein Buch fiel auf und öffnete sich an einer beliebigen Stelle; obwohl der Inhalt der aufgeschlagenen Seite mit dem Problem inhaltlich nichts zu tun hatte, enthielt der Text doch in einer verschlüsselten Form die Lösung. Oder ein bestimmter Traum gab den gewünschten Aufschluß.

Es konnte auch geschehen, daß in einem Film ein Satz besonders auffällig betont wurde, der die Lösung brachte. Diese Art der Führung, unterstützt durch Vorahnungen, hat dem Meister Entscheidungen verhältnismäßig leicht gemacht.

Trotz der Unterstützung durch überirdische Wesen hat der Erhabene in Bombay sehr schwer gelitten. Als körperlich schwaches Kind war er zur Zielscheibe zahlloser Mißhandlungen seitens seiner Mitschüler geworden. Aber auch Erwachsene, wie etwa seine Lehrer oder die berüchtigte Tante, ließen ihren Zorn oder schlechte Launen mit Vorliebe an ihm aus. Aber all dies erschien relativ belanglos, denn innerlich lebte der Meister in der Gobi bei all ihren verborgenen geistigen Schätzen. Die lehrreichen Träume entschädigten das Kind für die tagsüber erlittenen Qualen.

Die Menschheit wird erstaunt sein über die unermeßlichen Schätze und Quellen der Weisheit, die in der Gobi aufbewahrt werden für die kommende Zeit.

So nach und nach lernte der Erhabene alles über Lemuria, ihm wurde klar, daß Gott sichtbar ist - nicht nur im übertragenen Sinne, sondern leuchtend am Himmel - er erfuhr, was Einweihung und was 'Trauertage' - ihrem Wesen nach sind. Aber es war für das Kind kein leichtes Leben, das sich da auf zwei grundverschiedenen Ebenen abspielte. So konnte sich Prema für keines der bei Schülern allgemein beliebten Spiele wie Hockey oder Cricket begeistern, was ihm natürlich die Schulkameraden äußerst übelnahmen. Er nutzte jede freie Minute für die Beschäftigung mit geistigen Dingen, er lernte viele Yogis und S a d h u s kennen, die ihm manchen guten geistigen Rat geben konnten. Dazu mußte manche beschwerliche Reise unternommen werden, denn in der Regel lebten die Yogis an unzugänglichen, abgeschiedenen Orten; und hatte man schließlich das Ziel erreicht, da hieß es demütig warten, bis der Weise von sich aus nach dem Begehr seines Besuchers fragte.

Das konnte manchmal mehrere Tage dauern, denn je mehr der Weise in geistiger Hinsicht zu bieten hat, umso strenger prüft er die Ernsthaftigkeit des jeweilig Ratsuchenden. Der Meister hat manches Mal geduldig warten und dienen müssen, hat Holz geschleppt und Kochtöpfe gesäubert, bis er sein Problem vortragen durfte.

Alles in allem gesehen war jedoch das Ergebnis dieser Bemühungen recht mager; zwar wußten die Yogis und Sadhus viel mehr als der Durchschnittsmensch, aber verglichen mit den Schätzen der Gobi war das Wissen doch gering. Der Meister konnte nicht genug betonen, daß diese Feststellung in gar keiner

Weise als Werturteil aufzufassen ist; eher war diese Tatsache ein Grund zur Demut, denn wäre der Meister nicht von den höheren Mächten gelenkt worden, wüßte er noch viel weniger als die Sadhus.

Am besten mag folgender Vergleich das Verhältnis näher erläutern: bei der Entwicklungshilfe für unterentwickelte Länder senden die hochentwickelten Industrieländer ihre gut ausgebildeten Ingenieure zu den Eingeborenen und lehren sie z.B., wie ein Lastkraftwagen gefahren und ein Reifen ausgewechselt wird. Aber all die höheren Kenntnisse, wie die theoretischen Grundlagen für das Arbeiten eines Verbrennungsmotors, können sie nicht weitervermitteln, weil den Eingeborenen die Voraussetzungen für das Verständnis einfach fehlen. Die Ingenieure können also nur Handgriffe und kleine Tricks weitergeben. Natürlich freuen sich die Eingeborenen über die gelernten Fähigkeiten, denn sie helfen ihnen weiter und erleichtern ihre Arbeit. Und in einer Umgebung, in der die Mehrzahl der Einwohner keine Ahnung hat, wie ein Lastkraftwagen zu fahren ist, bedeutet es schon sehr viel, einen Lastkraftwagen fahren zu können.

Auf das geistige Gebiet übertragen, liegen die Verhältnisse ähnlich: die höheren Kenntnisse sind in der Gobi beheimatet, die Kenntnisse der Yogis und Sadhus sind denen von Eingeborenen vergleichbar, die gelernt haben, einen Lastkraftwagen zu lenken. Man muß sich aber hüten, diese Darstellung auch nur im geringsten als Abwertung anzusehen! Denn die dem Meister von den Yogis übermittelten Kenntnisse ermöglichen es ihm erst, die von Mishra und dem Onkel berichteten Wahrheiten, die er nur vage aufnehmen konnte, zu formulieren. Die Formulierung ist aber von nicht zu unterschätzender Bedeutung, denn die Weisheit in reiner Form ist etwas so Gewaltiges, daß selbst ein als Avatara Geborener sie nicht ertragen kann, er würde unweigerlich wahnsinnig. Daher benötigt die Weisheit eine Umrahmung, sozusagen als Behälter, eine Umrahmung aus Wissen oder Wissenschaft. Und eben diesen notwendigen Behälter, die Struktur, lieferten die Yogis und Sadhus. Jetzt wird der Leser eher verstehen, weshalb der Meister gegenüber diesen Menschen eine so große Hochachtung empfindet und sie als seine Lehrer betrachtet, denen er unendlich viel zu verdanken hat.

Aber eines Tages gebot Mishra diesem Treiben Einhalt. Er sagte, die modernen Menschen würden die Zenoga-Weisheit nur dann akzeptieren, wenn sie ihnen in wissenschaftlicher Form dargeboten wird. Das gilt in besonderem Maß für die Menschen des Okzidents. Aus diesem Grunde hieß es nun für den Meister, in konventionellem Sinne zu studieren und noch einmal zu studieren, um sich für die ausersehene Aufgabe, Zenoga besonders dem Westen nahezubringen, gründlich vorzubereiten. Es liegt auf der Hand, daß einem akademisch Gebildeten im Westen mehr Glauben geschenkt wird als einem Menschen ohne höhere Bildung. Und daß es notwendig sein würde, die Zenoga-Weisheiten hieb- und stichfest zu begründen, das war Mishra von vornherein klar. Mit einem Hinweis, diese Weisheit stamme aus der Gobi und sei damit unbezweifelbar, war niemandem gedient, damit konnte man bestenfalls einen Heiterkeitserfolg erringen.

2a. INTERMEZZO bzw. "ÖLBERGSTUNDEN"

(einige überbrückende Randnotizen*)

*"Immer wieder muß er einsam ragen,
Aller Brüder Not und Sehnsucht tragen,
Immer wird er neu ans Kreuz geschlagen."*
H. Hesse, Gedichte, I, 118

Was war ein Internat? Prema hatte keine Ahnung, wie sich das Leben in einem Internat abspielte. Er machte sich jedenfalls die rosigsten Hoffnungen, zumal er noch einen Prospekt über das Internat in Panchgani erhalten hatte. Wie in Prospekten üblich, war alles in den leuchtendsten Farben geschildert, so daß der Knabe wähnte, ein Internat sei fast ein Himmel auf Erden. Am 28. Januar 1944 ging die Reise los, und Prema war voller Begeisterung und Abenteuerlust. Er war froh, von zuhaus fortzukommen, denn die Krankheit seiner Mutter hatte einen Grad erreicht, der ein weiteres Zusammenleben unmöglich machte. Onkel Soli und der Großvater mußten tief in den Geldbeutel greifen, um den Internatsaufenthalt zu finanzieren.

Die Reise begann in aller Frühe vom Hauptbahnhof Bombay aus. Der Zug benötigte viele Stunden, um das erste Etappenziel - Poona - zu erreichen.

Großvater hatte seinem Enkel vorsorglich einen Mittagsimbiß eingepackt, aber Prema kümmerte sich nicht darum, er genoß es, in einem Zug zu sitzen, der ihn in die Freiheit bringen sollte. Vielleicht war das schon der Anfang des Weges, der ihn zu einem großen Diplomaten oder Staatsmann machte. Aber die erste Enttäuschung ließ nicht lange auf sich warten. Von der englischen Schule her war Prema es gewöhnt, daß man zur Schule immer bestmöglich gekleidet ging. Doch hier erwies sich seine gute Kleidung als ein schwerer Mißgriff, denn er wurde dadurch sofort zur Zielscheibe des Spottes für seine Mitschüler.

---

*): Im folgenden Abschnitt soll über das Leben des Erhabenen im Internat in Panchgani berichtet werden.

Von Poona aus erfolgte die Weiterfahrt mit einem Bus. Es war ein sehr alter und klappriger Bus, der zudem der Benzinrationierung wegen mit einem Holzvergaser ausgestattet war.

Der Rauch des Generators drang größtenteils in das Innere des Busses und mischte sich mit dem Straßenstaub, dazu kam das ohrenbetäubende Geschnatter der Mitschüler - kurz, es war eine qualvolle und anstrengende Reise, die kein Ende nehmen wollte. Aber die herrliche Landschaft entschädigte die Reisenden wenigstens zum Teil, die Route führte durch ein wundervolles Gebirge. Dem Erhabenen war damals noch nicht zu Bewußtsein gekommen, daß die Reise durch ein historisch hochbedeutsames Gebiet ging; darüber wird später noch zu berichten sein.

Unterwegs gab es mehrere kurze Rasten; der Bus hielt zum ersten Mal in Shirval, und Prema kam zu Bewußtsein, daß er in einem früheren Leben an diesem Ort gelebt haben mußte. Die nächste Pause wurde in Wai, einem äußerst armseligen Dorf, eingelegt. Damit lernte der Meister zum ersten Mal das arme Indien kennen. Die Einwohner lebten vom Erlös von Kämmen, die sie aus Hörnern der Rinder herstellten.

Die Kämme waren zwar sehr unhygienisch - man konnte sogar Läuse mitgeliefert bekommen - aber Prema kaufte einen.

Der Mittagsimbiß, den der Großvater mitgegeben hatte, war ungenießbar geworden, ein kaltes Omelett und dazu lederhartes Brot. Prema tröstete sich damit, daß es am Ziel doch sicherlich ein kräftiges Essen geben würde. Endlich langte man in Panchgani an. Der Empfang war äußerst unfreundlich; dem Bus war bereits die Kunde vorausgeeilt, daß ein verrückter Schüler aus einer englischen Schule im Anmarsch sei, der komische Kleidung trägt. Von Essen war keine Rede.

Das Internat selbst und mehr noch der Ort Panchgani sind sehr interessant. Bedingt durch die große Entfernung bis zum nächsten Ort und durch die fast unpassierbaren Berge ringsum war das eine Welt für sich. Das Internat lag zudem zu Panchgani in völliger Isolation, von hohen Mauern hermetisch abgeriegelt.

Für die Schüler bedeutete das ein sieben Monate dauerndes Inseldasein, einer Verbannung durchaus vergleichbar. Prema war ziemlich erschrocken, als er das feststellte.

Das Internat lag in einem der geheimnisumwobenen Gebiete Indiens, dem sogenannten Dekkan, einem Hochplateau, das größtenteils unbewohnt war, eine unwirtliche Gegend. Ein Gefühl stärkster Schwermut überkam den Besucher. Das Internat war umgeben von Hunger und Schwermut. Das Essen war miserabel; die Schuld daran kann man nur zum Teil dem Internat anlasten. Es gab in der Umgegend viele polnische Flüchtlinge, und der indischen Sitte entsprechend wurden die Gäste bevorzugt versorgt, den Rest bekam die einheimische Bevölkerung. Dadurch herrschte ein großer Mangel an Brot, Zucker etc..

In einer Vollmondnacht kam Prema auf die fast wahnwitzige und gefährliche Idee, den Schlafraum heimlich zu verlassen, um den benachbarten Golden Valley (= Tal des Goldes) zu besuchen. Das Internat mit seinen schwarzen Mauern konnte einen schon bei Tageslicht zum Zittern bringen, wie unheimlich mußte es erst bei Nacht wirken. Und welche Strafe stand darauf, wenn das Unternehmen entdeckt würde? Ihm war das einerlei. Er zog sich seinen besten Mantel über den Schlafanzug und schlich davon. Golden Valley leuchtete ihm schon von weitem entgegen. Zu seiner großen Überraschung fand er im Tal angekommen eine Versammlung weißgekleideter Männer. Es waren Fakire!

Der Leiter dieser Versammlung, PUKAR, sah Prema mit gespielter Strenge an und sprach in vorwurfsvollem Ton: "Bist du wahnsinnig, mitten in der Nacht das Internat zu verlassen? Weißt du denn nicht, wie schwer das bestraft wird?"

Doch Prema sagte einfach: "Mich fasziniert dieser Ort, ich fühle mich hier wie inmitten eines großen Goldschatzes."

PUKAR gab sich mit der Erklärung zufrieden, und der Knabe durfte bleiben. Man sprach die Landessprache, Marathi, die Prema und auch sonst niemand im Internat verstand. Aber er erfaßte intuitiv, daß sich das Gespräch um die Sammlung von Erzählungen drehte, die im Abendland die Bezeichnung "Märchen aus 1001 Nacht" erhalten hat. Diese Bezeichnung wird im Orient abgelehnt, weil das Werk dort der Wertschätzung einer heiligen Schrift nahekommt. Den Erläuterungen von Pukar folgend erkannte Prema, daß in jeder Zeile dieses Werkes eine tiefe esoterische Bedeutung verborgen war. Seitdem betrachtet er die sogenannten "Märchen aus 1001 Nacht" mit großer Ehrfurcht und ist vermutlich der einzige Mensch im Abendland, der die esoterische Bedeutung dieser "Märchen" kennt.

Für seine Mitschüler war Prema immer ein Rätsel. Auf der einen Seite bewunderten sie ihn, auf der anderen hielten sie ihn für verrückt. Wie konnte einer in Englisch oder Geschichte so alles überragende Leistungen aufweisen und dann im Sport ein absoluter Versager sein? Wer im Sport nichts taugt, ist weibisch, ein Feigling. Aber Zivilcourage hatte dieser Saidhar, daß mußte man ihm lassen. Machte es ihm doch nichts aus, selbst dem Rektor gegenüber Kritik an Dingen zu üben, die ihm mißfielen. Auch hatte er einen ausgeprägten Sinn fürs Praktische; sich morgens einen Mantel auf dem Wege zum Waschraum anzuziehen, weil man in den Manteltaschen alle notwendigen Dinge wie Seife, Zahnbürste usw. unterbringen konnte, war s e i n e Idee und fand bald Nachahmung. Was diesem Saidhar gefiel, das tat er, und was ihm nicht gefiel, das tat er einfach nicht, ganz gleich, was seine Umgebung davon hielt. Er war halt kein Diplomat, nahm nie ein Blatt vor den Mund, ging keine Kompromisse ein.

Man sollte diesen Saidhar so lange prügeln, bis er wieder normal ist. Das etwa waren die Meinungen der Mitschüler. Aber charakterliche Integrität billigte man ihm unumwunden zu; er log nicht, stahl nicht und ging keine sexuellen Abwege, aber verrückt war er halt, leider. -

Es gab etwas, das Prema ganz besonders ärgerte, nämlich das sogenannte Pflichtgebet. Er konnte nicht begreifen, wie man jemanden zum Beten zwingen konnte. Welchen Sinn und Wert sollte ein erzwungenes Gebet haben? Und Prema hielt eines Tages unaufgefordert einen öffentlichen Vortrag über dieses Thema. Es sei eine Schande, Schüler zum Beten zu zwingen, wenn sie offensichtlich keine Lust dazu hätten, usw. Niemand nahm den Vortrag ernst, bis auf den Rektor. Er sagte, Saidhars Gedanken seien ketzerisch und gefährlich, aber er habe recht. Ein Gebet ohne innere Bereitschaft sei wertlos.

Dabei wäre es wirklich nicht notwendig gewesen, die Schüler zum Beten ausdrücklich anzuhalten, denn sie waren von Natur aus gleichsam erfüllt von tiefer Frömmigkeit.

Ob es an der Luft gelegen haben mochte oder daran, daß sie Inder waren, Prema kannte kaum jemanden, der nicht vor dem Zubettgehen inbrünstig zu Gott gebetet hätte ohne jegliche Aufforderung dazu. Es mag übertrieben klingen, aber es war wirklich so - im Internat gab es niemanden, der nicht jederzeit bereit gewesen wäre, zu einem ernsten Gespräch über Gott, Himmel, Jenseits usw. Und alle ohne Ausnahme bekannten, ob Schüler, Koch oder Rektor, das wesentlichste im Leben ist Religion, das höchste Ziel im Leben ist, Gott zu finden, darüber hinaus kann es nichts Erstrebenswerteres geben.

Im Internat gab es viel Widersprüchliches; auf der einen Seite äußerst primitive, auf der anderen hochmoderne Einrichtungen. So gab es z.B. ein eigenes Wasserwerk, das auch nach europäischen Maßstäben als vortrefflich bezeichnet werden mußte. Daher herrschte niemals Wassermangel.

Ebenso bewundernswert war das Elektrizitätswerk, das zudem von einem einzigen Mann namens JANI zusammengebaut und instand gehalten wurde. Damit ist die im Westen vielfach vertretene Ansicht, die Orientalen würden es in der Technik nie zu etwas bringen, wohl unhaltbar. JANI verbrachte praktisch Tag und Nacht im Elektrizitäts- und Wasserwerk, und eines Tages machte Prema eine Entdeckung, die ihn tief erschütterte: JANI war mit dem Obersten der Fakire, PUKAR, indentisch!

Prema interessierte sich sehr für Shivaji, der Schüler des Mystiker-Poeten TULSIDAS gewesen ist. Man kann sagen, daß Prema zwei Existenzen führte; einmal war er der nicht ernst genommene Mitschüler, der Verrückte, der gut Englisch kann, wie seine Kollegen das ausdrückten, zum andern der, der die Sportstunde schwänzte, um in tiefer Einsamkeit den Spuren der Marathi-Kultur zu folgen. So lernte er auch die unvergleichliche Religiosität Indiens kennen, die nirgendwo in der Welt eine Parallele hat.

Die Religiosität schien regelrecht aus dem Boden zu erwachsen. Selbst in den einsamsten Berggegenden fand Prema wundervolle Schreine, die verschiedenen südindischen Gottheiten geweiht waren. Er schmückte sie stets mit Blumen und betete um Segen.

Unweit des Internats gab es ein von Zigeunern bewohntes Zeltlager. Diese Zigeuner lebten in unvorstellbarer Armut, sie besaßen buchstäblich nichts. Die Kinder wurden praktisch von Abfällen ernährt. Üblicherweise waren die Zigeunerinnen oberhalb der Gürtellinie unbekleidet, was für die Schüler eine Attraktion war. Kein Wunder, daß sie bei passender Gelegenheit das Zigeunerlager besuchten. Die Zigeuner verwehrten es niemandem, sich frei im Lager zu bewegen. Den Zigeunern bereitete es eine große Freude, anderen Menschen die Zukunft vorauszusagen. Als Prema eines Tages mit einigen Schulfreunden bei den Zigeunern herumstrich, wies eine Zigeunerin auf ihn und sagte in akzentfreiem Englisch:

"That is the chosen one of God!"

Er fiel vor Überraschung fast um, allein, daß eine ungebildete Zigeunerin einwandfrei Englisch sprach, war schon verwunderlich genug. Dann noch diese Mitteilung - das war fast zu viel. Seine Betroffenheit war besonders tief, da er gerade zu dieser Zeit mit Gott nicht viel zu schaffen haben wollte. Ja, er hatte regelrecht begonnen, am Dasein Gottes ernsthaft zu zweifeln. Das war das eigentliche tiefe Leid dieser Zeit, nicht der Hunger, nicht das Gefangenendasein, nicht die Bevormundung durch "Aunty". Er mußte hemmungslos heulen, wenn er sah, wie seine Mitschüler von tiefer Gläubigkeit erfüllt ihre Gebete sprachen. Für sie war Gott eine Selbstverständlichkeit.

In diese so gerade erträgliche Zeit fiel als ein etwas freudigeres Ereignis die Obsternte. Es gab eine große Vielfalt herrlicher Früchte, und die prächtigsten Mangos konnte man für einen Spottpreis erstehen. Die ganze Atmosphäre schien gelockert und fröhlich, und da Panchgani zudem Kurort war, herrschte Hochstimmung allerorten.

So kann man behaupten, daß die Zeit von April bis Mitte Juni für die Schüler mehr Erholung als Schulzeit darstellte. In der zweiten Junihälfte setzten heftige Regenfälle ein, doch Prema ärgerte sich nicht darüber, fiel doch damit der verhaßte Sport buchstäblich ins Wasser. Er benutzte diese Zeit zum ausgiebigen Lesen oder zu einsamen Wanderungen. Mit dem Regen setzte die farbenprächtige Blütezeit ein, und das ganze Land bot sich in paradiesischer Schönheit dar. Im Mai verbrachte gewöhnlich MAHATMA GANDHI seine Kur in Panchgani, und Prema ist ihm mehrmals begegnet.

Auf seinen einsamen Wanderungen traf Prema einmal ein Ehepaar, das ihn durch seine glückliche Ausstrahlung faszinierte. Der Mann war ein einfacher Steinklopfer, dessen ganze Aufgabe darin bestand, grobe Felsbrocken zu Schotter zu zerkleinern, der für den Straßenbau Verwendung fand. Doch diese Arbeit bereitete ihm und seiner Frau, die ihm dabei half, so viel Freude, daß ihre Gesichter vor Glück und Zufriedenheit leuchteten.

Bei einer späteren Begegnung sprach ihn der Steinklopfer an, aber da Prema der Landessprache nur unzureichend mächtig war, konnte er nicht alles verstehen. Aber er entnahm seinen Worten etwa folgendes: "Nicht wahr, du meinst, daß man mit den Engeln nicht sprechen kann. Doch das stimmt nicht; komm doch mal her und nimm diese sieben Steine. Wenn du einen ganzen Tag fastest und die Steine an einem einsamen Ort um dich herum legst und dich in Gebete versenkst, dann wirst du mit den Engeln reden können"

Prema nahm die Steine voller Interesse mit und wollte so schnell wie möglich ihre geheime Kraft erproben. Doch sofort traten Schwierigkeiten auf, denn im Internat wurde fast alles streng kontrolliert. Die Internatsleitung litt regelrecht an dem Trauma, ein Schüler könnte flüchten und damit eine Menge Schereien verursachen. Ein Fluchtversuch war an sich schon geeignet, ein Internat in Verruf zu bringen, kam der Flüchtling dann noch zu Schaden, so waren zusätzlich Forderungen der Eltern zu befürchten.

Daher gab es ein strenges Kontrollsystem, und da zusätzlich die Präfekten über die Gesundheit ihrer Schutzbefohlenen zu wachen hatten, fiel ein Fastender sofort auf. "Warum ißt du nicht? Bist du krank?" so etwa lautete die erste Frage des Präfekten. Und als Prema ihm zur Antwort gab, er wolle aus religiösen Gründen fasten, bekam der Präfekt einen regelrechten Wutanfall. "Hier ist ein verrückter Heiliger unter uns, der sogar fasten will! Ich glaube, der Schurke will uns damit imponieren"! Ein anderer Schüler stülpte ihm einen Teller mit P o r r i d g e auf den Kopf und rief dabei: "Hier ist ein goldener Heiligenschein für unseren Heiligen!"

Viel Gesprächsstoff lieferte zu der Zeit die Entlarvung zahlreicher Spione, die für Hitlerdeutschland und Japan tätig waren. Nur zwei der aufsehenerregendsten Fälle seien hier wiedergegeben.

Zuerst der berühmte chinesische Zauberkünstler Tschäng, dessen "Box-Trick" viel Bewunderung erregte. Der Meister erinnert sich noch genau an seinen Auftritt im renommierten Theater des Vaters. Zur Ausführung des Box-Tricks benötigte Tschäng Bretter, Werkzeuge und Nägel, die ihm die Zuschauer zur Verfügung stellten. Vor den Augen aller zimmerte er daraus eine Box, in die einer der Zuschauer eingeschlossen wurde. Nach einer Zeit öffnete Tschäng den Kasten, und zum Erstaunen aller war der Eingesperrte verschwunden! Doch plötzlich kam er an ganz anderer Stelle des Zuschauerraumes wieder zum Vorschein, ohne angeben zu können, was ihm geschehen sei. Man erzählte sich, daß Tschäng zwei riesige Hunde besessen habe, die während seiner Sendung von Spionagemitteilungen Wache hielten; er soll angeblich einen winzigen Sender in seiner Armbanduhr eingebaut haben. Eine weitere Spionageaffäre größten Ausmaßes stand in Zusammenhang mit der in Bombay gegründeten Filiale der "Bank of Japan".

Diese Filiale hatte die Aufgabe, indische Banknoten nachzuahmen und in den Verkehr zu bringen, um die indische Währung zu ruinieren. Die Sache fiel auf, als man zwei Banknoten fand, die die gleiche Nummer trugen. Die Fälschungen waren so meisterhaft, daß selbst Experten der indischen Bank nicht in der Lage waren zu entscheiden, welche der beiden Noten die echte und welche die gefälschte war!*)

Als Prema erkannt hatte, daß er in diesem Internat nicht glücklich und heimisch werden konnte, widmete er sich ganz seinen Studien, las viel und machte einsame Wanderungen. Seine überragenden Englischkenntnisse ermöglichten ihm sogar, den Englischstunden fernzubleiben, obwohl man besonders mit englischer Grammatik einen regelrechten Kult trieb - die Englischlehrer sahen über seine Abwesenheit großzügig hinweg.

Eine seltsame Angelegenheit stellte die Ermittlung der Gesamtnote in den Zeugnissen dar; da wurden die einzelnen Noten mit besonderen Faktoren multipliziert, dann die Summe gebildet und diese Summe wiederum durch eine bestimmte Zahl dividiert, kurz, den Schülern erschien das wie eine Art von Lotterie, und die so ermittelte Note hatte anscheinend keinen Zusammenhang mehr mit der tatsächlichen Begabung des betreffenden Schülers.

Der Chemielehrer, Mr. Panikar, lud einmal Prema zu einem seltsamen und denkwürdigen Privatgespräch zu sich. Er sagte etwa folgendes: "Saidhar, du bist mir ein Rätsel. Ich bin nun fast sechzig Jahre alt und habe mich während meines ganzen Lebens bemüht, wie ein Heiliger zu leben und die Regeln der Ethik zu befolgen. Trotzdem muß ich feststellen, daß du, der von allen verspottete, nicht ernst genommene Schüler, mehr S o u l f o r c e (Macht-der-Seele) hast als ich. Du bist mir zwar völlig ausgeliefert, und ich könnte dich durch eine schlechte Note spielend leicht vernichten, aber wenn wir zusammen irgendwo hinge-

*): Spielt in einem späteren Auszug (Lebensabschnitt) eine spannende Rolle.

hen, wird jeder, der offene Augen dafür hat, sagen, dieser kleine Kerl hat mehr S o u l f o r c e als dieser Mr. Panikar! Du hast dieses gewisse Etwas, das man nicht erklären kann, und wenn man das von dir abzieht, bleibt nicht viel mehr übrig als ein Schwächling, ein Waschlappen, der wie ein kleines Mädchen heult, obwohl es für jeden Schüler oberhalb des vierten Schuljahres selbstverständlich ist, nicht mehr wegen jeder Kleinigkeit zu weinen. Auch als Schüler bist du keine Leuchte und im Sport bist du eine absolute Null! Aber diese unsichtbare Macht, die dich begleitet, ist es, daß ich neidisch auf dich bin, dagegen kann ich nichts tun. Nach welchen Gesetzen arbeitet eigentlich die Macht Gottes, daß ich, der ich so viele Jahre nach den Regeln der Ethik gelebt habe, dennoch nicht erreicht habe, was du besitzt. *Alles habe ich getan, um die Gottheit zufriedenzustellen!* In dir steckt eine große Seele, du kannst noch so verwerfliche Dinge tun, und trotzdem wird aus allem Schmutz ein Juwel hervorleuchten, und das finde ich so maßlos ungerecht! Du bist ein Auserkorener, und selbst wenn du morden solltest, wird diese unsichtbare Macht dich beschirmen. Du hast über mich gesiegt, und ich kann nicht verhehlen, wie sehr es mich ärgert, daß ich die Gesetze, nach denen die göttliche Gnade wirkt, nicht entdeckt habe."

Prema war von diesen Worten erschüttert, und Tränen traten ihm in die Augen. Er wußte zwar instinktiv, welche tiefere Ursache diese Macht der Seele hatte, aber er konnte ihm das nicht sagen. -

Die meisten Menschen unterschätzen die Macht der Frau; ein Mann, der eine Frau liebt, ist verloren. Der Meister sagt von sich, daß er sein ganzes Leben hindurch, von der Wiege bis zur Bahre, nichts auch nur annähernd so geliebt hat wie Gott. Aber er konnte Gott nicht direkt lieben, da Er zu abstrakt ist. Alle Liebesverhältnisse des Erhabenen, die seine Umwelt ihm eventuell anlastet, verfolgten nur das eine Ziel, mit Gott in Berührung zu kommen. Er hat nie die Frau selbst geliebt, sie war für ihn nur ein verbindendes Medium zum Göttlichen. In diesem Sinne ist auch seine Liebe zu seiner Tante in Panchgani zu verstehen, die somit scharf auf der Grenze zur Blutschande lag. Doch der Meister hatte dabei nicht die geringste Spur von schlechtem Gewissen, denn er kannte den eigentlichen Sinn dieses Verhältnisses.

Er schämt sich auch nicht zu bekennen, daß er zu dieser Zeit eine große Sehnsucht hatte, mit Gott regelrecht zu verkehren. Die Menschen wissen nicht, was Gott wirklich ist, und der Erhabene versichert daher, daß Gott etwas ist, was den Menschen nie verläßt. Ein Mensch, der Gott liebt, kann deshalb niemals völlig verlorengehen. Der Erhabene hatte schon im Kindesalter eine Vision, er erblickte sein Leben als ein Schiff, an dessen Ruder Gott stand, und gleichzeitig erhielt er die unumstößliche Gewißheit, die ihn auch nie verlassen hat, daß Gott immer bei ihm sein wird.

Selbst wenn man ihn in einen See voller Haie werfen würde, verließe ihn nicht die absolute Gewißheit, daß Gott ihm beistehen wird. Das bezeichnet der Meister als das Wesen der Gnade: zu wissen, daß Gott einen nie verläßt, ganz gleich, ob man mit ihm hadert, ihn verleumdet, verleugnet. Der Erhabene erinnert sich an kein einziges Mal, daß Gott ihm nicht geholfen hätte, wenn er darum gebeten hatte, und manchmal auch in verwerflichen und schmutzigen Situationen, in denen man meinen könnte, hier würde bestenfalls der Teufel zur Hilfe kommen, aber niemals Gott. Und doch hat Gott nicht nur ein Auge, sondern beide zugedrückt und ihm geholfen.

Hier erhebt sich natürlich sofort die Frage, ob es so etwas wie den Teufel überhaupt gibt. Nun, mit dieser Frage hat sich Prema schon im Alter von ungefähr sechs Jahren eingehend beschäftigt und ist zu dem Ergebnis gelangt, daß es tatsächlich einen Teufel gibt.

Das jagte ihm zunächst einen großen Schreck ein, aber er fand bald eine Methode, "mit dem Teufel zu leben", d.h. er flehte am Abend Gott um Hilfe an und bat am Morgen den Teufel, ihn nicht zu stören, und so merkwürdig es klingen mag, der Teufel hat diese Bitte respektiert! Wenn man den Meister fragen würde, welchen zwei Freunden er im Leben am meisten zu verdanken hat, gäbe er zur Antwort: an erster Stelle Gott, an zweiter dem Teufel! Das muß jeden normalen Menschen schockieren, aber für den Meister sind Gott und Teufel keine so gewaltigen Gegensätze, er glaubt auch nicht, daß sie Feinde sind, denn Gott liebt keine Feindschaft. So waren ihm beide auf ihre besondere Art behilflich. Der Erhabene meint, in schmutzigen Situationen, in denen man Gott schlecht um Hilfe anrufen kann, ist es durchaus ratsam, den Teufel darum zu bitten. Das klingt zweifellos erschütternd, aber wer die Wahrheit hören will, kann an dieser Tatsache nicht vorübergehen.

Der Teufel ist allerdings ungemein klug, und es ist durchaus nicht ungefährlich, sich mit ihm einzulassen, aber solange man die Einstellung behält, Gott stets den ersten Platz vorzubehalten, hält man den Teufel sicher in Schach.

Der Meister war immer wieder bedrückt darüber, wie wenig sich ein großer Teil seiner Landsleute für die große indische Kultur interessierte, ja einige schienen sich ihrer sogar zu schämen! Im Internat gab es glücklicherweise wenigstens einen Lehrer (MUNDE), der sich intensiv um die Erforschung der Marathikultur bemühte. Er hatte auch ein Theaterstück über ein Ereignis in SHIVAJIS Leben geschrieben, und zwar wie der Kaiser SHIVAJI in hinterhältiger Absicht nach Delhi einlud, um ihn zu ermorden, und wie es SHIVAJI in einer dramatischen Flucht zu fliehen gelang. Trotz der spannenden Handlung kam das Stück beim Publikum überhaupt nicht an. Dabei kam Prema der Gedanke, sich einmal mit einem eigenen Bühnenstück zu versuchen.

Es wurde ein großer Erfolg und der Anfang zu einer ganzen Reihe weiterer Stücke. Die Lehrer- und Schülerschaft war immer von neuem von seinen Theaterstücken entzückt und konnte kaum abwarten, bis er ein neues zur Aufführung brachte. Dabei war ihm jegliche Unterstützung sicher, vom Rektor angefangen bis zum letzten Schüler. Häufig spielte Prema die Hauptrolle und führte stets Regie.

Bei seinen Streifzügen durch die Tablelands ist Prema mehrmals Mahatma Gandhi begegnet und hat mit ihm gesprochen. Gandhi hat stets vor seinen öffentlichen Vorträgen überkonfessionelle Gottesdienste abhalten lassen, wobei er darauf bestand, daß christliche, parsische, hinduistische Hymnen sowie islamische Gebete erklangen. Um den Mahatma zu hören, legten die Bauern unvorstellbare Entfernungen zurück.

Der Meister bedauert noch heute, daß er sich nach seiner Zeit in Panchgani nicht mehr weiter mit der Sprache und Kultur der Marathen beschäftigt hat.

Immer wieder weist er auf die groteske Situation hin: das Internat lag inmitten des Marathi-Gebiets, und trotzdem fiel im Internat kein Wort Marathi, dafür sprach man aber unter anderem französisch! Die ungewöhnliche Gestalt SHIVAJIS faszinierte Prema ganz besonders, er muß ein außerordentlicher Geist gewesen sein. Erstaunlich, wie er den zahlenmäßig weit überlegenen Mogul-Armeen trotzte und schließlich den Sieg davontrug. Man berichtete von einer Episode, wie die Moguln ihn zu ermorden trachteten. Unter dem Vorwand, mit ihm Frieden schließen zu wollen, sandte man einen bärenstarken Mogul-General zu dem körperlich zart gebauten SHIVAJI, der ihn zum Zeichen der Versöhnung öffentlich umarmen und ihn dabei zu Tode drücken sollte. Doch SHIVAJI erfuhr rechtzeitig von dem Anschlag und ließ sich für die vorgesehene Szene "Tigernägel" beschaffen - scharfe Stahlspitzen, die man bequem zwischen den Fingern verbergen konnte. Als der General zu der tödlichen Umarmung ansetzte, tötete ihn SHIVAJI mit den Tigernägeln.

Eines Tages machte das Internat einen Schulausflug zum Schloß SHIVAJIS; dies wurde zu einem der glücklichsten Ereignisse in Premas Leben. Nirgendwo ist ihm ein Schloß von nur annähernd vergleichbarer architektonischer Schönheit und Vollkommenheit jemals wieder zu Gesicht gekommen. Im Schloß gab es einen Ehrenplatz für den von SHIVAJI getöteten Mogul-General, der von SHIVAJIS Anhängern bestens gepflegt wurde - so weit geht die Toleranz der Inder.

Auf seinen einsamen Wanderungen auf den Tablelands begegnete Prema vielen Sadhus und Fakiren, die ihm viele wertvolle Kenntnisse vermittelten; sie weihten ihn in die Geheimnisse der Meditation ein und lehrten ihn u.a. eine spezielle Yogatechnik, die ihn in die Lage versetzte, sich von einem Skelett die Lebensgeschichte mitteilen zu lassen. Auf seinen Streifzügen durch die unterirdischen Gänge konnte er das Gelernte in die Praxis umsetzen. Ihm wurde bald klar, daß der Sinn des Lebens darin bestand, irgendetwas Göttliches zu erleben. Dabei mußte alles andere zwangsläufig an Bedeutung verlieren. Aber dennoch hat der Meister auch den rein materiellen Belangen des irdischen Lebens immer die notwendige Aufmerksamkeit gewidmet, hatte er doch an zahlreichen Beispielen erlebt, wie die totale Vernachlässigung des Materiellen aus religiösen Gründen zu Schiffbruch führte. Das materielle Fundament muß fest begründet sein, wenn man mit Aussicht auf Erfolg ein geistiges Gebäude errichten will.

In einer Offenbarung erhielt der Meister die Mitteilung, daß es ihm nie am allernotwendigsten Geld mangeln wird und er einmal sogar über alle Maßen reich sein wird. Der erste Teil der Offenbarungen hat sich bisher bestätigt, und der Erhabene zweifelt nicht im geringsten an der Erfüllung des zweiten.

Prema war immer der Letzte in der Klasse, und zwar aus mehreren Gründen; einmal nahmen die geistigen Interessen einen großen Teil seiner Zeit in Anspruch, zum andern bereitete er sich systematisch "privat" auf das Abitur vor, und last not least ließen die pädagogischen Fähigkeiten der Lehrkräfte mehr als zu wünschen übrig. Sein Versagen in der beinahe kultisch betriebenen Algebra hatte auch seine Gründe. Neben einem gewissen Mangel an Begabung spielte auch das Lehrbuch eine große Rolle. Es war auf sehr schlechtem Papier gedruckt; der winzige Druck tat ein übriges, und der Verfasser hatte keinerlei didaktisches Geschick. Prema hielt Dressur für den größten Unsinn, der je auf der Welt erfunden wurde; die 'Dressurstunde' nutzte er lieber zu Forschungen in den unterirdischen Gängen, wo Skelette, Waffen und marathische Schriftrollen zu finden waren. Einmal bekam er einen großen Schreck, als ihm einige Fakire den Vorschlag machten, sich für sechs Tage beerdigen zu lassen; er würde dabei eine bedeutsame Erfahrung machen. Durch die zeitweilige Trennung von Seele und Leib würde er ein für allemal erkennen, daß es den Tod im landläufigen Sinne gar nicht gibt. An sich lockte ihn diese Aussicht außerordentlich, aber er erklärte den Fakiren die Unmöglichkeit des Vorhabens, da er nicht in einem Internat, sondern eher in einem Gefängnis lebte, wo man seine Abwesenheit sofort entdecken müßte. Pro Tag gab es nicht weniger als 19 Anwesenheitskontrollen; es war kaum möglich, sich für sechs Stunden zu entfernen, geschweige denn sechs Tage! Enttäuscht, aber verständnisvoll gingen die Fakire davon.

Fluchtversuche wurden sehr streng bestraft; die Delinquenten bekamen Handschellen und furchtbare Prügel mit einer Eisenkette.

Aber dann fiel Prema ein, daß er es vielleicht doch bewerkstelligen konnte, sich sechs Tage begraben zu lassen, und zwar bestand die einzige Möglichkeit im Mai, zu der Zeit, da er gewöhnlich ein Theaterstück schrieb und viel Freizügigkeit zugestanden bekam. So ging er zu den Fakiren und erklärte sich bereit, das Experiment zu wagen. Er hatte dabei auch den Hintergedanken, die Erlebnisse als Toter eventuell für ein Theater auszuwerten. Doch Prema hatte die Rechnung ohne den Wirt gemacht, denn seine Rolle, sechs Tage lang einen Toten zu spielen, erwies sich als eine entsetzliche Erfahrung, die sich zudem unmöglich als Bühnenstück verarbeiten ließ. Es ist dem Erhabenen noch heute unmöglich, über seine Erlebnisse zu berichten, ohne hart an den Rand eines Nervenzusammenbruches zu geraten.

Doch die Fakire hatten recht behalten, die Erlebnisse bewiesen zweifelsfrei, daß es den Tod tatsächlich nicht gibt! Zuerst bekam Prema einen fürchterlichen Schrecken, als seine Psyche den Körper verließ und sich gewissermaßen von außen ins Gesicht sah. Dieses Empfinden kann wirklich nur ermessen, der es am eigenen Leib erlebt hat; das größte Entsetzen bringt die Befürchtung, eventuell nicht mehr in den Körper zurückkehren zu können. Oder auch, was wird mit dem Körper geschehen, wenn plötzlich eine Schlange kommt oder Ameisen sich darauf stürzen! Derartige Schrecknisse sind letzten Endes auch der tiefere Grund für die eingewurzelte Todesfurcht aller Kreaturen, denn jedes Lebewesen hat diese Erfahrung u.U. schon tausende Male machen müssen, und die Erinnerung daran liegt tief im Unterbewußtsein verborgen.

So gelangte Prema also in das Totenreich; aber bei solchem Geschehen kommt man dem Teuflischen ganz nahe, jedoch nicht dem Göttlichen. So hatte er Gelegenheit, den Teufel zum erstenmal näher kennzulernen. Dabei wurde ihm klar, daß das Teuflische ganz und gar nichts Abschreckendes oder Häßliches an sich hat, wie man allgemein annimmt! Ganz im Gegenteil sieht alles freundlich und auf den ersten Blick sogar erhaben aus, so daß man in Versuchung gerät, es mit dem Göttlichen zu verwechseln! Dadurch werden viele Menschen leicht irregeleitet. Das Teuflische droht nicht, gibt sich ausgesprochen humorvoll und ist gar nicht so auf Ausbeutung und Übervorteilung aus, wie man meinen könnte. Der Teufel ist sehr kompromißbereit und schlägt großzügige Verträge vor, Verträge, in denen er echte Gegenleistung erbringt. Aber er ist ungemein klug; vor allen Dingen kommt man sehr schwer wieder von ihm los, wenn man sich einmal mit ihm eingelassen hat. Daher auch das Sprichwort "wer mit dem Teufel speisen will, muß einen langen Löffel mitbringen".

Der Teufel hat dem Meister, ohne eine Gegenleistung zu verlangen, versprochen, alle zu vernichten, die sich ihm in gefahrbringender Absicht nahen. Weiterhin zeigte er ihm in einer Vision alle Menschen, die ihm übel gesinnt sein werden. Wie es sich gehört, bedankte sich Prema für dieses Geschenk. Der Teufel, der übrigens jeden mit dem vertraulichen "Du" anredet, sagte ihm noch, er werde nichts gegen ihn unternehmen, da sich das Göttliche so eindeutig für ihn eingesetzt hat, so daß es keinen Sinn hat, etwas dagegen zu unternehmen. Mehr soll an dieser Stelle nicht über die schrecklichen Erlebnisse gesagt sein.

Der Erhabene hatte aber auch Verbindung mit dem Göttlichen gehabt; insgesamt war er von dieser Begegnung etwas enttäuscht, denn man war nicht bereit, ihm besondere Hilfe und Unterstützung bei der Erfüllung seiner Mission einzuräumen.

Man wollte nicht in den Verdacht kommen, irgendjemanden den anderen Menschen vorzuziehen, ja, man gab ihm klar zu verstehen, er möge in gefährlichen Situationen das Göttliche lieber nicht um Hilfe ersuchen. Sollte er es dennoch tun, würde man ihm zwar helfen, aber äußerst widerwillig. Auch wolle man ihm die Hilfe nicht in dem gewünschten Ausmaß gewähren, sondern nur gerade so viel, wie unbedingt notwendig ist. Aber auch diese Hilfe sei eigentlich unfair gegenüber den anderen Menschen. Ein A v a t a r a müsse auch die unangenehmen Seiten der menschlichen Existenz auf sich nehmen, ohne darüber zu murren. Der Erhabene gab seiner Enttäuschung über die wenig entgegenkommende Einstellung des Göttlichen ihm gegenüber Ausdruck, denn schließlich habe er schon allein durch seine Menschwerdung eine ungeheure psychische Strapaze auf sich genommen und deshalb mehr Entgegenkommen erwartet. Nein, hieß es nochmals, der göttliche Gesandte kann keine Sonderstellung zugebilligt bekommen, indem ihm das Leid der Welt am eigenen Leib erspart bleibt.

Prema war von dem sechstägigen Abenteuer derart mitgenommen, daß er mehrere Tage lang keinerlei Nahrung zu sich nehmen konnte. Er mußte unbedingt einige Zeit allein sein, um das Erlebte zu verarbeiten. Deshalb kam es ihm sehr gelegen, daß der Arzt bei ihm M u m p s feststellte, wodurch er für mehrere Tage in Quarantäne kam.

Einige Jahre nach dem Internat-Aufenthalt traf unser Meister einen Freund - hier genannt BLACKY.

BLACKY hatte (beinahe noch als Knabe) eine sehr kleine Unterschlagung begangen, eine Summe, die kaum der Rede wert war, aber damit war sein Leben völlig ruiniert...

Er ist ein Beispiel dafür, wie es in Indien einem Menschen ergehen kann, der seinen guten Ruf verloren hat. Er verfiel einem stillschweigenden Femegericht, das ihn praktisch zum (seelischen) Tode verurteilte. Obwohl er sehr gut aussah, überdurchschnittliche Intelligenz besaß, wollte niemand mit ihm etwas zu schaffen haben. Er bekam keine Arbeitsstelle, kein Mädchen durfte sich mit ihm sehen lassen, und einfach jeder, der sich mit ihm abgab, lief Gefahr, ins Gerede zu kommen. Selbst die Familienangehörigen gerieten in Mißkredit; Prema fand diese Verurteilung für eine jugendliche Verfehlung ungebührlich hart.

Es blieb BLACKY nichts anderes übrig, als Bombay zu verlassen und in weiter Ferne, wo ihn niemand kannte, zu versuchen, sich eine Existenzgrundlage zu schaffen. Doch nach einiger Zeit kehrte er wieder nach Bombay zurück, und Prema freute sich, ihn wiederzusehen. Die beiden gingen zusammen spazieren, besuchten den Zoologischen Garten, und BLACKY hatte viel Interessantes zu erzählen. Er hatte sich auch sehr zu seinem Vorteil verändert. Früher hatte er ziemlich schlechte Zähne, aber nun war sein Gebiß makellos. Er berichtete, daß ein Fakir ihm ein Mittel empfohlen hatte, das diese erstaunliche Wirkung hervorgebracht hatte. Es erschütterte Prema, daß BLACKY keinerlei Haß- oder Rachegefühle gegen die Gesellschaft hegte, obwohl sie ihn so äußerst schlecht behandelt hat. Er machte sich sogar Gedanken, wie man jugendlichen Straftätern konstruktiv helfen könnte, um sie wieder in die Gesellschaft einzugliedern.

Er muß es wohl tief empfunden haben, wie gefährlich eine Bestrafung allein sein kann, indem sie bei übermäßiger Härte zu Rachegelüsten gegen die Bestrafenden Anlaß gibt. Das darf man nicht mißverstehen; gegen ein angemessenes Strafmaß ist nichts einzuwenden, aber wenn man wegen einer Kleinigkeit durch seine Mitmenschen in alle Ewigkeit verdammt wird, dann ist das von Übel.

Prema dachte im Stillen, was wohl aus diesem intelligenten Burschen hätte werden können, wenn die Gesellschaft ihm nicht so viel Steine in den Weg gelegt hätte.

BLACKY hatte auf seinen Wanderungen viel zu sehen bekommen, was manchen schockieren wird. Er berichtete von Maharajas, in deren Herrschaftsbereich man einen solchen Abscheu vor Leprakranken hatte, daß man für sie unterirdische Verliese baute, die sie zu Lebzeiten nie mehr verlassen durften. Dann war er einer Sekte begegnet, deren Pessimismus so stark war, daß sie ihre Kinder von Geburt an von der Welt fernhielten. Man wollte es ihnen ersparen, diese traurige, leidvolle Welt zu sehen. Daher ließ man sie nur bei Dunkelheit aus dem Haus, und wenn es sich tagsüber nicht umgehen ließ, sie irgendwo hinzubringen, so band man ihnen die Augen zu. Nach Meinung dieser Eltern mußten ihre Kinder sehr froh darüber sein! BLACKY hat einmal nachts eine Gruppe dieser Kinder im Wasser plantschen sehen. Zum Glück hatte diese seltsame Sekte nicht viele Anhänger, aber als Phänomen ist sie doch bemerkenswert.

Dann erzählte BLACKY von einem Ort Kasara, in dessen Nähe sich eine große Felsenschlucht befand, in die man Leprakranke brachte, und aus der es kein Entrinnen gab. In Prema erwachte der Wunsch, diesen Ausgestoßenen irgendwie zu helfen. Als BLACKY diesen Wunsch bemerkte, erzählte er ihm von der Geldunterschlagung, für die er so hart büßen mußte; er hatte dieses Geld nicht für sich verbraucht, sondern um diesen Kranken zu helfen!

Dieser Idealismus wirkte ansteckend auf Prema, und er nahm sich fest vor, ebenfalls einen Beitrag zur Linderung der Not dieser Menschen zu leisten. Der Vorsatz erfuhr eine beträchtliche Verstärkung, als Prema einmal auf einem Streifzug zusammen mit GODRIDGE (einem anderen Freund) aus Zufall in dieses Tal gelangte. Nur der unbändigen Kraft GODRIDGES war es zu verdanken, daß sie ohne fremde Hilfe wieder aus diesem Tal herauskamen. Sie mußten eine hohe, unter einem Winkel von etwa 70° aufsteigende Felswand erklimmen; für einen normalen Menschen ein unüberwindliches Hindernis.

In diesem Tal sah Prema die elenden Geschöpfe dahinvegetieren; einige hatten durch die Krankheit mehrere Glieder verloren, ihren Wunden entstieg ein ekelerregender Gestank. Aber da sah er auch etwas, was ihn sehr bedrückte; zwei von diesen menschlichen Wracks, die nicht mehr gehen konnten, ein Mann und eine Frau, krochen zueinander, um sich zu begatten, so stark war in ihnen noch der Wunsch nach Fortpflanzung!

Nachdem er das Elend der Leprakranken mit eigenen Augen gesehen hatte, setzte Prema seinen Vorsatz, ihnen irgendwie zu helfen, in die Tat um. Nachts verließ er heimlich sein Zimmer und ging in die Slumviertel, in denen einige hausten, wusch ihre Wäsche und versuchte ihnen zu helfen, so gut er konnte.

Der Erhabene war nicht nur damals davon überzeugt, daß Lepra nicht ansteckend ist, sondern ist das heute noch.

3. DAS GOLD DER PARSEN

"Wer Gold schenkt, schenkt (auch ohne es zu wissen)
die Liebe; denn Gold i s t Liebe!"
Paracelsus -Salzburger Apokryphen-

Nach langem Überreden hatte Prema (endlich, nachdem er über 15 Jahre alt war) von seinen Eltern die Zustimmung erhalten, Schwimmunterricht zu nehmen. Er lebte übrigens in dieser Zeit nicht bei seinen Eltern, sondern bei den Großeltern, wo er nun allmählich neue Freundschaften schloß. Die Beziehungen zu den früheren Mitschülern hatten sich automatisch aufgelöst, da man in alle Winde zerstoben war. In diesem neuen Freundeskreis machte man hin und wieder Ausflüge. So hatte man u.a. die Insel Uron, die Bombay vorgelagert ist, zum Ziel gewählt.
Es handelt sich hierbei um eine kleine, wenig bekannte Insel, die eine gewisse Ähnlichkeit mit Helgoland hat - ein riesiger Felsbrocken mitten im Meer. In Luftlinie gesehen war Uron nur einen Katzensprung von Bombay entfernt, aber die Schiffsreise dauerte mehrere Stunden, da wegen der vielen Untiefen und Klippen das Schiff einen riesigen Umweg machen muß.
Prema wollte unbedingt mit nach Uron fahren, aber die Eltern wollten lange keine Zustimmung dazu geben. Sie hatten allerlei Bedenken wie, das Schiff könnte sinken, oder aber er würde sicherlich schwimmen gehen und dann todsicher von einem Haifisch gefressen werden etc. Nun, nach langem Hin und Her, vor allem aber, weil die Großeltern die Reisekosten übernahmen, gaben sie etwas mißmutig ihre Zustimmung. Die Großeltern standen glücklicherweise auf dem Standpunkt, ein junger Mann müsse durchaus mal verreisen, um seinen Horizont zu erweitern, während die Eltern am liebsten alles untersagten. Prema war froh, endlich die Erlaubnis zu haben. Zwar wußte er nicht genau, was die Kameraden dort zu treiben gedachten, aber für ihn bedeutete es eine große Ehre, als so wesentlich jüngerer überhaupt mitgenommen zu werden. Eines Tages war es dann so weit, und die Reise begann. Bald erfuhr Prema auch den tieferen Grund für das Unterfangen; den Jungen war es Zuhause streng unter-

sagt, zu rauchen und Alkohol zu trinken, und sie gedachten, in Uron sich diesen Genüssen hemmungslos hinzugeben.

Uron war zudem noch Freihafen, so daß Tabak und Alkoholika spottbillig zu bekommen waren, und wer über die nötigen Geldmittel verfügte, der konnte auch auf sexuellem Gebiet auf seine Kosten kommen. Kurioserweise nahmen die Burschen Quartier in den Gebäuden des prachtvollen parsischen Tempels; in Bezug auf das beabsichtigte nichtswürdige Treiben ein denkbar unangemessener Ort. Aber die Wahl des Tempels als Absteigequartier hatte handfeste Gründe, denn hier konnte man sozusagen von "Gottes Gnaden" kostenlos wohnen. Als das Schiff sich der Insel näherte, erblickte man die Felsen, die fast senkrecht aus dem Wasser aufstiegen, und unwillkürlich kamen Gedanken auf, was wohl aus dem Schifflein und den Passagieren würde, wenn eine mächtige Welle es gegen die Felswand schleuderte.

Uron ist erheblich größer als Helgoland, teilweise bewaldet und von idyllischer landschaftlicher Schönheit. Dort hatten die Parsen einen <u>Prunktempel riesigen Außmaßes</u> und von erlesener architektonischer Schönheit errichtet.

Während die Burschen in ihrer Unterkunft nach Herzenslust qualmten, was natürlich auf Tempelgelände streng verpönt war, und eifrig dem Alkohol zusprachen, interessierte sich Prema für den Tempel, vor allem auch, weil ihm einige Ungereimtheiten aufgefallen waren.

Da für einen Nicht-Parsen ein solcher Tempel absolut unzugänglich ist, soll hier versucht werden, ein ungefähres Bild dieses Tempels zu vermitteln. Im Innern des Tempels befindet sich noch ein kleiner Tempel, der das eigentliche Heiligtum darstellt. Dieses Heiligtum hat einen quadratischen Grundriß und ist auf der Ost-, Süd- und Westseite von hohen, goldenen Säulen eingegrenzt, während die Nordseite offen ist. In der Mitte des Heiligtums befindet sich ein großes, aus massivem Silber bestehendes Feuerbecken, das auf einer schweren Marmorplatte ruht. In dem Feuerbecken lodert ständig ein Opferfeuer aus kostbarstem Sandelholz.

Die Gläubigen dürfen nur bis zu dem offenen Portal auf der Nordseite herannahen, um ihre Gebete zu verrichten und ihre Opfergaben an Sandelholz niederzulegen; in das Innere dürfen nur Priester. Prema kam die wahnwitzige Idee, nicht am Portal Halt zu machen, sondern bis an das Feuerbecken zu treten, aber sofort eilte der Priester, der das Feuer zu unterhalten hatte, mit einem Schürhaken in der Hand herbei und vertrieb den frechen Eindringling. Doch Prema kamen dabei so seltsame Gedanken in den Sinn, die nicht ohne Folgen bleiben sollten. Er faßte den Entschluß, noch einmal bei günstiger Gelegenheit in das Heiligtum einzudringen. Dabei verfolgte er keineswegs die Absicht, den Tempel zu entweihen, aber er fühlte einen so starken inneren Drang, als hätte er dabei eine Mission zu erfüllen. Wie beschrieben, ruhte das Feuerbecken auf einer mächtigen Marmorplatte, die wiederum auf vier kurzen Säulen stand. Unter der Platte gab es also einen kleinen Zwischenraum, in den ein schlanker Junge ohne Mühe eindringen konnte.

In der Nacht, während seine Freunde sich im Alkoholrausch befanden oder anderweitig beschäftigt waren, stahl sich Prema unbemerkt in das Heiligtum und nahte sich rasch dem Feuerbecken. Und noch bevor er einen klaren Gedanken gefaßt hatte, war er schon unter der Marmorplatte verschwunden. Etwa mitten unter dem Feuerbecken stellte er mit Erstaunen fest, daß eine der Marmorplatten des Bodens nicht echt war. Sie war ganz leicht und ließ sich ohne Mühe zur Seite schieben. Dabei wurde ein senkrechter Schacht sichtbar, in den Prema ohne Umschweife einstieg. Zum Glück hatte er seine Taschenlampe mitgenommen, so daß er für eine Untersuchung des Schachtes gerüstet war. Draußen auf dem Meer tobte ein schwerer Sturm, und Prema fühlte sich in dem Schacht unter dem Opferfeuer wohlgeborgen. Man konnte deutlich das Tosen der Wellen vernehmen. Der Knabe kletterte auf Steigeisen rasch in den Schacht hinab. Er kletterte schon ziemlich lange und mußte sich nach seiner Schätzung schon unterhalb des Meeresspiegels befinden, und noch immer ging es weiter abwärts.

In größerer Tiefe hatte man offensichtlich aus Stabilitätsgründen die Schachtwand mit Stahlplatten ausgekleidet. Schließlich erreichte er die Sohle des Schachtes, und hier begann ein waagerechter Stollen. Prema traute seinen Augen nicht, als er auf dem Boden des Stollens eine riesige Menge Goldmünzen und massiver Goldbarren liegen sah. Vermutlich hatten die reichen Parsen hier ihre Schätze versteckt, um sie dem Zugriff einer selbständigen indischen Regierung, die vielleicht doch eher als erwartet kommen konnte, zu entziehen. Prema ging den Stollen entlang, und seine Beklommenheit wuchs, denn der Weg nahm kein Ende. Über sich wußte er das tosende Meer, und ein Schreck fuhr ihm in die Glieder bei dem Gedanken, das Wasser könnte in den Stollen einbrechen. Da gab es keine Rettung mehr, auch nicht für den besten Schwimmer. Doch nun begann der Stollen anzusteigen, und auch dieses Stück schien endlos zu sein. Seiner Schätzung nach mußte er sich wieder oberhalb des Meeresspiegels befinden.

Schließlich gelangte er an eine Art Filteranlage, und mit einiger Mühe zwängte er sich durch eine kleine Öffnung hindurch. Aber auch von hier aus führte der Weg weiter nach oben. Als er vor Erschöpfung kaum noch weiter konnte, bemerkte er über sich einen schwachen Schimmer, der aber nicht von künstlichem Licht herzurühren schien. Es mußte wohl Sternen- oder schwaches Mondlicht sein. Das gab ihm neue Kraft, und bald hatte er die Erdoberfläche erreicht. Er stellte fest, daß er sich auf einem Berggipfel befand; in weiter Ferne erblickte er das Meer und die Lichter von Uron. Er bekam einen gewaltigen Schreck, denn er dachte an die vielen Stunden, die das Schiff für die Überfahrt benötigt hatte. Wie konnte er da schon das Festland erreicht haben? Wohl nur deshalb, weil das Schiff wegen der vielen Klippen einen Umweg machen mußte, während er seinen jetzigen Standort in Luftlinie erreicht hatte.

Aber wo mochte er nur angelangt sein? Nach einigem Umherschauen wurde er starr vor Angst; rings um ihn herum befanden sich flache Steinsockel, jeweils aus drei Steinplatten bestehend, die in mehreren konzentrischen Kreisen angeordnet waren. Auf dem Rand einer tiefschwarzen Mauer konnte er schemenhaft einige Geier dösen sehen, auf dem Boden lagen verstreut einige Skelette - es gab keinen Zweifel mehr, er befand sich im "Turm des Schweigens", der Begräbnisstätte der Parsen! Und der brunnenartige Schacht, aus dem er hervorgekrochen war, konnte nur der Schacht sein, in den man die von der Sonne gebleichten Knochen der Toten hinabwarf; ihn schauderte. Ein gewöhnlicher Sterblicher bekommt den Turm von innen nie zu sehen. Nur der Anführer der Leichenträger ist berechtigt, das Innere zu betreten. Der äußere Kreis der Steinsockel ist für Männer, der mittlere für Frauen, der innere für Kinder bestimmt.

Die in den Schacht hinabgeworfenen Gebeine gelangen auf einen schräg liegenden Siebrost und rutschen von da aus weiter ins Meer. Der "normale" Weg, den eine Parse nahm, war, als Toter den Schacht hinunter, Prema dagegen hatte den Weg als Lebender von unten nach oben genommen. Ihm grauste bei dem Gedanken an seine augenblickliche Lage; wie sollte er hier wieder herauskommen? Der Weg über die Mauer war aussichtslos; als Bursche von 15 Jahren konnte er die Mauer ohne Hilfsmittel unmöglich bewältigen. Auf dem gleichen Weg zurückgehen, den er gekommen war - schon der Gedanke daran entsetzte ihn; zudem glaubte er sich physisch dazu nicht in der Lage.

Falls man ihn hier erwischte, drohte ihm ein schlimmes Ende, denn nach orthodoxer parsischer Sitte durfte niemand mehr aus dem Turm heraus, der einmal drin war! Ihm fiel eine Erzählung ein, wonach eine scheintote Frau im Turm wieder zu sich kam und fürchterlich zu schreien anfing. Aber man ließ sie nicht mehr heraus; sie mußte elend zugrundegehen.

Nach heutigen Maßstäben ist das sicherlich hart und unbarmherzig, aber man muß sich vor Augen halten, daß die Totenbräuche ihren Ursprung in alten, schamanistischen Zeiten haben. Auch bei den alten Griechen gab es ähnliche Gesetze; für einen Menschen, für den die Totenriten vollzogen waren, gab es einfach keinen Weg zurück ins Reich der Lebendigen. Prema machte sich keine Illusionen, auf Gnade konnte er nicht hoffen, zumal er ohnehin in dem Ruf stand, seine vorwitzige Nase in Dinge zu stecken, die ihn nach Ansicht vieler Erwachsener nichts angingen. Dann kam noch die Sache mit dem versteckten Geld hinzu, also noch ein gewichtiger Grund mehr, um ihn im Turm verschmachten zu lassen. Trotz seiner betrüblichen Lage setzte sich Prema aus lauter Erschöpfung erst einmal hin, um zu verschnaufen. Er nahm seine Taschenlampe zur Hand und dankte seinem Schicksal, daß es ihm so eine vorzügliche Lampe beschert hatte. Er hatte sie von seinem Vater geschenkt bekommen, der für die Platzanweiser im Theater eine Menge davon benötigte.

Als er gerade im Begriff war, die Lampe auszuknipsen, sah er an einer anderen Stelle des Turmes eine Taschenlampe aufleuchten. Er war also nicht der einzige lebende Mensch an diesem Bestattungsort! Wer mochte wohl der andere sein, und welcher Beweggrund mochte ihn hierher geführt haben? Er verkroch sich schnell hinter einem großen Stein, um zu beobachten. Das Licht kam langsam auf ihn zu, und im Widerschein erkannte er einen Mann mit dunkler Hautfarbe und stark mongolischem Einschlag. Die Gesichtszüge wirkten hart und unbarmherzig, ein grausames Lächeln spielte um seinen Mund. In seinem Gürtel trug er mehrere Waffen. Er stocherte in den Gerippen herum und schien etwas Bestimmtes zu suchen. Schließlich fand er, was ihm geeignet erschien: einen Schädel. Dann zog er ein kleines Beil aus seinem Gürtel hervor und spaltete den Schädel.

In dem Augenblick unterlief Prema ein Mißgeschick; er stieß mit seinem Fuß an seine Taschenlampe, und das Geräusch ließ den Fremden entsetzt herumfahren. Mit seiner Lampe leuchtete er Prema sofort in die Augen, um ihn zu blenden. Als der Fremde zu seiner Erleichterung erkannte, daß er nur einen Halbwüchsigen vor sich hatte, gewann er schnell seine Fassung zurück. Mit gebieterischer Stimme herrschte er Prema an: "Was willst du hier?"

An der Sprache erkannte Prema sofort, daß der andere unmöglich Parse sein konnte, und das beruhigte ihn ein wenig. Genau so gut hätte Prema ihn fragen können, was er hier zu schnüffeln hatte. Aber die Angst schnürte seine Kehle zu; er wußte auch nicht, was er sagen sollte. Dann dachte er an das Gold und fühlte sich verpflichtet, es dem Fremden unter keinen Umständen zu verraten. Er ließ ihn also in dem Glauben, er sei über die Mauer hierher gelangt. Aber der Fremde wartete auf eine Antwort, und da Prema beharrlich schwieg, schrie er ihm zu "na, wird's bald?".

Aber in Prema wich allmählich die Angst der Neugier; zu gerne wollte er wissen, was der Fremde hier vorhatte, und fragte einfach danach.

"Du bist viel zu jung, um das zu begreifen. Ich werde mit Hilfe dieses Schädels zu einem Verstorbenen Kontakt aufnehmen," war die Antwort.

Prema dachte bei sich, daß er wohl bestenfalls mit primitiven Geistern in Verbindung kommen wird. Aber vielleicht ließ sich auch ein erhabener Geist dazu bewegen, hier zu erscheinen, wenn die Anrufung aus lauterem Motiv geschah. Die Verständigung mit dem Fremden bereitete einige Schwierigkeiten, denn er benutzte eine Sprache, die Prema ziemlich fremd war. Aus dem Dialekt schloß Prema, daß der Fremde ein Bhil war; vermutlich ein Schamane.

Die Bhils sind ein im Aussterben begriffener Volksstamm, über dessen Lebensgewohnheiten und ethnische Herkunft fast nichts bekannt ist.

Erst vor wenigen Jahren ist ein Professor der Universität Münster von der UNESCO beauftragt worden, die Bhils zu erforschen, da mit ihrem Aussterben in kurzer Zeit zu rechnen ist.

Prema hatte allmählich den Eindruck gewonnen, daß der Bhil insgeheim froh war, an diesem unheimlichen Ort einen lebendigen Menschen getroffen zu haben, und forderte ihn deshalb auf, sein Vorhaben auszuführen und sich durch seine Gegenwart nicht stören zu lassen. Nach einigem Zögern ging der Bhil auf den Vorschlag ein. Er zeichnete zuerst einige einfache geometrische Figuren auf den Boden, die wohl ein ziemlich primitiv anmutendes Mandala bilden sollten. Dann legte er den Schädel in die Mitte, schüttete verschiedene Pulver in die Schädelhöhlung, zündete ein kleines Feuer an und verbrannte unter Gemurmel von Mantras Räucherwerk. Prema betrachtete die Zeremonie mit Skepsis, denn er traute einem Bhil auf diesem Gebiet nicht sonderlich viel zu.

Aber einerlei, ob die Beschwörung nun gelang oder nicht, Prema wollte unter allen Umständen den Fremden von dem "Brunnen" im Zentrum des Turmes ablenken. Während Premas Furcht schwand, schien die des Schamanen angesichts der Zeremonie zu wachsen. So kam es zu einer Art Scheinkameradschaft zwischen den beiden an diesem grausigen Ort. Da die Bhils den Ruf hatten, nicht gerade zimperlich im Gebrauch des Messers zu sein, konnte Prema diese Wendung nur willkommen sein. Wenn man einem wilden Bhil mitten in der Nacht begegnete, mußte man schon froh sein, wenn man mit heiler Haut davonkam.

Aus dem Schädel begann nun Rauch aufzusteigen, und Prema war gespannt, ob eine geplagte Seele aus dem Jenseits erscheinen würde. Der Rauch verdichtete sich und nahm die Konturen eines gespenstischen, alten Weibleins an, das der Schamane mit "oh, Großmutter" anredete.

Aber die 'Großmutter' erwiderte den freundlichen Willkommensgruß des Schamanen nicht, sondern zeigte mit einem strengen Finger auf Prema und erwiderte in der Bhil-Sprache etwa folgendes: "Du Elender, wie konntest du die streng gehütete Schwarze Kunst an diesen Fremdling verraten, der zudem ein Gesandter der Licht-Mächte ist? Dafür mußt du sterben! Ich befehle dir, dich augenblicklich zu töten"!

Nach dieser Strafpredigt verschwand das Gespenst. Der entsetzte Bhil wandte sich anklagend an Prema mit den Worten

"Was hast du da angerichtet?", zog ein Messer aus dem Gürtel und stieß es sich in die Brust.

Premas Entsetzen kannte keine Grenzen; auf ein solches Geschehen war er nicht gefaßt gewesen. Nun war er wieder der einzige lebende Mensch im "Turm des Schweigens"; der Bhil-Schamane, der gerade noch mit ihm gesprochen hatte, lag tot vor ihm!

Er betrachtete die Leiche des Bhil inmitten der Gebeine der Parsen mit Mißbehagen; was würde das für einen Skandal geben, wenn man den toten Bhil dort fand. Aber das Problem löste sich von selbst. Unter den Geiern hatte sich rasch die Nachricht verbreitet, daß ein neues Mahl ihrer harrte. Im Nu unringten sie die Leiche, und Prema dachte erleichtert, daß nach vollbrachtem Werk der Geier wohl niemand mehr erkennen könnte, ob dies nun die Leiche eines Parsen oder eines Bhil gewesen ist. Ganz stilecht war die Sache zwar nicht, denn die Gebeine lagen außerhalb der drei Steine, und außerdem blieben die Waffen ja übrig, aber Prema vertraute darauf, daß die Leichenträger hier nicht unnötig herumlaufen würden, sondern nach getaner Arbeit so schnell wie möglich verschwinden würden.

Die Geier hatten die Leiche umringt, aber sie zögerten, ihr Mahl zu beginnen. Die zwei größten Exemplare, vermutlich die Anführer, hielten ihre Artgenossen zurück und sahen Prema herausfordernd an, ungeduldig, als wollten sie sich auf ihn stürzen, wenn er nicht augenblicklich eine Entscheidung fällte! Prema erriet, daß sie auf ein Zeichen warteten, aber er kannte das Zeichen nicht. Er klaschte instinktiv zweimal in die Hände, und die Geier akzeptierten dieses Startsignal. Die Anführer rissen dem Leichnam je ein Auge aus, und das Werk konnte beginnen. Prema wandte sich schaudernd ab.

Nach etwa einer Viertelstunde hatten die Geier ihre Pflicht erfüllt, und Prema traute seinen Augen nicht; alle Knochen fein säuberlich abgenagt, als hätte ein Chirurg seinen Ehrgeiz darin gelegt, auch den kleinsten Fetzen Fleisch zu entfernen. Wer nicht Zeuge dieser Szene gewesen ist, würde nicht glauben, daß hier vor wenigen Minuten noch ein lebendiger Mensch gewesen ist.

Prema kam der Gedanke, die Waffen des Schamanen näher zu untersuchen und mitzunehmen, was ihm mitnehmenswert erschien. Mag sein, daß ihn ein Souvenirstrieb dazu bewegte, oder aber der Wunsch, sich für den gefährlichen Rückweg zu bewaffnen.

Auf einmal kam ihm die Idee, den Ritus des Schamanen, den er sich genau eingeprägt hatte, zu wiederholen, um eine ihm wohlgesinnte Seele aus dem Totenreich herbeizubitten, damit sie ihm einen guten Rat gebe, wie er am besten aus dem Turm wieder herauskam. Sicherlich spielte auch die Neugier mit hinein, ob der Zauber auch bei ihm wirkte. Also zeichnete er das Mandala auf den Boden, legte den Schädel des Bhils in die Mitte, setzte das Räucherwerk in Brand und flüsterte die Mantras. Dann wünschte er Mishra, seinen treuen Freund, der vor einiger Zeit gestorben war, herbei. Mishra erschien!

Der Anblick Mishras gab Prema augenblicklich Mut und Selbstvertrauen; nun erwartete er, daß sein Freund ihm eine gehörige Standpauke halten würde, denn Grund dazu gab es genug, hatte Prema doch seit geraumer Zeit nur Schindluder getrieben. Doch Mishra war so gütig wie früher; nicht der geringste Vorwurf kam über seine Lippen. Er riet Prema, den Turm unverzüglich zu verlassen, und zwar auf dem gleichen Weg, den er gekommen war. Premas Vorschlag, über die Mauer zu entweichen, um sich so den grausigen Rückweg zu ersparen, lehnte Mishra kategorisch ab. Dann prophezeite er ihm noch, daß er das Abitur bestehen würde und daß Indien bereits im August des gleichen Jahres die politische Unabhängigkeit erlangen würde. Die Nachricht über das bestandene Abitur beruhigte und freute Prema, doch die Sache mit der Unabhängigkeit Indiens wollte ihm nicht so recht eingehen, gab es doch viele Argumente, um dies für unmöglich zu halten. War doch erst vor kurzer Zeit ein neuer Vizekönig ernannt worden.

Zum Schluß sagte Mishra noch, daß Prema in baldiger Zukunft sein neues Tätigkeitsfeld Germany aufsuchen werde; das erschien dem Jüngling ebenfalls kaum glaubhaft, denn zu dieser Zeit (1947) herrschten in Deutschland problematische Verhältnisse, und die Zukunft schien völlig ungewiß. Prema stand vor einem Dilemma; Mishras Prophezeiungen enthielten soviel Ungereimtheiten, daß er nicht wußte, was er glauben sollte und was nicht. Über eines gab es allerdings keinen Zweifel: er mußte unbedingt auf dem gleichen Weg, auf dem er hierher gekommen war, wieder nach Uron zurück! Mit Abscheu dachte er an den "Brunnen", in dem ekelerregende Eidechsen hausten; möglicherweise gab es dort auch Giftschlangen, aber er hatte keine andere Wahl. Nun, immerhin hatte er die Waffen des Bhils bei sich, mit denen er sich notfalls verteidigen konnte; das beruhigte ihn ein wenig. Hoffentlich hatten seine Freunde in Uron seine Abwesenheit noch nicht entdeckt und Alarm geschlagen. Das gäbe ein Riesentheater! Wegen der Kleinheit der Insel würde eine Suchaktion sehr bald zu dem Ergebnis führen, daß der Saidhar nicht auffindbar ist. Wo konnte er also nur sein? Natürlich ertrunken!

Mit Angst im Herzen machte sich Prema auf den Weg, stieg in den Brunnen hinein, an huschenden Eidechsen vorbei gelangte er in den waagerechten Stollen. Die stickige Luft machte ihn schwermütig, und er bekam panische Angst vor einem Wassereinbruch. Bei einem Wassereinbruch war er rettungslos verloren; auch die besten Schwimmkenntnisse würden ihm da nicht helfen!

Aber nichts dergleichen geschah. In der Nähe des Tempels angelangt, stieß er wieder auf den gewaltigen Goldschatz.

Gold besaß ohnehin eine starke Faszination für ihn, und diese Riesenmenge verwirrte ihn. Der Gedanke, etwas davon mitzunehmen, bemächtigte sich seiner.

Nach langem, innerem Kampf konnte er der Versuchung doch nicht widerstehen und nahm sieben Goldstücke mit. Aber das Gewissen plagte ihn sehr, als er nun den senkrechten Schacht zum Tempel mühsam emporklomm. Lange und heftig debattierte er mit sich, ob das Diebstahl war oder nicht. Er versuchte, seine Tat zu verniedlichen, indem er sich sagte, daß er ja nur sieben Stücke genommen habe, wo er ohne weiteres 70, 700 oder theoretisch auch 7.000 hätte mitnehmen können, und trotzig behielt er das Gold. Aber lange konnte er dieses Argument gegen sein bohrendes Gewissen nicht verteidigen.

Der Aufstieg dauerte sehr lange, da er am Ende seiner physischen Kräfte war, aber schließlich erreichte er die Marmorplatte, auf der das Opferfeuer loderte. Vorsichtig lugte er unter der Platte hervor; es war inzwischen Tag geworden, und er mußte damit rechnen, daß einige Parsen an der offenen Seite des Heiligtums ihre Morgengebete verrichteten.

Der Spektakel war nicht auszudenken, wenn nur ein einziger ihn dabei beobachten sollte, wie er unter der Marmorplatte hervorkroch! Also blieb ihm nichts anderes übrig, als so lange zu warten, bis auch der letzte den Tempel verlassen hatte. Da Uron nicht viele Einwohner hatte, durfte er hoffen, nicht allzu lange warten zu müssen.

Er sah das als gerechte Strafe für seinen 'Diebstahl' an, und der Gewissenskonflikt hatte ihn allmählich so mürbe gemacht, daß er kurz entschlossen die Goldstücke aus seinen Taschen hervorkramte und in den Schacht hinunterwarf. Jetzt fühlte er sich erleichtert, und er dachte bei sich: wenn schon ein Mahavatara nur mit großer Mühe der Verlockung des Goldes widerstehen kann, welche Faszination mußte dieses Metall dann auf einen gewöhnlichen Menschen ausüben? Das bestärkte in Prema die Ansicht, daß alles ungesegnete Gold ein Fluch ist!

Er verspürte Hunger; ob nun wohl alle Gläubigen davongegangen waren? Er stellte sich vor, daß seine Kameraden sicherlich nach kurzer, pflichtgemäßer "Erledigung" ihrer Morgenandacht schnell wieder zu ihren Vergnügungen wie Tabak, Alkohol etc. zurückkehren würden. Noch einmal spähte er vorsichtig unter der Marmorplatte hervor, ob auch der das Feuer bewachende Priester abwesend war. Er bemerkte nichts Verdächtiges, und zitternd vor Furcht und Schwäche verließ er sein Versteck. Und er hatte Glück! Niemand begegnete ihm auf seinem Weg zur Schlafstatt. Zunächst einmal warf er sich erleichtert auf sein Bett. Aber lange hielt er es nicht aus; sein Hunger war übermächtig. Schon bald konnte er beruhigt feststellen, daß seine Abwesenheit niemandem aufgefallen war. Nur allzusehr waren seine Kameraden mit ihren Vergnügungen beschäftigt gewesen. Das konnte Prema nur recht sein. Aber jetzt mußte er sich unbedingt um irgend etwas Eßbares bemühen.

Es war ihm klar, daß außerhalb der normalen Frühstückszeit Schwierigkeiten zu erwarten waren. Er hätte sich auch schon mit einer Tasse Tee zufriedengegeben. Entschlossen ging er zum Tempelverwalter und trug seine Bitte nach einer Tasse Tee vor. Der Verwalter nannte ihm einen so 'horrenden Preis', daß Prema erschrak. Zwar gab es Tee genug, nur der Zucker war Mangelware, die zu Wucherpreisen gehandelt wurde. Jetzt bereute Prema, daß er das Gold nicht doch mitgenommen hatte. Widerstrebend bezahlte er den sündhaft teuren Tee und wartete geduldig auf das Mittagessen. Er nahm sich vor, nun nichts mehr zu unternehmen, womit er auffallen könnte, d.h. er schloß sich ganz dem Treiben seiner Reisebegleiter an. So verlebte er noch einige recht glückliche Tage auf der Insel Uron, bevor es wieder nach

Bombay zurückging. Auf der Rückfahrt genoß er wieder die Schönheit der indischen Landschaft, die strahlende Sonne, die unermeßliche See und die Heiterkeit seiner Umgebung.

Seine Kameraden gefielen ihm durch ihre natürliche und spontane Heiterkeit. Trotz ihrer gelegentlichen Raufereien und ihrer zeitweiligen Vorliebe für grobe Genüsse besaßen sie durchaus geistige Interessen. Ihre Kenntnisse in Literatur, Philosophie und Geistesgeschichte konnten sich sehen lassen; ihr kameradschaftlicher Geist und ihre Hilfsbereitschaft trugen mit dazu bei, daß Prema sich in ihrer Gemeinschaft wohlfühlte.

Zuhause angelangt, hörte er immer die gleiche Frage: "Na, war's schön?" und seine Eltern, die noch weniger Anteilnahme zeigten, fragten nur: "Du bist auch nicht schwimmen gewesen? Das freut uns, daß du nicht ins Wasser gegangen bist; du weißt ja, wie gefährlich das ist". Das war alles; es gab einen unsichtbaren Vorhang zwischen ihnen. Was hätte er auf diese stereotypen nichtssagenden Fragen antworten sollen? So schwieg er in dem Bewußtsein, daß er seine entsetzlichen Erlebnisse und Geheimnisse allein mit sich herumtragen mußte; es gab niemanden, den er ins Vertrauen hätte ziehen können.

4. NACHPRÜFBARE BERICHTE ÜBER WUNDERHEILUNGEN

"Zu den stets strebsamen Sterblichen, beeilen sich sogar die Unsterblichen zu Hilfe."
Zarathustra, **Gathas**

Kaum von Uron zurückgekehrt, ging eine der Prophezeiungen Mishras in Erfüllung. Zur völligen Verblüffung der Inder entschied die englische Regierung blitzartig, Indien zu räumen! Diese Entscheidung fiel also mindestens ein Jahr früher, als es sich der optimistischste Freiheitskämpfer je hätte träumen lassen.

Am 5. Juni erfüllte sich eine weitere Voraussage Mishras; Prema hatte die Reifeprüfung bestanden. Von vielleicht rund hunderttausend Prüflingen hatten 7.645 das Ziel erreicht. Zwar bildete Prema das "Schlußlicht", d.h. er hatte die niedrigste Punktzahl, aber immerhin, er hatte bestanden! Doch sollte sich diese Tatsache bald als schweres Handicap erweisen.

Die Studienplätze waren in diesem Jahr besonders knapp, und alle Universitäten waren darauf bedacht, diejenigen zu bevorzugen, die im Abitur besonders gut abgeschnitten hatten. Die im Abitur erreichbare höchste Punktzahl betrug 700; gute Kandidaten brachten es auf etwa 500 Punkte. Die Abiturienten konnten sich für folgende drei Studienwege entscheiden: Geisteswissenschaft, Naturwissenschaft und Wirtschaftswissenschaften. Für Wirtschaftswissenschaft gab es nur zwei Institute; dort unterzukommen war also besonders schwer. Prema hatte es sich in den Kopf gesetzt, Wirtschaftswissenschaften zu studieren. Rechtswissenschaft, die ihn auch interessiert hätte, zu beginnen, war ziemlich aussichtslos.

Die Rechtswissenschaftliche Fakultät nahm überhaupt keine Abiturienten unmittelbar auf; man mußte sich in den anderen Studienrichtungen mindestens vier Semester lang bestens bewährt haben, bevor man hoffen konnte, zum Studium der Rechtswissenschaft zugelassen zu werden.

Prema machte sich zuerst auf den Weg zum S y d e n h a m - C o l l e g e . Er hatte das Gebäude früher nie gesehen und bekam einen heftigen Schreck, als er es erblickte. Das in altertümlichem Stil gehaltene Bauwerk hatte viel schwarzes Mauerwerk, das ihn äußerst unangenehm an die schwarze Mauer im Turm des Schweigens erinnerte. Diese Assoziation machte ihm das Institut dermaßen unsympathisch, daß er auf der Stelle kehrt machte. Dann reiste er per Zug zu dem einige Kilometer von Bombay entfernten wirtschaftswissenschaftlichen Institut, das nach seinem Stifter "Podar College" benannt war.

Mr. R. A. PODAR, ein sehr erfolgreicher Geschäftsmann, hatte einen erheblichen Teil seines Vermögens geopfert und das College ins Leben gerufen, um dem spürbaren Mangel an qualifizierten Wirtschaftswissenschaftlern abzuhelfen. In späteren Jahren ist er Anhänger des auch im Abendland berühmten indischen Weisen Sri AUROBINDO geworden.

Von Mr. PODAR wird berichtet, daß er noch in hohem Alter trotz körperlicher Schwäche eine überaus beschwerliche Wallfahrt in den Himalaya unternommen hat zu einem Ort, der als Geburtsort des großen R i s h i SHANKARA gilt. Die Wallfahrtsgrotte liegt fast unerreichbar inmitten gewaltiger Gletscher, viele Kilometer von bewohnten Gebieten entfernt.*) Es gilt als geistig besonders gewinnbringend, diese Grotte zu besuchen. Sie wird übrigens auch in der Biographie NEHRUS erwähnt. Mr. PODAR hatte von seiner strapaziösen Wallfahrt zwei wertvolle Andenken mitgebracht, die er später dem College stiftete.

Prema fuhr also zum Podar-College und verlangte im Sekretariat die zur Immatrikulation notwendigen Formulare.

Als das Büropersonal erfuhr, daß Prema im Abitur letzter geworden war, gab es ein schallendes Gelächter, und man verweigerte ihm die Formulare. Daraufhin marschierte er wutentbrannt zum Vizerektor, um sich über diese Behandlung zu beschweren. Doch er bekam die kühle Antwort, das Büropersonal möchte verhindern, daß Papier unnötig verschwendet wird, denn er glaube doch wohl nicht im Ernst, daß man ihn aufgenommen hätte, selbst wenn er die Formulare erhalten hätte.

Zu allem Überfluß war bei diesem Dialog noch ein älterer, konservativer Herr anwesend, dessen Aufgabe darin bestand, die Ausbildung des Militärs (= U.O.T.C. genannt) an den Universitäten zu beaufsichtigen. Der ältere Herr fand an Premas 'unmilitä-

---
*): Vide SAHER, **Lebensweisheit und creative Mystik**, Remagen 1974, pp. 190 f.

rischem' Benehmen allerhand zu beanstanden; wie er stand, die Hände auf den Tisch stützte, seine Art zu reden, das alles kam dem Herrn sehr unmilitärisch vor. Die Abfuhr enttäuschte Prema zwar, aber sie konnte ihn nicht entmutigen.

Er sah ein, daß er im Abitur keine Leuchte gewesen war und daß man ihn deshalb an den Universitäten zunächst nicht sonderlich hoch schätzte. Allerdings fand er es nicht in Ordnung, daß man aus dem Abitur so weitreichende Schlüsse zog, denn zwischen dem Schul- und Hochschulbetrieb bestanden doch erhebliche Unterschiede, und ein glänzender Abiturient war nicht zwangsläufig auch ein guter Student. Aber er konnte die herrschende Einstellung nun mal nicht ändern. In diesem Jahr gab es noch gewisse Imponderabilien, die sich auf die Erlangung eines Studienplatzes erschwerend auswirkten. So bevorzugte man generell alle weiblichen Bewerber, da im Ausland allenthalben in Verkennung der tatsächlichen Gegebenheiten die a n g e b - l i c h 'niedrige' Stellung der indischen Frau stark kritisiert wurde. Weiterhin nahm man alle Bewerber an, die aus der Gruppe der sogenannten 'Unberührbaren' stammten, um gegenüber dem Ausland 'soziales Denken' zu demonstrieren. Prema gab sich nicht geschlagen, denn seine innere Stimme gab ihm Hoffnung.

Schließlich war sein Vater ein weithin bekannter und einflußreicher Mann. Prema ging also zu seinem Vater und bat ihn um Hilfe. Der Vater telefonierte mit einigen mächtigen Männern aus der Industrie und mit Börsenfürsten, unter denen sich glücklicherweise einer (= ein Herr Cardmaster) befand, der Mr. Podar gut kannte. Er gab Prema ein Empfehlungsschreiben, das ihm eine Privataudienz bei Herrn Podar verschaffte.

Einige Tage später saß Prema dem berühmten Mann gegenüber und durfte sein Begehr vortragen. Mr. Podar empfing seinen jungen Gesprächspartner recht kühl, denn er schien es als Unverfrorenheit zu betrachten, daß einer, der im Abitur letzter geworden war, dennoch die Stirn hatte, sich um einen Studienplatz an seinem College zu bewerben. Obwohl er genau wußte, weshalb Prema zu ihm kam, forderte er ihn auf, seinen Wunsch vorzutragen. Prema war zwar nicht ganz wohl in seiner Haut, aber er blickte Mr. Podar tapfer in die Augen und vertrat seine Sache.

Er wies darauf hin, wie stark das Ergebnis der Reifeprüfung von der Tagesform und anderen Faktoren abhängen kann und somit nicht ohne weiteres die Eignung zum Studieren erkennen lasse. Er, Prema, halte sich zum Studium für durchaus tauglich; ebenso, wie sich ein tüchtiger Geschäftsmann nicht durch Einpauken erzielen lasse, sondern dazu geboren sein muß, ebenso glaube er, ein C h a r i s m a für das Studium der Wirtschaftswissenschaft zu haben.

Teils schockiert, teils angetan von so viel jugendlicher Zivilcourage, entschied Mr. Podar, ihm einen der ihm als Stifter des College zur freien Verfügung stehenden Studienplätze zu geben. Stolz und beglückt zog Prema vondannen, seinem Vater dankbar, der ihm durch seine glänzenden Beziehungen die Audienz verschafft hatte. Mit einem entsprechenden Schreiben Mr. Podars ausgestattet, ging Prema am nächsten Tag zum College und meldete sich beim Direktor.

Der Direktor schaute ihn leicht desinteressiert an, aber als er das Schreiben Mr. Podars durchgelesen hatte, nahm er Prema streng ins Gebet und ermahnte ihn, seine Aufnahme nur als provisorisch anzusehen. Er müsse nun erst beweisen, daß er würdig sei, am Podar-College zu studieren. Prema machte sich darob keine Sorgen, er wußte, daß er es schaffen würde. Er war heilfroh, daß er dem sicher wohlgemeinten Rat vieler widerstanden hatte, bei den Geisteswissenschaften Unterschlupf zu suchen, bei denen noch Studienplätze frei waren.

Zur Zeit des Studienbeginns herrschte eine große Unruhe im Land wegen der politischen Situation. Es geschahen auch einige ungewöhnliche Dinge; so kam die Kirchenleitung der in der Nähe der Saidhar'schen Wohnung gelegenen Gloria-Church auf den Gedanken, die wunderwirkende Madonnen-Statue aus F a t i m a (Portugal) nach Indien zu holen, damit auch die Inder Wunderheilungen erleben sollten.

Der Menschenansturm war so gewaltig, daß man auf einen großen Platz an der Küste, den M a h i m, ausweichen mußte, der etwa 30.000 Menschen fassen konnte. Tatsächlich ereigneten sich zahlreiche Wunderheilungen; so wurde u.a. aus der Saidhar'schen Nachbarschaft ein schwer krebskranker Mann, der von den Ärzten schon aufgegeben war, völlig geheilt. Man hörte auch, daß die Madonna bei der Wunschgewährung nicht über den Rahmen des geäußerten Wunsches hinausging; einmal kamen zwei blinde Nonnen, von denen die eine wünschte, die herrliche Madonnen-Statue nur einmal zu erblicken. Sofort ging ihr Wunsch in Erfüllung, aber nachdem sie das Bild voller Ergriffenheit betrachtet hatte, verlosch das Augenlicht wieder. Die andere Nonne, die das Sehvermögen erwünschte, bekam es auf Dauer. Aber die wieder erblindete Nonne war von ihrem Erlebnis so nachhaltig beeindruckt, daß sie fortan die Statue ständig begleitete.

Sie saß auch zu Füßen der Madonna, als Prema sich dem Gnadenbild näherte, um Glück für sich zu erbitten. Kaum hatte er seinen stummen Wunsch geäußert, als die blinde Nonne, die fast nie sprach, sofort antwortete:

"Oh, du Außerwählter Gottes, wünsch dir etwas anderes, denn zu dir kommt das Glück von selbst!"

Die Umstehenden waren maßlos erstaunt, einmal über die Worte, zum andern über die Tatsache, daß die Nonne überhaupt etwas sagte. In der Menge sah Prema auch einige Menschen, die ihm nicht wohlgesinnt waren.

So äußerte er schweigend den Wunsch, daß nie ein Feind über ihn den Sieg davontragen möge. Auch diesen Wunsch erriet die blinde Nonne, denn sie sprach erneut:

"Deine Freundschaft wird selig machen, deine Feindschaft bringt Verderben!"

Einer der in der Nähe stehenden Gegner Premas konnte sich nicht enthalten zu sagen: "Bei meiner Seele und bei den Seelen der Heiligen, du bist ein Mensch, vor dem man sich hüten muß!"

Prema wandte sich zu ihm und sagte lakonisch:

"So hüte dich!"

In der Tat kann der Erhabene zurückblickend feststellen, daß er sich nie sonderlich anzustrengen brauchte, um einen Gegner in seine Schranken zu verweisen. Häufig verschwanden übelgesinnte Menschen in der Versenkung, noch bevor Prema den Entschluß gefaßt hatte, ihnen entgegenzutreten.

Prema war beeindruckt von der tiefen Verehrung, die der Madonna von Fatima in Indien entgegengebracht wurde, und zwar völlig unabhängig von der Konfession. Man konnte sogar den Eindruck gewinnen, daß die Katholiken sich betont zurückhielten, um es den Nicht-Katholiken zu erleichtern, Wünsche zu äußern.

Ende Juni begann das neue Semester, und Prema fiel das Studium der Wirtschaftswissenschaft, das zu einem erheblichen Teil mit Handelsrecht verbunden war, außerordentlich leicht, so daß von Studium im eigentlichen Sinne keine Rede sein konnte. Aber eine gewisse Unzufriedenheit mit der Gesamtsituation, die vielerlei Gründe hatte, nahm ständig zu.

5. ALS GEISEL IM INDISCHEN URWALD

"Was man nicht versteht, besitzt man nicht."
                                                Goethe

Die Unabhängigkeitserklärung Indiens und Pakistans führte allenthalben im Land zum Aufflammen separatistischer Bestrebungen. Die Maplas wollten ein freies M a p a l i s t a n, die Bhils ein B h i l i s t a n etc. ausgerufen sehen. Die politische Atmosphäre knisterte vor Spannung.

Die Regierung hatte für die Deklaration der Unabhängigkeit am 15. August 1947*) ein langes Wochenende gewählt; in Verbindung mit Feiertagen gab es vier freie Tage.

Rein zufällig waren aus der Nachbarschaft fünf junge Leute von der reichen Familie Karduk eingeladen worden, das lange Wochenende auf deren riesigem Landbesitz zu verbringen. Das Land der Karduks lag im Tapti-Tal, nicht weit vom Stammsitz der Saidhars "Killa Songhad" entfernt, und grenzte gleichzeitig an das Stammland der Bhils.

Buchstäblich in letzter Minute war einer der von der Familie Karduk Eingeladenen verhindert, und da man den Platz nicht leer lassen wollte, fragte man Prema, ob er nicht mitfahren wollte. Prema sagte zu. Zuhause gab es natürlich wieder die üblichen Schwierigkeiten mit den Eltern, aber nach langem Hin und Her stimmten sie schließlich doch zu. Dies sollte der Beginn einer erlebnisreichen Reise werden.

Die Gruppe wählte den Nachtzug; der kommende Tag sollte die Unabhängigkeit bringen. Kurz vor dem Einschlafen überlegte Prema noch, an welchem Ort er wohl zum ersten Mal die n e u e indische Fahne, orange - weiß - grün mit einem Rad in der Mitte, erblicken würde. Beim Erwachen stand der Zug gerade auf einer Station. Prema stieg aus und sah die Fahne. Da fiel ihm ein, daß er sich den Namen der Station notieren wollte. Er schaute nach dem Stationsschild aus und las "B a r d o l i".

Dieser Name sagte ihm nichts; erst viel später erfuhr er, welch wichtige Rolle gerade dieser Ort im Kampf um die Unab-

*): Dem Geburtstag des Freiheitshelden Sri Aurobindo

hängigkeit gespielt hatte. Hier fand die erste Bauernrevolte gegen die Engländer statt, hier war auch der stellvertretende Ministerpräsident geboren. Welch merkwürdiger Zufall, daß Prema an diesem Ort die neue Fahne zum ersten Mal gesehen hatte.

Die Reise führte durch eine bezaubernde Landschaft; unterwegs durften die Reisenden die Lokomotive besichtigen. Auf dem Besitztum der Karduks angekommen, traute Prema seinen Augen nicht. Alles war nach dem Muster eines amerikanischen Südstaates vor dem Bürgerkrieg organisiert. Es gab riesige Plantagen, und auch die Häuser waren im typischen südamerikanischen Plantagenstil gebaut. Fast alle Männer trugen ständig Revolver (Vorderlader) mit sich herum, obwohl es unter britischer Herrschaft außerordentlich schwer war, die Erlaubnis zum Waffentragen zu erhalten.

Aber die Waffengenehmigung hatte einen besonderen Grund. Wie schon erwähnt, grenzte das Land der Karduks an das Gebirge, in dem die Bhils hausten. Vor kurzer Zeit war ein Bhil bei einem Raubzug mehr aus Versehen erschossen worden, und seitdem lebten die Karduks mit Bhils in Blutrache. Auch die Gäste der Plantage waren in die Blutrache eingeschlossen! Aber trotzdem herrschte eine fröhliche Atmosphäre; die Gastfreundschaft kannte keine Grenzen, und es ging überall leger und lustig zu. Es gab herrliche, selbstgebraute Liköre, wahre Kostbarkeiten aus den Blüten der Maiblume, wundervolle Speisen, so daß die Gäste es sich wohlsein lassen konnten. Das Hauptfortbewegungsmittel in dieser Gegend war das Pferd, und man setzte auch bei den Besuchern Reitkenntnisse als selbstverständlich voraus. Prema hatte aber vom Reiten keine blasse Ahnung.

Eines Tages begab man sich zum Bahnhof, um einige Besucher zu verabschieden. Dort traf man auch einen freundlichen Herrn, der eine Stute bei sich hatte.

Der freundliche Herr las Prema vom Gesicht ab, wie gern er reiten wollte, und übergab ihm das Pferd mit den Worten: "Nun reit einmal ein bißchen herum". Aber Prema hatte noch nie auf einem Pferderücken gesessen! Zudem war die Stute schwanger und dadurch ungewöhnlich breit. Unglücklicherweise hatte der Junge infolge einer Erkrankung wunde Leisten, so daß er sehr bald unter quälenden Schmerzen litt, die ihm die Tränen in die Augen trieben. Aber er wußte nicht, wie er das Pferd zum Anhalten bringen sollte, geschweige denn, dem Tier den Weg vorzugeben. So trug die Stute ihren unglücklichen Reiter kreuz und quer durch den angrenzenden Dschungel. Auf einmal hörte Prema ein leises Schwirren in der Luft und sah, wie sich ein Pfeil in den Leib des Pferdes bohrte. Prema wußte aus Erzählungen, daß die Bhils ihre vergifteten Pfeile nicht mit dem Bogen, sondern mit Blasrohren abschossen. Ein Pfeil signalisiert in der Regel einen Überfall, der von einer Bhil-Gruppe ausgeübt wird. Meist ist das Opfer bereits umzingelt.

Das verwundete Pferd raste wie wild los, und Prema hielt sich krampfhaft fest, um nicht herunterzufallen. Die Schmerzen in den Leisten ließen ihn fast die Gefahr vergessen, in der er sich befand. Er blickte sich um und stellte fest, daß drei berittene Bhils ihn verfolgten. Sie ballerten mit altertümlichen Feuerwaffen, die vermutlich noch aus der Zeit der napoleonischen Kriege stammten, hinter ihm her, ohne allerdings Schaden anzurichten. Die Kugeln pfiffen ihm um die Ohren, Speere huschten vorüber, und er sah ihre Messer in der Sonne blitzen. Aber er empfand dabei keine große Angst; in seiner jugendlichen Naivität glaubte er, mit ihnen verhandeln zu können und leicht wieder frei zu kommen. Dabei dachte er gar nicht daran, wie wenig er der Bhil-Sprache mächtig war. Die furchtbaren Schmerzen machten ihn bald so mürbe, daß es ihm fast einerlei war, ob die Bhils ihn umbrachten, wenn nur dieser elende Ritt ein Ende fände.

Aber die Stute lief, als wenn sie genau wüßte, wohin sie ihren Reiter zu tragen habe. Bald erreichten sie eine kleine Lichtung im Dschungel, und Prema erblickte eine Negerin und einen Neger. Sofort erinnerte er sich, daß auf dem gestrigen Gala-Diner von einem geheimnisvollen Neger-Ehepaar die Rede war, das hier irgendwo im umliegenden Dschungel hausen sollte. Man nannte sie die "Sudanesen"; bekanntlich waren die ersten Einwanderer Indiens Neger, die dann weiter über Assam, Burma bis nach Australien gezogen sind.

Prema zweifelte keine Sekunde daran, daß dieses Ehepaar nur die "Sudanesen" sein konnten, von denen gestern gesprochen worden war. Aber man wußte nur sehr wenig von ihnen zu berichten.

Der junge Mann sah sich die beiden näher an und bekam sofort einen gewaltigen Schreck, denn die Kopfbedeckung der Negerin, die man aus einiger Entfernung für einen Turban gehalten hätte, entpuppte sich als eine zusammengerollte lebendige Schlange!

Der Neger saß in tiefste Meditation versunken; die Versenkung mußte schon sehr lange anhalten, denn in seinem Bart hatten Vögel ein Nest gebaut!

Das Pferd hatte auf der Lichtung seinen Reiter abgeworfen und war im Dschungel verschwunden. Prema versuchte zaghaft, ein Gepräch mit den beiden zu beginnen. Zum Glück schienen sie die Landessprache zu beherrschen.

Als Prema mit einer langatmigen Erklärung anfangen wollte, wie er hierher gelangt war, brach "Herr Sudanese" sein wohl Monate währendes Schweigen und sagte: "Deine Erklärung ist überflüssig, denn wir wissen bereits alles!"

Der Schlangen-Turban bereitete Prema großes Unbehagen, zumal die Schlange zu einer Art gehörte, die sehr lang wird und einen unglaublich dehnbaren Rachen besitzt, der es der Schlange ermöglicht, recht große Beutetiere mit Haut und Haar zu verschlingen. Die Sudanesen spürten sein Unbehagen; darauf sagte Herr Sudanese etwas, was Prema für baren Unsinn hielt:

"Mach dir keine Sorgen, dies ist keine gewöhnliche Schlange. Sie gehört zu der Art, die lesen und schreiben kann."

Das war denn Prema doch zuviel; einem, der erst kürzlich das Abitur bestanden hatte und nun frischgebackener Student war, konnte man so etwas nicht aufbinden. Er mußte sich beherrschen, um nicht lauthals herauszulachen, was natürlich eine tödliche Beleidigung gewesen wäre. In dieser kritischen Lage mußte er alles unterlassen, was ihm die Sympathie der Sudanesen verscherzen konnte. Also nickte er zustimmend, als wenn er das für bare Münze nähme.

Darauf meinte die Frau, er brauche nicht zu nicken, wenn er davon nicht überzeugt sei. Aus dieser Bemerkung mußte er entnehmen, daß seine Geprächspartner tatsächlich jeden seiner Gedanken lesen konnten. Das war ihm äußerst unangenehm, denn einmal konnte er das mit dem Lesen und Schreiben beim besten Willen nicht glauben, andererseits durfte er die Besitzer einer so grausigen Schlange nicht verärgern. Daraufhin nahm die Frau ihen "Turban" ab, und das grüne Ungeheuer lag in nur geringer Entfernung von Prema auf dem Boden; sein Herz rutschte in die Hose. Nun kroch die Schlange zu einem Stückchen Land auf der Lichtung, das dünn mit Sand bestreut war. Dort angelangt, führte sie das spitze Schwanzende wie einen Schreibstift durch den losen Sand. Die "Schrift" verlief in Richtung der Diagonale; man konnte tatsächlich so etwas wie Buchstaben erkennen, Gebilde, die aus Ecken und Kurvenzügen bestanden. Prema staunte nicht schlecht, aber seine Skepsis verließ ihn nicht.

Man konnte zwar nicht leugnen, daß die Schlange schriftähnliche Zeichen vollführt hatte, aber ob das schon eine Schrift war? Er fragte die Sudanesin, was denn die Schlange da geschrieben habe.

Die Frau las laut: "Ein Fremder ist zu uns gekommen. Wie ist er zu behandeln?" Dann glättete sie den Sand und schrieb mit einem spitzen Stock in ähnlicher Weise etwas hin. Prema wollte wissen, was sie der Schlange mitgeteilt habe. Sie antwortete: "Der Fremde ist zunächst freundlich aufzunehmen, denn vielleicht möchte er die große Sache kennenlernen".

Die Schlange tastete die Schriftzüge vorsichtig mit dem Schwanz ab, vergleichbar der Nadel eines Tonabnehmers, der die Rillen einer Schallplatte abtastet. Nach den Bewegungen des Kopfes zu urteilen, schien die Schlange tatsächlich zu lesen und zu verstehen.

Auch von anderer Seite hat Prema später erfahren, daß es in dem Grenzgebiet zwischen dem Land der Bhils und der Zivilisation eine äußerst seltene Schlangenart gibt, die lesen und schreiben kann und sich auch in dieser Weise untereinander verständigt. Davon dürfte allerdings der modernen Kommunikationswissenschaft nichts bekannt sein.

Prema war neugierig, was sich wohl hinter der "großen Sache" verbarg; da fragte ihn der Sudanese, ob er schon etwas vom Seiltrick gehört habe. Prema erinnerte sich, im Theater seines Vaters einmal einen Film gesehen zu haben, in dem der Seiltrick vorkam. Dieser Film war von Alexander KORDA gedreht worden, und er war auch damals bei der Premiere als Ehrengast zugegen. Sir Alexander KORDA hatte den Seiltrick vor allem deshalb gedreht, um mittels der unbestechlichen Filmkamera festzustellen, ob dieser Trick nur auf Massensuggestion beruhte, wie vielfach behauptet wurde, oder ob tatsächlich etwas "dran" ist.

Man erzählte, daß Sir Alexander KORDA regelrecht vom Stuhl gefallen sein soll, als er die gefilmte Szene auf der Leinwand genauso wiedersah, wie er sie in Erinnerung hatte. Doch nun zur Beschreibung des Tricks, wie er bei Veranstaltungen vorgeführt wird.

Vor einem zusammengerollten Seil kauert ein Schamane; er beginnt auf einer Flöte zu spielen, worauf sich das Seil in Bewegung setzt, steil in die Luft steigt und starr wird. Ein Knabe klettert an dem Seil hoch; oben angelangt, hackt er sich mit einem mitgeführten Beil die Beine und einen Arm ab. Mit einem explosionsartigen Knall fällt das Seil zu Boden und ist wieder ein "normales" Seil. Der Knabe ist zunächst verschwunden, doch taucht er kurz danach wieder wohlbehalten aus der Zuschauermenge auf.

Der Sudanese fragte Prema sarkastisch, warum wohl die Trick-Künstler ein Seil benutzten, anstatt eine lebendige Schlange zu nehmen. Mit diesen Worten griff er nach einer Flöte und begann zu spielen.

Sofort ringelte sich die Schlange zusammen, stieg hoch und wurde starr. Gleich darauf kam ein kleiner Junge aus dem Busch, kletterte herauf und hackte sich die Gliedmaßen ab. Alles weitere geschah, wie bereits oben beschrieben. Prema war sprachlos vor Verblüffung, und je fassungsloser er wurde, um so herzhafter lachten die beiden Neger.

Die Sudanesin sagte ironisch: "Und das sind nun unsere klugen Abiturienten aus der Großstadt!"

Dann behauptete sie, sie sei in der Lage, mit geschlossenen Augen jedes Buch zu lesen, gleichgültig, in welcher Sprache es geschrieben sei. Prema nahm das zwar trotz des großen Eindrucks, den der Schlangentrick auf ihn gemacht hatte, mit Skepsis auf. Doch rein zufällig hatte er ein kleines Buch bei sich, das er aus der reichhaltigen Bibliothek der Karduks entliehen hatte. Es handelte sich um ausgewählte Schriften von SWEDENBORG.

Damit konnte er die Negerin auf die Probe stellen!

Er fragte sie etwas zaghaft, ob sie eine Probe ihrer Kunst geben wolle. Sie willigte ein. Prema brauchte dazu das Buch nicht e i n m a l a u s d e r T a s c h e herauszunehmen! Sie ließ sich sogar die Augen verbinden, und Prema sprach: "In meiner linken Tasche befindet sich ein Buch, was steht auf Seite 126?"

Augenblicklich begann sie zu reden, aber in einer ganz seltsamen Sprache, die Prema zunächst für die Sprache der Bhils hielt. Aber dann fiel ihm ein, daß das Buch eine zweisprachige Ausgabe war, auf der einen Seite Schwedisch, auf der anderen

Englisch. Was er zunächst für Bhilsprache hielt, konnte auch Schwedisch gewesen sein, denn diese Sprache kannte er überhaupt nicht. Also rief er stop und bat sie, auf Seite 127 weiterzulesen. Sofort sprach sie englisch; sie erzählte von einem Brand, den es eines Tages in Stockholm gegeben habe; dabei fiel auch der Name SWEDENBORG.

Es gab keinen Zweifel, sie konnte wahrhaftig Bücher "lesen", die andere Leute in ihren Taschen trugen!

Dann legte man eine kleine Pause ein, in der ein bescheidenes Mahl eingenommen wurde. Natürlich nahm die Schlange an dem Mahl teil, so daß Prema keinen Bissen herunterbekam. Er zitterte vor Furcht und wäre am liebsten fortgelaufen, aber so unhöflich durfte er sich nicht zeigen.

Nach dem Essen sagte die Sudanesin, sie wolle ihn eine kleine Kunst lehren, und zwar, wie man die Frage eines anderen, gleichgültig in welcher Sprache, in der Sprache des Fragers beantworten kann. Es ist dabei noch nicht einmal notwendig, daß die Frage laut ausgesprochen wird. Allerdings muß der Frager auch die Antwort w i s s e n, d.h. es dürfen z.B. keine 'metaphysischen' Fragen sein, sondern Fragen wie "wo wohne ich", "wie lautet der Vorname meines Vaters" etc.

Prema fiel ein, daß man bei den Karduks auch über diese Fähigkeit der Sudanesin gesprochen hatte, und zwar hatte eine polnische Dame, es gab übrigens eine Menge polnischer Flüchtlinge*) in dieser Gegend, der Negerin eine Frage in polnischer Sprache gestellt, die sie in der gleichen Sprache auch beantwortete, zum maßlosen Staunen der Polin.

Sie erklärte Prema auch, w i e das möglich ist. Wenn jemand eine Frage stellt, deren Antwort er bereits kennt, so erscheint die Antwort in Gedanken in seinem Bewußtsein. Durch intensive Konzentration und gewisse Yoga-Übungen*) kann man seinen Geist so mit dem Geist des Fragenden harmonisieren, sich sozusagen auf seine Wellenlänge einstellen, daß man die Antwort telepathisch empfangen kann. Die Antwort ist allerdings durch den A k z e n t des "Beantworters" gefärbt.

Diese Kunst brachte sie Prema bei; sie stellte aber zur Bedingung, daß er diese Fähigkeit n i e aus Prahlsucht zur Schau stellen dürfe. Prema versprach das, aber er sollte sein Versprechen bald brechen und diese Kunst einbüßen.

*): Schutzbefohlene der britischen Macht aus England evakuiert

Dann sprach der Sudanese, er könne Prema noch etwas Interessantes zeigen, wenn er Wert darauf legte. Prema war natürlich neugierig. Darauf holte der Neger einen riesigen Rubin hervor, so groß wie eine Orange, und sagte, dies sei das Auge der Göttin INDRARANI. Wenn man irgendeine Person sehen möchte, gleichgültig, wie weit entfernt sie gerade sei, so brauchte man nur in das "Auge" hineinzublicken und könnte dort die Person klar erkennen und sehen, was sie gerade treibt. Prema konnte das nicht recht glauben, aber er durfte eine Probe wünschen. Aufs Geratewohl wünschte er seinen Vater zu sehen, nicht etwa, weil es ihn sonderlich interessierte zu sehen, was sein Vater gerade macht, es fiel ihm nur im Augenblick niemand anderes ein.

Kaum hatte er den Wunsch geäußert, erblickte er in dem Rubin seinen Vater. Aber was war das? Sein Vater war splitternackt! Er befand sich auch nicht etwa im Bad, sondern fatalerweise in der Umarmung einer fremden Frau!

Prema war darüber so verdutzt, daß er nur sprachlos zuschauen konnte. Er erkannte auch genau die Frau, es war ein Starlet namens K a r s h e t b a i. Die K a r s h e t b a i ist (ungefähr) im Jahre 1943 in einen großen Skandal verwickelt gewesen. Damals befand sich Japan im Krieg mit den Alliierten. Die B a n k o f J a p a n hatte vorher in Bombay eine Filiale eröffnet, deren einzige Aufgabe darin bestand, riesige Mengen Falschgeld in Umlauf zu bringen, das die indische Währung ruinieren sollte.

Man wollte auf diese Weise den Engländern Schwierigkeiten bereiten und das Land durch Schaffung anarchistischer Verhältnisse mürbe machen. Die Japaner befanden sich damals nur einige Meilen von Kalkutta entfernt, bereit, in Indien einzumarschieren.

Doch das Komplott kam rechtzeitig heraus. Trotzdem erregte die Affäre großes Aufsehen. Die K a r s h e t b a i, eine verteufelt gutaussehende Frau, war damals die Geliebte des Filialleiters der B a n k o f J a p a n, und man munkelte, daß sie noch vor Entdeckung des Komplotts eine ganze Menge Falschgeld (Blüten) versteckt haben soll.

Nun, hier erblickte Prema sie wieder. Sie trug einen schwarzen C h o l i, ein in dieser Gegend weit verbreitetes Kleidungs-

*): Die jeder lernen kann nach fleißiger Übung.

stück, und einen roten Sari. Ein C h o l i ist eine hautenge Bluse, die knapp unterhalb des Busens endet und den Bauch freiläßt. Bei gutgewachsenen Frauen kann ein C h o l i schon sehr verführerisch wirken; vor allem bei relativ hellhäutigen Frauen wie Karshetbai macht sich der Kontrast des schwarzen Choli zur marmorfarbenen Haut ausgesprochen gut, der Busen wird effektvoll betont. Dazu dann noch ein roter Sari, ein wahrhaft faszinierender Anblick.

Aber im Rubin erschien Prema der Busen der K a r s h e t b a i besonders üppig, was er sich trotz C h o l i nicht recht erklären konnte. Doch das Rätsel löste sich schnell, denn der Vater begann gerade den C h o l i zu öffnen. Was kam denn da zum Vorschein?!

Prema traute seinen Augen nicht; ein dickes Bündel 10.000-Rupienscheine! Leider konnte Prema nicht hören, was die beiden im Augenblick miteinander sprachen. Er sah nur ihre Lippenbewegung und versuchte, sich daraus einen Vers zu machen.

Man muß sich vergegenwärtigen, welche Kaufkraft damals ein 10.000-Rupienschein darstellte: nach heutigen Verhältnissen etwa 50.000 DM, also ein ganz erklecklicher Batzen Geld! Offenbar kam hier etwas von dem Falschgeld wieder zum Vorschein, was die K a r s h e t b a i aus dem Verhältnis zu dem Filialleiter der B a n k o f J a p a n herausgeschlagen und dann versteckt hatte.

Nun versuchte sie offenbar, die Blüten an den Mann zu bringen. Vater Saidhar schien ihr dazu geeignet zu sein, denn in einer Kasse eines großen Theaters müßte es sich wohl ermöglichen lassen, auch so große Geldscheine unauffällig in Umlauf zu bringen. Im Rubin beobachtete Prema, wie Vaters Gesicht zunehmend Entsetzen ausdrückte, ja, er fing sogar an zu zittern. Typisch mein Vater, dachte Prema bei sich, sonst alles auf die leichte Schulter nehmen, aber straffällig werden, nein, das wollte er um keinen Preis. Er warf eilig seine Kleider über und floh davon. Doch Prema konnte deutlich erkennen, wie bei diesem hastigen Ankleiden, vom Vater unbemerkt, eine der Blüten im Schuh landete. Prema hat sie später noch dort gefunden, als schlagenden Beweis dafür, daß die im "Auge der Indrarani" gesehenen Szenen sich wirklich ereignet haben! Bei diesem Stand der Ereignisse interessierte der Vater nicht mehr, Prema wollte nun sehen, was K a r s h e t b a i tat.

Sie schloß seelenruhig ihren C h o l i und ging zum Telefon, als sei gar nichts geschehen. Sie wählte eine Nummer, die Prema allerdings nicht erkennen konnte, aber es interessierte ihn brennend, wen sie wohl anrief. Also wünschte er ihren Gesprächspartner zu sehen. Sobald die Verbindung zustande gekommen war, sah er ihn und wurde bleich vor Schreck. Es war ein Mann, den er sehr schätzen gelernt hatte und dem er unermeßlich viel verdankte, sein großer Gönner Mr. PODAR! Dieses Biest, die *Karshetbai,* wollte nun Mr. PODAR in ihre Falschgeld-Geschichte hineinziehen! Prema überlegte fieberhaft, was er tun konnte, um seinen Freund zu warnen und vor Schaden zu bewahren. Aber was konnte er nur tun? Er saß mitten im Dschungel und wußte selbst nicht, ob er hier mit heiler Haut davonkam!

Natürlich war Herr PODAR für ihre Pläne ebenfalls ein ausgezeichneter Mann. Überall als schwerreich bekannt, als frommer Mensch bestens beleumdet, Besitzer der renommierten N e w   C i t i z e n s   B a n k.

Zudem galt er als etwas gutgläubig, und Prema traute es der raffinierten K a r s h e t b a i ohne weiteres zu, daß sie ihm eine guterlogene Geschichte über die Herkunft des Geldes auftischen würde, die er ihr vermutlich auch abkaufte. Aber alles Grübeln über Herrn PODARS Rettung fand ein jähes Ende, denn die drei Bhils, die Prema bei seinem unglückseligen Ritt verfolgt hatten, erschienen unvermittelt an Ort und Stelle und nahmen ihn als Geisel.

6. KOMMUNIKATIONSPROBLEME MIT KROKODILEN

*"Es gibt aber... nur einen einzigen Weg sich zu bilden
und geistig durch Bücher zu wachsen:
das ist die Achtung vor dem, was man liest;
die Geduld des Verstehenwollens,
die Bescheidenheit des Geltenlassens... "*
        H.Hesse
      -Bücherlesen und Bücherbesitzen: XI, 127

  Die drei Bhils, die Prema verfolgt hatten, machten eigentlich bei näherem Hinsehen keinen "wilden" Eindruck; der Anführer bot Prema sogar die Hand. Die innere Stimme riet ihm, die Hand auszuschlagen, aber mehr reflexhaft nahm er sie doch und mußte das sofort bereuen. Er spürte deutlich, wie seine Willenskraft durch die körperliche Verbindung mit dem Bhil von ihm wegfloß und seinen Gegner offensichtlich stärkte. Man forderte ihn auf mitzukommen und erklärte ihm, heute sei die "Nacht der Krokodile".

  Prema, psychisch völlig ausgepumpt, kam sich vor, als sei er aus Pappe gemacht. Unter Anspannung seines Restes an Willenskraft und klarem Denkvermögen versuchte er sich auszumalen, was das mit der "Nacht des Krokodils" wohl auf sich hatte.

  Bei den Karduks hatte er von einem berühmten S a d h u erzählen hören, der in dieser Gegend als weißes Krokodil wiedergeboren sein sollte. Angeblich hauste es in einer Freßgrotte am Tapti-Fluß. Die Freßgrotten sind höhlenartige Behausungen, die oben stets ein Luftloch haben, da die Krokodile ja Atemluft benötigen. Über die Wohnstätten der Krokodile wird später noch ausführlich die Rede sein.

  Prema zerbrach sich den Kopf, aber es wollte nichts Rechtes dabei herauskommen. Schließlich fragte er einfach, ob die Nacht der Krokodile etwas mit dem weißen Krokodil zu tun hätte. Man ließ ihn zwar weiter im Unklaren, aber er merkte deutlich, daß die Bhils mit größter Scheu von d i e s e m Krokodil sprachen. Bis zur Abenddämmerung sperrte man ihn allein in ein Zimmer, und hier hatte er Muße, seinen Gedanken nachzuhängen.

Er dachte fast ausschließlich an seinen Gönner Mr. PODAR und wie er ihn retten könnte aus den Geldintrigen der gerissenen Kurshetbai. Ihm fiel ein, daß Herr PODAR ein überzeugter Anhänger Sri Aurobindos und der "Mutter" war, der oft den Ashram in Pondichery aufsuchte. In der Bibliothek des Podar-College gab es viele von Aurobindo und der MUTTER verfaßte Bücher, die Prema eifrig studierte. Die geistige Größe dieser beiden Persönlichkeiten faszinierte ihn. Er hatte schon des öfteren mit ihnen telepathischen Kontakt gesucht und auch gefunden. Mit der MUTTER gab es insofern Schwierigkeiten, da sie ausschließlich ihre französische Muttersprache benutzte, die Prema jedoch nur mangelhaft beherrschte. Jetzt, in der Einsamkeit der Bhil-Gefangenschaft, versuchte er erneut, mit ihnen in Verbindung zu kommen. Es gelang ihm auch diesmal; sie rieten ihm, Mut zu fassen und nach seiner Rückkehr nach Bombay ohne Scheu wegen seines jugendlichen Alters mit voller Energie in diese Angelegenheit einzugreifen.

Er brauche sich auch über die Art des Eingreifens jetzt keine weiteren Sorgen mehr zu machen, denn im Zug bei der Rückfahrt nach Bombay werde ihm eine glänzende Lösung einfallen. Diese Auskunft gab Prema augenblicklich seine Fassung zurück.

Prema zweifelte nicht im mindesten, daß er wirklich mit Sri Aurobindo und der MUTTER telepathischen Kontakt gehabt hatte und nicht etwa von seinem Unterbewußtsein genarrt wurde. So hatte er bei einer früheren Gelegenheit u.a. Sri Aurobindo gefragt, wie es zu erklären sei, daß Indien so überraschend schnell die politische Unabhängigkeit erhalten habe.*) Er erhielt folgende Erklärung: die Geschwindigkeit der evolutionären Entwicklung folgt nicht, mathematisch ausgedrückt, einer arithmetischen, sondern einer geometrischen Reihe, d.h. eine evolutionäre Tendenz fängt immer sehr behutsam an, aber im weiteren Verlauf nimmt die Beschleunigung ständig zu. Somit ist die höchste Geschwindigkeit in der Nähe des Ziels erreicht.

Dann kamen die drei Bhils wieder; er hörte sie schon aus einiger Entfernung vulgär lachen, und ihm schwante dabei nichts Gutes. Aber irgendwie schien sie sein geringes Alter zu irritieren; einer fragte ganz taktvoll und etwas verlegen, ob er die Sache mit den Krokodilen kenne. Prema kannte keine "Sache", es

*):Man denke an die Berliner Mauer und die Wiedervereinigung Deutschlands - als Vergleich.

sei denn, sie meinten den Tod im Rachen eines Krokodils. Nachdem er das in gebrochener Bhilsprache hervorgebracht hatte, machten die drei enttäuschte Gesichter, und einer meinte etwas besorgt, daß der Knabe wohl doch noch etwas zu jung dazu sei. Doch dann sagte der Anführer, es sei einerlei, heute Nacht ginge es los, und er sei alt genug, um etwas Wesentliches zu lernen. Also nahmen sie ihn mit. Sie suchten einen bestimmten Ort am Fluß auf, wo die Krokodilmütter ihre Jungen hinbrachten, da er besonderen Schutz bot.

Man muß sich vergegenwärtigen, daß ein Krokodil-Baby durchaus eine respektheischende Größe aufzuweisen hat. Die Bhils machten sich nun daran, mit langen Bambusstöcken die kleinen Krokodile auf den Rücken umzulegen, wobei sie großes Geschick an den Tag legten. Es dürfte wohl nicht allgemein bekannt sein, daß ein auf dem Rücken liegendes Krokodil vollkommen hilflos ist, einerlei ob es jung oder ausgewachsen ist. Es fängt vor lauter Angst zu zittern und fürchterlich zu zucken an.

Die Bhils ließen nur die weiblichen Tiere auf dem Rücken liegen; hatten sie ein männliches umgedreht, so warfen sie es wieder auf die Beine und scheuchten es ins Wasser. Prema hatte noch immer keine Ahnung, was das Treiben zu bedeuten hatte. Als sie nun vier Tiere umgelegt hatten, geschah etwas, was Prema nicht für möglich gehalten hätte: sie vergingen sich an den hilflos zuckenden Jungtieren!

Man kann zwar zu ihrer wenigstens teilweisen Entschuldigung ins Feld führen, daß es unter den Bhils einen gewaltigen Männerüberschuß gab und zudem die Männer ein so großes Geschlechtsorgan hatten, daß jeglicher Intimkontakt mit Frauen außerhalb des Bhilstammes völlig ausgeschlossen war.

Die drei Bhils hatten auch freundschaftlicherweise für Prema ein Krokodil auf den Rücken gelegt und konnten es nicht fassen, daß der Knabe sich diese "Delikatesse" entgehen ließ. Während sie nun in sexuellen Lüsten schwelgten, war Prema aus lauter Ekel und Bestürzung so unvorsichtig, daß er dem Wasser zu nahe kam. Als er nur mit einiger Mühe auf den schlüpfrigen Steinen das Gleichgewicht zu halten suchte, bekam er unvermutet einen kräftigen Schlag und landete im Wasser.

Ein Krokodil, vielleicht die Mutter eines der vergewaltigten Tiere, hatte sich unbemerkt herangeschlichen und ihm mit dem Schwanz den Hieb versetzt.

Im Wasser sah er sich dem offenen, mit gefährlich aussehenden Zähnen gespickten Rachen gegenüber. Durch eine blitzschnell angewandte Yoga-Technik versetzte Prema seinen Körper sofort in eine leichenähnliche Starre. Das Tier packte den vermeintlichen Leichnam etwa in Höhe des Bauches und schwamm gemächlich mit ihm zu seiner Freßgrotte. Dort legte es den jungen Mann ab und machte es sich neben ihm bequem.

Die Krokodile haben die Gewohnheit, ihre Beute so lange liegen zu lassen, bis sie anfängt zu verwesen. Die so gefährlich aussehenden Zähne sind nämlich in Wirklichkeit ziemlich schwach, und es bereitet einem Krokodil offensichtlich große Schmerzen, etwas Hartes zu beißen. Die halbverweste Beute läßt sich dann wesentlich leichter einverleiben.

Da lagen nun Prema und das Krokodil einträchtig nebeneinander, und der Knabe dachte mit Schrecken daran, wie lange das Tier es wohl da aushalten würde! In der Freßgrotte herrschte ein so übler Verwesungsgeruch, daß Prema fast die Besinnung verlor. Aber nach einer Weile hatte sich seine Nase einigermaßen daran gewöhnt, und der Gestank wurde erträglich. Nach etwa einer halben Stunde schien dem Krokodil irgend etwas einzufallen, denn es verließ die Höhle. Erleichtert atmete Prema auf und begann sich in der Grotte umzusehen, um zu fliehen. Über sich gewahrte er das Luftloch, durch das spärliches Licht drang. Er stand auf in der Absicht, durch dieses Loch hindurchzuschlüpfen. Aber da entdeckte er ein Hindernis, das ihn verwirrte. Auf einem flachen Felssockel lag ein langes hellfarbenes Etwas, bei der schwachen Beleuchtung nur schemenhaft erkennbar. Das konnte nur das weiße Krokodil sein, von dem er bei den Karduks gehört hatte!

Es lag vollkommen unbeweglich da; durch seine fahle Haut wirkte es noch viel ekelerregender als die 'normalen' Exemplare dieser Gattung. Die einzigen dunklen Stellen waren die Augen.

Der Erhabene hält es für eine Eigentümlichkeit aller tropischen und subtropischen Gebiete, daß man sich sehr schnell mit den natürlichen Gegebenheiten abfindet. Sogar Dinge, die einen schon in Gedanken früher schockiert hätten, können einen nach kurzem Aufenthalt kaum noch behelligen, wie z.B. Begegnungen mit Schlangen oder Krokodilen, es sei denn, man gerät in unmittelbare Gefahr. Es findet eine Art psychischer Akklimatisation statt.

Aber gegenüber dem weißen Ungeheuer konnte Prema nicht eine Spur von Sympathie empfinden. Sollte dies nun der berühmte S a d h u sein, der in dieser Form wiedergeboren worden ist? Prema wollte dem Geheimnis auf die Spur kommen. Der Gedanke an rasche Flucht mußte diesem Vorhaben weichen.

Bei den Sudanesen hatte er gelernt, sich mit einem Tier telepathisch in Verbindung zu setzen. Falls das weiße Krokodil tatsächlich mehr war als ein gewöhnliches Exemplar seiner Art; falls es überhaupt die geistige Fähigkeit zur Beantwortung einer Frage haben sollte, so müßte die Herstellung eines telepathischen Kontaktes möglich sein. Prema stellte in Gedanken folgende Frage:

"Wie ist es überhaupt denkbar, daß ein ehemals berühmter S a d h u einen so gewaltigen atavistischen Rückfall erlitten haben kann, als Krokodil wiedergeboren zu werden?"

Das weiße Ungeheuer gab darauf, ebenfalls auf telepathischem Wege, die Antwort: "Ich war, o Fragender, tatsächlich ein berühmter S a d h u gewesen, der viele S h a s t r a s (esoterische Schriften) studiert hatte. Was du nicht weißt, oh Fragender, und worüber du wahrscheinlich noch nicht nachgedacht hast, ist die Frage, weshalb die Krokodile so gerne im Wasser liegen wollen. Jedes Krokodil leidet unter einem starken Brennen direkt unter der Haut. Im Wasser suchen sie Kühlung und Linderung dieses Leidens, aber der Erfolg ist gering. Ich war als S a d h u nur auf mich bedacht, ich habe die S h a s t r a s nur aus Egoismus studiert, nur um m e i n e Weisheit zu mehren. Es kam mir nie in den Sinn, etwas davon an andere Menschen weiterzugeben. Ich bildete keinen jungen Nachwuchs aus; fand Azubis lästig. Dadurch geriet ich nach meinem Tode in einen B a r d o, in dem das aufgehäufte Wissen zu einem ungeheuren Brennen wurde. Da ich nur das LICHT aufhäufen, aber nichts für seine Verbreitung tun wollte, hat es sich in Hitze verwandelt. Für diese Verfehlung muß ich nun als Krokodil leiden, muß dieses Hitzegefühl tagaus, tagein erdulden, ohne daß der Aufenthalt im Wasser mir Linderung schenkt."

Während dieser Mitteilung lag das weiße Krokodil absolut regungslos da. Dann wollte Prema wissen, wie er dem S a d h u in seiner mißlichen Lage helfen konnte, aber er erhielt keine Antwort. Er wiederholte die Frage, wieder keine Antwort. Nun wußte der Meister, daß er bei nochmaliger Wiederholung unbedingt eine Antwort bekommen mußte, denn nach alter indischer Tradition darf man einem Avatara bei der dritten Wiederholung einer Frage die Antwort nicht verweigern, will man nicht schwerwiegende Konsequenzen riskieren.

Also stellte Prema die Frage erneut; das Krokodil antwortete mit einer Gegenfrage: "Ist der Fragende bereit, den hohen Preis zu zahlen?"

Prema wollte den Preis erfahren; hier die Antwort: "Der Preis für meine Befreiung wäre, daß du dich der Lächerlichkeit preisgibst, daß du bereit bist, deine Glaubwürdigkeit zu verlieren, für einen Spinner gehalten zu werden!"

Da meldete sich der Wirtschaftswissenschaftler in Prema und wollte wissen, was die Gegenleistung dafür sei. "Ich werde dir alle S h a s t r a s mitteilen, die ich in meinem früheren Leben so mühsam gesammelt habe. Wenn du sie dann verbreitest, so bin ich erlöst!"

Prema erklärte sich einverstanden; sie vereinbarten eine bestimmte Tageszeit, zu der Prema sich in einen Zustand völliger Passivität versetzte, um die S h a s t r a s telepathisch aufzunehmen. Nach dieser Vereinbarung verließ er die Höhle durch das Luftloch.

Zu seinem Erstaunen sah er, daß dicht neben dem Luftloch die Stute lag, die an dem vergifteten Pfeil verendet war. In einiger Entfernung gewahrte er Lichter, auf die er ohne weitere Behelligung losging, um bald wieder bei den Karduks anzulangen.

Bei der Familie Karduk feierte man wieder eine Party, und die Gesellschaft schien dem vorzüglichen Maiblütenschnaps schon tüchtig zugesprochen zu haben, so daß man von Premas langer Abwesenheit keinerlei Aufhebens machte. Auch der junge Mann wollte nun nicht weiter auffallen und nahm eine ordentliche Menge Alkohol zu sich, um sich von seinen strapaziösen Erlebnissen zu erholen. Aber es wäre besser gewesen, wenn er mehr Zurückhaltung geübt hätte. Die kaum überstandenen psychischen Belastungen in Verbindung mit dem genossenen Alkohol ließen seinen unbändigen Übermut in ihm erwachen. Sicherlich spielte auch eine gewisse Geringschätzung seitens der Gastgeber und der eingeladenen Gesellschaft eine nicht unbedeutende Rolle, um die Szene zu erklären, die nun folgt.

Als Prema zufällig mit der Hand das Buch von SWEDENBORG berührte, das er noch immer in der Tasche trug, erwachte in ihm die Prahlsucht. Er verkündete laut, er sei in der Lage, jede Frage, gleichgültig in welcher Sprache sie gestellt war, in der Sprache des Fragestellers zu beantworten. Die angeheiterte Gesellschaft nahm das natürlich nicht ernst und überschüttete ihn mit schallendem Gelächter. Aber er schlug mit der Faust auf den Tisch und rief, es sei unfair, über seine Behauptung zu lachen, ohne geprüft zu haben, ob sie auch zutrifft.

Da wurde einer der Karduks, ein rauher Bursche, der zeitlebens in dieser wilden Gegend gelebt hatte, wütend und fauchte ihn an: "Was fällt dir ein, du Prahlhans, du weißt wohl nicht, wie sich ein Gast zu benehmen hat! Mit dir, Bürschchen, werde ich kurzen Prozeß machen. Gut, wenn du es unbedingt willst, werde ich dir eine Frage stellen in einer Sprache, die du noch nie gehört hast, du Blödmann!"

Man muß sich vergegenwärtigen, daß es in dieser Gegend Bewohner gab, die nicht der indogermanischen Sprachenfamilie angehören, und daß der Karduk-Sohn auch die weitere Umgebung wie seine Westentasche kannte und eine große Zahl der vorkommenden Dialekte beherrschte.

Höhnisch lächelnd trat Herr KARDUK ganz nahe an PREMA heran und zischte: "Paß genau auf, Bürschchen, ich werde dir jetzt eine Frage im M a l g u n d i - Dialekt stellen!"

Die Gesellschaft wartete gespannt, was nun folgen würde. Als Herr KARDUK die Frage stellte, lachten die Einheimischen, aber das Lachen erstarb schnell. Zwar hatte Prema kein Wort der Frage verstanden, aber er wandte die bei den Sudanesen erlernte Technik an und gab blitzschnell die Antwort. Es beeindruckte die Zuhörer, daß Prema immerhin einige Worte im M a l g u n d i - Dialekt zuwege gebracht hatte, obgleich sie nicht beurteilen konnten, ob die Antwort auch zutraf.

Herrn KARDUK verschlug es die Sprache, und er mußte sich wohl oder übel geschlagen geben*). Er reagierte sauer und vergrub sich für den Rest des Abends hinter Essen und Trinken.

Nun, Prema hatte zwar seine Behauptung wahrgemacht, aber schon im Augenblick des Aussprechens wußte er, daß damit diese Fähigkeit dahin war, denn er hatte entgegen seinem Verspre-

---

*): Herr KARDUK hatte eine äußerst obszöne Frage gestellt: "Wann habe ich meinen 'ersten Flirt' gehabt?" - gelinde ausgedrückt. Wie aus der Pistole geschossen kam die Antwort: Am 15.September 1913!"
- natürlich im M a l g u n d i - Dialekt.

chen aus Prahlsucht seine Kunst zur Schau gestellt! Ein zu hoher Preis für einen Moment des Triumphes. Aber er zog daraus die Lehre, daß auch ein A v a t a r a den spirituellen Gesetzen unterworfen ist; auch ein A v a t a r a hat zu gehorchen und Demut zu üben.

Auf der Rückfahrt nach Bombay beklagten sich Premas Reisebegleiter über sein einsilbiges, wie ihnen schien, mürrisches Gehabe.

Aber er war nun mal nicht zu belanglosem Geplauder aufgelegt, zerbrach er sich doch den Kopf, wie er Mr. PODAR helfen könnte, aber nichts Gescheites wollte ihm einfallen. Zuerst meinte er, man könne die Regierung einfach dazu bewegen, alle 10.000-Rupienscheine für ungültig zu erklären. Aber das ging nicht, denn schließlich gab es eine große Anzahl echter Scheine, und die Besitzer würden mit Recht gegen eine solche Maßnahme opponieren. Außerdem stand auf jeder Banknote der folgende Text: "Die Regierung verpflichtet sich, den auf der Note angegebenen Betrag in voller Höhe einzulösen".

Hielt sie sich nicht daran, dann verstieß sie damit in eklatanter Weise gegen das Handelsrecht. Aber plötzlich kam ihm ein Gedanke, der die Lösung des Problems bringen sollte. Warum die hohen Banknoten für ungültig erklären? Man konnte doch in einer großen Umtauschaktion diese aus dem Verkehr ziehen!

Damit verstieß man keineswegs gegen das Handelsrecht und die Besitzer von "Blüten" würden es unter dem psychologischen Druck einer solchen Umtauschaktion sicher nicht wagen, damit zu einem Bankschalter zu gehen. Gleichzeitig konnte man damit die Schieber und Schwarzhändler, die sich während des Krieges auf illegale Weise bereichert hatten, treffen, denn es stand zu vermuten, daß dieser Personenkreis große Banknoten hortete. Ein Großteil dieser Personen würde es ebenfalls nicht wagen, sich an der Umtauschaktion zu beteiligen, setzten sie sich doch damit eventuell der Frage aus, wie sie zu diesem Geld gekommen sind. Falls dann ihre Steuererklärungen der vergangenen Jahre keine angemessenen Umsätze und Gewinne auswiesen, dann gab es todsicher Schwierigkeiten. Prema beglückwünschte sich dazu, eine praktikabel erscheinende Lösung gefunden zu haben.

Zuhause angelangt, untersuchte er unbemerkt seines Vaters Hausschuh, um sich zu vergewissern, ob er im "Auge der Indrarani" richtig gesehen hatte, daß sich eine Blüte dort verborgen hatte. Er fand die gefälschte 10.000-Rupiennote tatsächlich! Also mußte auch alles andere, was er aus der Ferne beobachtet hatte, wirklich geschehen sein und war nicht seiner Fantasie entsprungen. Prema brachte die Blüte sofort in Sicherheit. Nun überlegte er, wie er seine Idee mit der Umtauschaktion am besten realisieren konnte. Durch sein Studium waren ihm einige maßgebende Finanzleute Bombays bekannt geworden. So beschloß er, seinen Plan C. D. DESHMUKH, dem Leiter der R e s e r v e B a n k (Landeszentralbank), vorzutragen. Ihm war auch bekannt, daß die Kriegsgewinnler Herrn DESHMUKH schon lange ein Dorn im Auge waren, aber er hatte bisher noch keine legale Handhabe gefunden, ihnen ihre illegalen Gewinne abzujagen.

Zwar hatte er einmal versucht, alle 10.000-Rupienscheine für ungültig zu erklären, aber in einem Musterprozeß vor der Handelskammer war er unterlegen, wie nicht anders zu erwarten war.

Prema ließ sich bei Herrn C. D. DESHMUKH melden, und obwohl er nur ein unbekannter Student war, wurde er ohne weiteres vorgelassen. Er unterbreitete seinen Plan und schlug vor, für diese Aktion ein langes Wochenende zu wählen, damit die Leute nicht viel Zeit zu irgendwelchen Transaktionen oder Winkelzügen hatten. Außerdem solle man die Aktion als rein technisch begründete Maßnahme deklarieren. Herr DESHMUKH war zunächst sprachlos, dann faßte er sich an die Stirn und rief:

"Wieso bin ich nicht auf diesen Gedanken gekommen? Junger Mann, ihr Plan ist ausgezeichnet! Aber Sie müssen absolutes Stillschweigen bewahren, sonst geht die Sache schief."

Prema hatte natürlich kein Interesse, die Aktion scheitern zu lassen, und übte strikte Geheimhaltung.

Herr DESHMUKH zauderte nicht lange und führte den Plan konsequent durch.*) Die Aktion hatte den gewünschten Erfolg und wurde von der seriösen Geschäftswelt ausnahmslos begrüßt. Obwohl Premas Name als eigentlicher Urheber der Aktion nicht genannt wurde, erfuhr die Geschäftswelt Bombays doch die Hintergründe, und das schuf Prema einen guten Ruf, der ihm wenig später sehr zustatten kommen sollte. Einige Jahre später erhielt er (am 24.1.50) vom Gouverneur von Bombay einen hohen Geld

---

*): Noch heute gibt es keinen Schein über Rs. 100.

preis und eine fast meterhohe goldene Trophäe, in die auch sein Name eingraviert ist. Die Überreichung des hohen Preises ist in einem Foto festgehalten, das sich im Besitz des Erhabenen befindet.*) Die Trophäe steht heute noch im Podar-College und trägt folgende Widmung: "Für hervorragende Leistungen im Dienste der Volkswirtschaft".

Jeder Skeptiker hat damit die Möglichkeit, die Wahrheit der hier gegebenen Schilderung nachzuprüfen.

Die Auszeichnung erwies sich als sehr hilfreich, als Prema Indien verließ; hierzu war es notwendig, Empfehlungen beizubringen. Prema erhielt glänzende Zeugnisse von namhaften Geschäftsleuten Bombays. Damit hatte er auch seine Bewährungsprobe als Student der Wirtschaftswissenschaft bestanden, obwohl er im Abitur nur letzter geworden war.

Prema besaß noch immer die falsche Banknote, die er aus Vaters Schuh herausgeholt hatte. Im Kreise seiner Freunde hatte er sie mehrfach gezeigt und angekündigt, er werde daraus eine 'Zigarette' drehen und in Brand stecken; sein Hang zur Prahlerei trieb ihn dazu. Niemand glaubte ernsthaft daran, daß er das tun werde, aber eines Tages führte er sein Vorhaben unter großem Hallo tatsächlich aus. Einhellige Meinung aller Anwesenden: der Saidhar ist total verrückt!

*): Eine Kopie davon wurde beim Verlag hinterlegt; wer will, kann es dort ansehen.

7. DAS MORDENDE MUSIKINSTRUMENT

"Was sind denn zuletzt die Wahrheiten des Menschen?
Es sind die <u>unwiderlegbaren</u> Irrtümer des Menschen."
F. Nietzsche

In der Zeit seiner esoterischen Yogaübungen kam Prema mit einer seltsamen Geschichte in Berührung:

In der Nahe der Saidhar'schen Wohnung lebte ein gütiger älterer Herr mit seinem Sohn. In Wirklichkeit waren die beiden jedoch nicht miteinander verwandt, denn der vermeintliche Sohn war ein Findling, der als Neugeborenes eines Morgens vor der Tür dieses Herrn lag. Mutmaßlich handelte es sich um ein uneheliches Kind, das man auf diese unfaire und bequeme Weise los sein wollte. Zwar muß man einräumen, daß es unter den damaligen Verhältnissen für eine Mutter äußerst schwer war, ein uneheliches Kind zu haben bzw. zu behalten.

Der besagte Herr nahm das Kind auf und zog es mit größter Güte und Fürsorge auf, wie ein leiblicher Vater es nicht besser getan hätte. Der Adoptivsohn hatte von den wahren Verhältnissen keine blasse Ahnung. Die beiden verstanden sich ausgesprochen gut, da sie ganz ähnliche Interessen hatten.

Eines Tages gab es im Excelsior-Theater ein Sitar-Konzert. Die Sitar ist ein typisch indisches Saiteninstrument, das, von einem Virtuosen gespielt, außerordentlich ausdrucksfähig ist. In Europa und Amerika ist der Klang dieses Instrumentes besonders durch Schallplattenaufnahmen des gefeierten Inders RAVI SHANKAR bekannt geworden, sicherlich nicht zuletzt dadurch, daß der große Geiger YEHUDI MENUHIN von der Sitar sehr angetan war und auch zusammen mit RAVI SHANKAR Plattenaufnahmen gemacht hat. Prema hatte einmal davon gehört, daß auf der Sitar ein Fluch liegen solle.*) In Indien ist es nach alter Tradition nicht jedem gestattet, dieses Instrument zu spielen.

---

*): Auskunft über 'Fluch'-fähigkeit der Musik gibt das unüberbietbar vorzügliche Buch: Musik - Magie - Mystik von F. Stegel, Remagen 1961

Der Musiker muß entweder aus einem Fakir- oder Emir-Stand*) stammen; andere würden durch Umgang mit der Sitar angeblich Schaden erleiden.

Daß es mit der Sitar etwas Besonderes auf sich hat, läßt sich auch literarisch belegen durch die im Abendland kaum bekannte Novelle des russischen Dichters TURGENEW mit dem Titel "D a s L i e d a u s C e y l o n". In dieser Novelle wird von einem Russen berichtet, der durch bestimmte Umstände gezwungen wird, Rußland zu verlassen. Er geht nach Ceylon, erlernt dort das Sitar-Spiel, kehrt dann wieder in seine Heimat zurück, um mittels der Sitar Rache an seinen Feinden bzw. Rivalen zu nehmen, die seinerzeit seine Emigration gewissermaßen verursacht hatten. Von einem ähnlich magischen Geschehen soll hier berichtet werden.

Nun wieder zurück zu Vater und Sohn. Beide besuchten das Sitarkonzert im Excelsior, das von dem berühmten Virtuosen, aus ersichtlichen Gründen sei er hier nur als X. genannt, gegeben wurde. Das Konzert übte auf den Sohn offenbar einen betörenden Einfluß aus, und er setzte sich in den Kopf, alles daran zu setzen, und koste es das Leben, an Virtuosität Herrn X. zu übertreffen. Der Sohn befand sich zu dieser Zeit in einem Alter, in dem er leicht durch entsprechend starke Eindrücke zu beeinflussen war.

Da er die Sitar bislang nur dilettantisch spielte, konnte man sein Vorhaben nur als wahnwitzig bezeichnen. Der Vater, der zudem noch mit Herrn X. befreundet war, gab sich redliche Mühe, dem jungen Mann die Wahnsinnsidee aus dem Kopf zu schlagen, aber ohne den geringsten Erfolg. Der Sohn schloß sich tagelang in seinem Zimmer ein, um fast pausenlos auf seiner Sitar zu üben, als sei er von dem Instrument besessen. Er vernachlässigte sogar Essen und Trinken. Immer wieder appellierte der Vater an seine Vernunft, doch sein Sohn wurde dadurch nur noch verbohrter. Schließlich griff er in seiner Verzweiflung zum letzten Mittel, indem er seinem Sohn erklärte, es sei aus gewissen Gründen u n m ö g l i c h, Herrn X.s Spiel zu übertreffen, er könne bestenfalls hoffen, X. ebenbürtig zu werden. Doch das brachte den jungen Mann zur Weißglut, hatte er sich doch in den Kopf gesetzt, X. zu ü b e r t r e f f e n, nicht eher wollte er ruhen noch rasten.

*):   d.h. entweder ganz arm (Fakir) oder superreich (Emir)

Wahnsinnig vor Zorn und Verzweiflung wollte er wissen, *weshalb* es unmöglich sei, X. zu übertreffen. Da Ausflüchte dem Vater nichts einbrachten, mußte er wohl oder übel die Gründe nennen.

Der Vater erhoffte in seiner Naivität, daß sein Sohn spätestens nach dieser Information von seinem Wahn ablassen werde. Also berichtete er ihm, daß Herr X. als junger Mann eine Geliebte hatte, die er jedoch häufig arg vernachlässigte, weil er sie über der Sitar fast vergaß, denn er hatte eine beinahe persönliche Liebe zu seiner Sitar. Er hatte nur den einen Wunsch, das Sitarspiel zu nie erreichter Perfektion zu führen. An einem einsamen Ort, an dem er einmal mit seiner Geliebten weilte, wurde er von einer finsteren Gemütsstimmung, die bei Künstlern nicht selten vorkommt, überwältigt, und in dieser Verfassung ermordete er sie. Aus welchem Grund auch immer strich er die Saiten der Sitar mit ihrem Blut ein.

Bei jedem Konzert, das er gab, vergegenwärtigte er sich die Tragödie, und man behauptete, aus seinem Spiel sei zuweilen das Heulen der unglücklichen Seelen aus dem "Gürtel"*) zu hören. Die ermordete Geliebte war sicherlich im "Gürtel" gelandet, da man in der Todesstunde fast unwillkürlich haßerfüllte Gedanken gegenüber dem jeweiligen Mörder hegt. Aber es war nicht zu bezweifeln, daß Herr X. ein unerhörtes Virtuosentum entwickelt hatte, nachdem er das fürchterliche Erlebnis hatte. Das Heulen und Klagen der P r e t a s oder hungrigen 'Gespenster', das aus der Sitar herauszuklingen schien, hatte auf sensible Zuhörer eine tiefe Wirkung und ließ sie in tiefster Seele erschauern.

Nachdem der Sohn die Erklärung für die Hintergründe der besonderen Kunst des Herrn X. von seinem Vater erhalten hatte, glaubte er schließlich, daß es für ihn unmöglich sei, X. zu überflügeln. Das gab ihm einen schweren Schock und bewirkte beinahe einen völligen psychischen Zusammenbruch. Er war fortan für seine Umgebung eine Qual; er ließ sich restlos hängen und vernachlässigte alles. Was Wunder, daß es zwischen Vater und Sohn fast ständig Szenen und Auseinandersetzungen gab.

Auf dem Höhepunkt einer solchen Krise beging der Vater einen krassen Fehler, denn er lüftete das bisher so sorgsam gehü-

---

*): Psychischer 'Gürtel' (rund um unseren Planeten), der den Abschaum der Geisterwelt beherbergt; eine Art von 'Fegefeuer'. Die weiteren Einzelheiten darüber in SAHERS: "D i e v e r b o r g e n e W e i s h e i t", Wuppertal 1971

tete Geheimnis und erklärte dem jungen Mann rundheraus, daß er ja gar nicht sein leiblicher Sohn sei. Das brachte die labile Psyche des Pflegesohnes total aus dem Gleichgewicht, und in einer dunklen Stunde faßte er den teuflischen Plan, den Vater zu ermorden, die Saiten seiner Sitar mit seinem Blut zu beschmieren, in der Hoffnung, nun Herrn X. doch noch zu übertrumpfen!

Darin sah er seine Chance, waren doch dann wenigstens die Startbedingungen gleich. Er führte sein Vorhaben aus. Zwar verdächtigte man ihn des Mordes, aber die Kriminalisten und Juristen waren nicht in der Lage, ihm die Tat nachzuweisen, so daß er straffrei ausging.

Nach diesem Geschehnis erreichte die Sitar-Kunst des jungen Mannes ein ungeahntes Niveau, und sein Ruhm breitete sich rasch aus. Er unternahm eine vielgerühmte Tournee durch ganz Indien, und die Kritiken in den Zeitungen waren des Lobes voll, man stellte ihn Herrn X. gleich, ja, einige Kritiker stellten ihn sogar darüber. Damit hatte er sein Ziel erreicht. Wie viele Tourneen endete auch diese im Excelsior-Theater in Bombay, ein glanzvoller Abschluß und Höhepunkt. Prema war in diesem Theater aufgewachsen und kannte jeden Winkel. So wählte er als heimlicher Zuhörer ein Versteck unter der Bühne, von dem aus er den Künstler aus nächster Nähe beobachten konnte, ohne von ihm oder dem Publikum gesehen zu werden. Noch bevor sich der Vorhang vor dem ausverkauften Hause hob, wurde Prema Zeuge eines seltsamen Dialogs zwischen dem Künstler und seinem Instrument. Aus der Sitar drang eine haßerfüllte, nur nach finsterer Rache dürstende Stimme, und der Künstler antwortete, schweißgebadet vor Entsetzen.

Er brachte zum Ausdruck, daß er nichts weiter begehrte als eine kurze Frist, daß er nur noch dieses eine Konzert geben wolle, das sein größtes Meisterwerk werden solle.

So trat er vor das erwartungsvolle Auditorium. Das indische Publikum schätzt Sitar-Konzerte überaus hoch und ist bereit, horrende Preise für Eintrittskarten zu bezahlen, um einem Meister seines Fachs zu lauschen. Der junge Künstler zog von Anfang an das Publikum in seinen Bann; eine magisch zu nennende Faszination ging von seinem Spiel aus und ließ die Anwesenden erschauern. Die Sitar schien nichts als die entsetzliche Drangsal, chaotische Zerrissenheit, Leid und Rachedurst der unglücklichen Seelen aus dem G ü r t e l auszudrücken, dazu die panische

Angst des Künstlers, die ihn unerbittlich in ihren Krallen hielt. Jetzt erlebte er etwas, womit er wohl nie gerechnet hatte; der früher so gütige Pflegevater schwor ihm bittere Rache für seine Missetat. Auch dies ein Beleg dafür, wie die entkörperte Psyche einen totalen Wandel ins Böse erfährt, wenn sie im G ü r t e l landet.

Fürwahr, die Musik des jungen Künstlers drückte die schaurige Atmosphäre, die im G ü r t e l herrscht, noch prägnanter aus als die des Herrn X., darin hatte die Kritik zweifellos recht, nur ahnten die Kritiker nichts von dem grauenvollen Hintergrund, der ihm das ermöglichte.

Das Publikum war wie betäubt und gelähmt vor Bewunderung und Entsetzen; einige Zuhörer weinten, andere zogen sogar ihren Rosenkranz hervor und beteten mit angstbebenden Lippen. Prema wäre vor Grauen gern aus seinem Versteck geflüchtet, aber das konnte er nicht wagen.

Das Konzert endete mit einer dramatischen Steigerung: einige Saiten brachen, und Prema konnte genau beobachten, wie eine der gerissenen Saiten sich dem Künstler um den Hals schlang und ihn erdrosselte.

Später versuchte man sich die Todesursache zusammenzureimen und fand auch eine ganz plausibel klingende Erklärung wie, der Künstler habe sich in einer beispiellosen Weise verausgabt und regelrecht zu Tode gespielt, sei dann auf das Instrument gefallen, wodurch einige Saiten brachen.

Man sah keinen unmittelbaren Zusammenhang zwischen seinem Tode und der um den Hals geschlungenen Saite. Für Prema gab es jedoch keinen Zweifel an dem wahren Geschehen, hatte er doch einmal das Vorspiel erlebt und zum andern den Hergang aus unmittelbarer Nähe beobachtet.

Die Tragödie des jungen Musikers ist auch in anderer Weise lehrreich, zeigt sie doch, wie gefährlich es ist, sich mit den Mächten der Finsternis zu liieren, wobei es keine Rolle spielt, ob man sich dessen voll bewußt ist oder nicht. Durch den Mord und das Einstreichen der Sitar mit dem Blut des Getöteten hatte er sich automatisch mit dem G ü r t e l in Verbindung gesetzt. Weiterhin lehrt das Ereignis, daß es besser ist, die Finger von Dingen, wie z.B. der Sitar, zu lassen, wenn man keine Berufung dazu hat. Wenn schon die Beziehung zu einem Musikinstrument so schwerwiegende k a r m i s c h e Wirkungen hervorruft, liegt klar auf der Hand, um wieviel mehr Sorgfalt walten muß im Umgang mit geheiligten Dingen oder Wesen, z.B. Religion, Yoga oder Guru, wenn man schwerem Schaden entgehen will. Auf Dauer gesehen, kann kein Mensch neutral bleiben; er muß sich entscheiden, ob er ein Knecht der finsteren Mächte oder aber ein Diener des LICHTS sein will. Die lichten Mächte können einen Menschen über alle Maßen fördern, ihm Schutz vor vielen Gefahren gewähren, aber er muß die richtige Einstellung mitbringen, vor allem Treue und Dankbarkeit. Treue und Dankbarkeit sind die einzigen Gegenleistungen, die das Licht erwartet, darum gilt es, in erster Linie diese beiden Eigenschaften zu entwickeln, wenn man auf dem spirituellen Pfad vorankommen will. Leichtfertigkeit bringt zwangsläufig schweren Schaden; das muß sich jeder vor Augen halten, der sich mit so subtilen Dingen wie Einweihung und Meditation befassen will. Besitzt der Schüler die beiden Schlüsseleigenschaften Treue und Dankbarkeit, dann werden ihm alle gewünschten positiven Eigenschaften im Laufe der Zeit mit Sicherheit zuteil werden.

8. NICHTS IST WUNDERSAMER ALS DIE WAHRHEIT.*)

"...unser Heiland ist der von
Gott zu uns gesandte Vizekönig..."
Briefwechsel: Kaiserin Theophanu /
Roswitha v. Gandersheim

Nach Erklärung der Unabhängigkeit Indiens gewannen die politischen Parteien schnell an Bedeutung, allen voran die Kongreßpartei NEHRUS. Wie allenthalben im Land waren auch in Bombay große Räume, die für Parteiversammlungen geeignet waren, sehr rar. Vor allem interessierten sich die Parteigewaltigen für das Excelsior-Theater mit seinen 1.200 Sitzplätzen. Der Weg hinein führte natürlich nur über die Person des Direktors, Premas Vater. Also bemühte man sich intensiv um seine Gunst, wodurch er ohne eigenes Zutun rasch an Macht und Einfluß gewann. Das stieg ihm leider zu Kopfe, denn nun fing er an, sich für eine enorm wichtige Persönlichkeit zu halten.

Die Sache verschlimmerte sich noch dadurch, daß auch Mutter Saidhar sich an diesem Bazillus infizierte und meinte, als Frau eines so bedeutenden Mannes müsse sie unbedingt repräsentativ, sprich immer bestens gekleidet sein. So drehte sich bald alles nur noch um Schneider und Modehefte. Vater Saidhar forderte seinen Sohn auf, ihm gefälligst 'mehr Respekt' (!) entgegenzubringen, denn 'schließlich' (!) sei er eine 'hochgeachtete' Persönlichkeit des 'öffentlichen' Lebens. Doch Prema durchschaute die Verhältnisse ganz klar und gab seinem Vater unverblümt zu verstehen, daß die ihm gezollte Hochachtung rein gar nichts mit seinen persönlichen Qualitäten zu tun habe, sondern einzig und allein mit seiner dienstlichen Stellung als Direktor des größten Theaters von Bombay. Ob er denn nicht merke, wie die Parteibonzen ihm nur Honig um den Bart schmierten, seine Eitelkeit in ihr Kalkül einbezogen mit der alleinigen Absicht, kostenlos im Excelsior tagen zu dürfen. Das wollte der Vater aber absolut nicht einsehen und reagierte ausgesprochen verärgert.

*): Andere Ereignisse zwischen Immatrikulation und Tod des Vaters (5. Juni 1947 bis 16. Januar 1949).

Er sonnte sich in seinem Ruhm, freute sich königlich darüber, wenn in der Presse über ihn berichtet wurde, z.B., daß der Gouverneur X. oder der Parteiführer Y. Herrn Saidhar zu einer politischen 'Audienz' empfangen habe. Vater Saidhar stellte das Excelsior auch den Katholiken für karitative Veranstaltungen zur Verfügung und fühlte sich stets geschmeichelt, wenn der Erzbischof von Bombay, Kardinal GRACIAS, sich anerkennend über ihn äußerte. Herr Saidhar war überhaupt den Katholiken wohlgesonnen und stellte ihnen manche Summe für karitative Zwecke zur Verfügung, die er aus Überschüssen des Theaters abzweigte.

Parteiführer fürchten sich allgemein vor Menschen, die sich eigene politische Gedanken machen; in dieser Hinsicht brauchten sie bei Vater Saidhar k e i n e Sorgen zu haben.

Durch die überkandidelten Verhältnisse im Hause Saidhar brach bei der Mutter die alte Geistesstörung wieder hervor. Sie war kaum noch in der Lage, die Realitäten richtig zu bewerten. In ihren Vorstellungen nahm ihre Tochter die Rolle einer kleinen Prinzessin ein; so bekam die kaum Sechsjährige u.a. eine Dauerwelle!

Durch die Nebenrolle des Excelsior als politische Drehscheibe kam Prema in Kontakt mit der politischen Prominenz, ebenso auch mit dem Erzbischof. Der Erzbischof schätzte Bhakti-Yoga hoch und interessierte sich speziell für Bhakti-Übungen. Prema brachte ihm einige Übungen bei, wodurch er in die Lage kam, die Gegenwart der Gottesmutter MARIA überall zu fühlen, was immer sein sehnlichster Wunsch gewesen war. Dadurch hatte Prema bei ihm einen Stein im Brett.

Zu der Zeit beschäftigte sich Prema sehr eingehend mit dem E i n t r i t t i n s A s t r a l r e i c h ; so stellte er u.a. fest, daß der Astralkörper als 'Vehikel' nur auf der Erde zu gebrauchen war. Reisen zu anderen Himmelskörpern konnte man damit nicht unternehmen. Dazu eignete sich nur der Kausalkörper. Prema fing gerade an zu erforschen, inwieweit die alten Völker, vor allem die alten Arier, astronomische Kenntnisse hatten und inwieweit sie einer naturwissenschaftlichen Nachprüfung standhielten. So stellte er fest, daß es in Haidarabad, einem Fürstentum in Dekkan (nicht zu verwechseln mit der Stadt gleichen Namens in Sindh - bzw. Pakistan) große Planetarien gegeben hat, wovon noch einzelne Gebäude existierten.

In einem dieser Planetarien fand er z.B. Entfernungsangaben, die denen der heutigen Astronomie erstaunlich nahekommen. So gab man dem Planeten P l u t o eine Entfernung von 65 cm (relativ) zur Erde; der naheste Fixstern erhielt unter Verwendung des gleichen Maßstabs eine (relative) Entfernung von 11 km. Nun erhebt sich sofort die Frage, wie konnten die damaligen Menschen derartige Entfernungen messen? Verfügten sie schon über brauchbare Meßinstrumente? Weiterhin fand Prema Angaben über den Bau einer Milchstraße. Demnach bestand unsere Milchstraße aus 10 Billionen Sonnensystemen. 2.500 Milchstraßen (G a l a x i e n) bildeten wiederum eine höhere Einheit.

Mitten in diese privaten Forschungen fiel ein seltsames Ereignis, worüber dieser Auszug eigentlich zu berichten hat.

In Haidarabad herrschte als absolutistischer Monarch der NIZAM, zweifellos der reichste Mann der Welt. Er war ein Exzentriker ersten Ranges, wobei ihm sein märchenhafter Reichtum ohne weiteres gestattete, die ausgefallendsten Ideen auch zu verwirklichen.

Damals verfiel er nun auf den Gedanken, sich von der indischen Union zu trennen und ein unabhängiger Staat zu werden.*) Er gedachte, mit etwa 200 arabischen Söldnern, alles Schurken übelster Sorte, die er in der Gegend von Muskat und Oman angeheuert hatte, gegen die Zentralregierung Krieg zu führen. Als Oberbefehlshaber hatte er einen nicht minder exzentrischen wie dummen Engländer namens COTTON erkoren. Der einzige Unterschied zwischen dem NIZAM und Mr. COTTON bestand darin, daß der NIZAM schon schwerreich war, hingegen Herr COTTON es erst noch zu werden gedachte. Eine seiner Ideen, wie er zu Geld zu kommen gedachte, zeigt schon, wes Geistes Kind er war. So erzählte er Prema ganz ernsthaft, er führe stets einen bezingetränkten Lappen bei sich. Bei den nun kommenden Kriegswirren hoffte er, eine ungeschützte Bank zu finden, die er mit Hilfe dieses Lappens in Brand setzen wollte, um an das Geld heranzukommen.

Auf Premas Frage, was er zu tun gedenke, wenn bei seinem Anschlag auch das Papiergeld in Brand geraten sollte, wußte Mr. COTTON keine Antwort.

*): Die beste Schilderung der politisch-historischen Einzelheiten finden sich in dem Buch meines Freundes W. von Pochhammer: "I n d i e n s W e g z u r N a t i o n", Universitätsverlag Bremen 1973, pp. 717 f.

Die separatistischen Bestrebungen des NIZAM, so lächerlich sie letzten Endes im Hinblick auf die veranschlagten Mittel auch waren, mußten von der indischen Zentralregierung äußerst ernst genommen werden, denn sollte es dem NIZAM, unter welchen Umständen auch immer, gelingen, sich abzuspalten, dann bestand die große Gefahr, daß noch weitere 500 kleine *Maharajas* seinem Beispiel folgten, was zwangsläufig zu Unruhen und Blutvergießen unbekannten Ausmaßes führen mußte. Daher schickte die Zentralregierung in geheimer Mission einen Herrn MÜNSHI zum NIZAM, um ihn von seinem Vorhaben abzubringen. Die Regierung hatte dabei die Schwierigkeit, Herrn MÜNSHI einen angemessenen Rang zu verleihen. Als Botschafter durfte er unter keinen Umständen auftreten, denn das käme einer Anerkennung von Haidarabad als einem unabhängigen Staat gleich. Andererseits mußte man ihm die erforderlichen Vollmachten geben, um mit dem NIZAM zu verhandeln.

Also wand man sich aus der Affäre und verlieh ihm den etwas komischen Titel "Generalagent". Aber Herr Münshi beherrschte nur wenige Sprachen, vor allem kein Arabisch, und das mußte man unbedingt ausgleichen, kamen doch eventuell direkte Verhandlungen mit den arabischen Schurken, den sogenannten *Rasakars*, in Betracht. Der Dolmetscher mußte aber unbedingt eine ganz unauffällige Randfigur bei den Verhandlungen bleiben! Dazu mußte er bestimmte Voraussetzungen erfüllen. Kurz und gut, man erkor Prema als Dolmetscher; er war noch so jung und unbedeutend, daß niemand auch nur auf den Gedanken käme, nach einem diplomatischen Rang bei ihm zu fragen.

Unabhängig von der 'geheimen Mission' des Herrn MÜNSHI hatte die Zentralregierung eine militärische Intervention gestartet, für den Fall, daß die Verhandlungen keinen Erfolg zeitigten, andererseits, um die Verhandlungsposition des Herrn MÜNSHI zu stärken. Die Militärs hatten den 13. des Monats als Beginn der Intervention angesetzt, aber irgend jemandem im Kabinett paßte das Datum nicht, da der 13. angeblich eine 'Unglückszahl' bedeutete.

Obwohl hier keine Zeit zu verlieren war und Prema lieber gesehen hätte, daß die Aktion schon am 12. begann, wurde sie aus einem törichten Einwand auf den 14. verlegt. Der Unsinn sollte sich nur zu bald rächen, denn die Regenzeit setzte am 13. ein und verwandelte sämtliche Wege nach Haidarabad in einen unpassierbaren Morast.

In der Residenz von Haidarabad angekommen, erlebten Herr MÜNSHI und Prema, was märchenhafter Reichtum ist. Der NIZAM war stolz darauf und konnte auch beweisen, daß er reicher war als ROCKEFELLER, FORD und AGA KHAN zusammen. Als typisch exzentrische Masche hatte er den Ehrgeiz, für seinen persönlichen Bedarf nicht mehr auszugeben, als er durch seiner Hände Arbeit verdiente. Er besaß eine große Begabung für Nadelarbeit (!) und erlöste durch Anfertigung von Gebetsmützen so viel, daß er davon tatsächlich seinen äußerst bescheidenen Aufwand bestreiten konnte; als frommer Moslem-Fakir trank er grundsätzlich nur Wasser und aß fast wie ein Bettler. Dagegen beliefen sich die Aufwendungen für sein Regierungsgebiet und seinen Hofstaat auf horrende Summen.

In der Nähe seines riesigen Prunkpalastes gab es eine ganze Anzahl kleinerer Paläste, die er seinen Gästen zur Verfügung stellte. Jeder einzelne davon stellte eine Kostbarkeit dar. Nicht nur waren sie aus kostbarstem Marmor gebaut und mit Edelsteinen besetzt, es fehlte einfach nichts an luxuriöser Ausstattung; Türen aus Elfenbein, eine Flut wertvollster Teppiche und Gemälde, erlesene Möbel etc. Das vollständig in echtem Goldmosaik gehaltene Bad muß schon ein Vermögen gekostet haben. Jeder Palast trug den Namen einer Blume, und dementsprechend herrschte diese Blume auch in dem großzügig und bestens gepflegten Garten vor: Prema hatte den Rosenpalast zu seinem Domizil ausgewählt. Sogar dem Wasser der Fontänen war Rosenöl beigemischt, so daß auch um den Palast herum ein zarter Rosenduft das Gebäude gleichsam einhüllte. Auch in den vollklimatisierten Räumen herrschte ein dezenter Rosenduft; kaum merklich und absolut unaufdringlich. Wenn man sich vor Augen hält, daß zur Gewinnung eines Teelöffels Rosenöl 1.000 Rosen benötigt werden, bekommt man eine kleine Ahnung, was allein die Dufterzeugung für Summen verschlang.

Trotz des wohl unüberbietbaren Luxus wirkte nichts überladen oder protzig; Geschmack hat man hier schon walten lassen. Eine Schar von Dienern stand dem Gast ebenfalls zur Verfügung, und falls es ihn danach gelüstete, konnte er auch für die Nacht ganz diskret eine der wohlgewachsenen Frauen auswählen.

Das Gala-Diner, das der NIZAM zu Ehren seiner Gäste gab, dürfte wohl nicht so leicht zu überbieten sein. Es bestand aus 24 Haupt- und 72 Nebengängen! Der NIZAM selbst trank Wasser und aß irgendwelche simple Hausmannskost. Für seine Gäste gab es alles, was man sich nur vorstellen kann. Alle Köstlichkeiten der Welt hatte der Gastgeber aus aller Herren Länder durch seine private Luftflotte zusammentragen lassen: Reiswein aus Japan, Whisky aus Schottland, Weine und Pasteten aus Frankreich, um nur einige der Köstlichkeiten zu nennen. In der Küche gaben sich Meisterköche aus verschiedenen Ländern alle Mühe, um die Gaumen der Gäste zu erfreuen. Jeder Gang wurde von bildhübschen Frauen in kostbaren Saris serviert, aber jeder Gang von a n d e r e n Dienerinnen, so daß kein Gesicht zum zweiten Mal an der Tafel auftauchte.

Die Teller bestanden, wie könnte es anders sein, aus purem Gold; alles übrige Geschirr aus kostbarstem Porzellan. Jeder Gast bekam einen Serviettenhalter, der aus winzigen aufgestickten Diamanten seinen Namen trug.

Nun wird man sich fragen, woher all dieser Luxus stammte. Im Herrschaftsbereich des NIZAM gab es die reichsten Gold- und Diamanten-Fundstätten Indiens. Die Gewinnung konnte sogar im Tagebau erfolgen, man brauchte also noch nicht einmal kostspielige Bergwerke zu errichten. Prema war von dem Märchendiner etwas verdutzt, so daß er zu seinem Leidwesen es nicht so genießen konnte, wie er gewollt hatte. Die schier unübersehbare Auswahl an erlesenen Speisen bereitete ihm die Qual der Wahl, so daß er mit dem Auswählen ziemlich viel Zeit verlor. Und bei der herrschenden Sitte, die Tafel sofort abzuräumen, sobald der Hauptgast aufgehört hat zu essen, wurde ihm mancher Teller gar zu schnell wieder vor der Nase fortgezogen. Denn Prema war nicht einmal Gast, sondern lediglich ein Geduldeter!

Der NIZAM schätzte es sehr, wenn bei Tisch irgendetwas Schmeichelhaftes über ihn gesagt wurde, und sei es von einem seiner (eigens dafür angeheuerten und bezahlten) Berufs-Schmeichler. Hatte ihm die Schmeichelei gut gefallen, so mußte der Betreffende vor den NIZAM treten, den Mund öffnen, in den der 'Nawab' (wie er betitelt wurde) einige Goldmünzen legte. Auch Prema wollte aus Jux eine Schmeichelei anbringen, aber Herr MÜNSHI schien seine Absicht erraten zu haben und versetzte ihm unter dem Tisch einen gehörigen Fußtritt.

Herr MÜNSHI, von Hause aus Puritaner, fand an dem ihn umgebenden Prunk wenig Gefallen; ebenso mißfiel ihm, daß den Gästen Mädchen für die Nacht zur Auswahl gestellt wurden.

Die beim Gala-Diner anwesenden R a s a k a r s benahmen sich total daneben, denn schon nach dem vierten Hauptgang waren sie völlig betrunken. Auch ihr 'Oberbefehlshaber', Mr. (oder gar 'General' von eigenen Gnaden) COTTON benahm sich nicht viel besser. So machte er bei Tische kein Hehl daraus, schien sich dessen gar zu rühmen, daß er vier Morde auf seinem Konto verbuchen konnte.

Prema sah sich die R a s a k a r s näher an und traute ihnen keine sonderlichen kämpferischen Qualitäten zu. Die würden wohl die ersten sein, die sich aus dem Staube machen, wenn es brenzlig wird.

Die Pracht hatte natürlich auch ihre Schattenseite, denn ein Heer von Polizisten, teils in Uniform, teils in Mufti (Zivil), mußte ständig darüber wachen, daß nichts 'abhanden' käme.

Die überschwengliche Bewirtung der Gäste hatte aber taktische Hintergründe; der NIZAM versuchte auf diese Weise, jedem ernsthaften Gespräch mit Herrn MÜNSHI aus dem Wege zu gehen. Es ging ihm darum, Zeit zu gewinnen, denn er war schlau genug, den bald zu erwartenden Monsun (Regen) als seinen Bundesgenossen einzukalkulieren. Er ahnte noch nicht, daß ihm eine andere Gefahr drohte. Die R a s a k a r s hatten sich zu einer regelrechten Landplage entwickelt. Da sie schwer bewaffnet waren, nahmen sie sich allerlei Rechte gegenüber der Zivilbevölkerung heraus. Es verging kaum eine Nacht, in der sie nicht Bauernfrauen überfielen und vergewaltigten.

Die sogenannte 'Polizei' des NIZAM unternahm nichts gegen die Strolche, zumal die selber Angst vor den Rasakars hatten. Das machten sich die Marxisten in Haidarabad zunutze, indem sie eine Art Selbstschutz errichteten, die Frauen in der Kunst der Selbstverteidigung unterrichteten etc. Schließlich hatten sie sich so gut organisiert, daß sie es wagen konnten, den Palast des NIZAM zu stürmen, was ihnen wohl auch gelungen wäre, wenn nicht die indischen Regierungstruppen sie daran gehindert hätten. Aber das ist schon ein Vorgriff.

Am nächsten Tag lud der NIZAM Herrn MÜNSHI (mit Prema als Mitgeschlepptem) zu einer Besichtigung seiner Schatzkammer ein. Er führte sie zu einem großen Raum, der aber nur durch eine Falltür zu begehen war. Es gab aber weder Leiter noch Treppe; wie sollte man hinein- und wieder herauskommen? Der NIZAM besaß dazu ein a u ß e r g e w ö h n l i c h e s Mittel. Er hatte ein beckenähnliches Instrument bei sich, wie es von Schlagzeugern her bekannt ist. Er erklärte seinen staunenden Gästen, daß beim Anschlagen des Instrumentes die Schwerkraft vorübergehend ausgeschaltet wird.

Er führte es ihnen vor, und tatsächlich konnten sie alle sanft auf den Boden der vielleicht 15 m tiefen Schatzkammer hinunterschweben! Prema sah sich die Becken genauer an, konnte aber lediglich feststellen, daß sie vermutlich aus einer goldhaltigen Legierung bestanden; weiterhin fand er noch Gravuren, die wahrscheinlich altmexikanischen Ursprungs waren. Das Besondere mußte also die Vibration sein, durch die sich die Gravitationskraft ausschalten ließ. Der Erhabene ist überzeugt, daß unter Anwendung des gleichen Prinzips die Pyramiden gebaut worden sind. Demnach wären die Erklärungen der Archäologen, die Pyramiden seien in mühevoller Sklavenarbeit errichtet worden, wohl ad absurdum geführt.

Die Schatzkammer des NIZAM konnte sich sehen lassen; es gab bergeweise Gold- und Silbermünzen, Diamanten und Rubine. Große Aktienpakete aller bedeutenden indischen, aber auch ausländischen Aktiengesellschaften, waren vertreten, weiterhin diverse Bank-Pass-Books (Sparkassenbücher).

Dann entdeckte Prema noch einen Brief eines bekannten britischen Politikers, der ihn stark interessierte, enthielt er doch für den NIZAM den Rat, der indischen Zentralregierung *möglichst viele* Schwierigkeiten zu bereiten und zu versuchen, sich von der Indischen Union zu secedieren (zu trennen)! Dieser berühmte Politiker hat sogar mal in Deutschland einen 'Preis' erhalten.*)

Die Einladung des NIZAM zur Besichtigung der Schatzkammer war eine Falle, denn in einem unbemerkten Augenblick schwebte der NIZAM mit Hilfe der Becken wieder zum Ausgang empor und ließ seine verdutzten Gäste zurück! Sie konnten sich unmöglich aus eigener Kraft befreien. Es dauerte jedoch nicht lange, und der NIZAM schickte einige seiner Vertrauten, die Herrn MÜNSHI und Prema herausholten und in ein dunkles Zimmer sperrten. In diesem Zimmer befanden sich nur Möbel

*): In Aachen!

mit konkaven Flächen; es war nicht zu erraten, weshalb. Man behandelte die Gefangenen zunächst nicht schlecht, aber sie mußten eine Art Sackkleid anziehen, das verschiedene Löcher hatte. Dann kam der Wächter und steckte jedem Gefangenen eine Maus ins Kleid. Er hatte auch noch einen Korb bei sich, in dem sich eine kleine, völlig harmlose Schlange befand.

Die Schlange bedeutete mithin keinerlei Gefahr, aber die Mäuse hatten eine Heidenangst vor ihr und sausten in den Sackkleidern wie besessen hin und her. Dabei kitzelten sie mit ihren Schwänzen die Gefangenen in unangenehmster Weise. Prema machte das nicht viel, denn er konnte sich durch eine Yoga-Übung in einen empfindungslosen Zustand versetzen, aber der arme 'Generalagent' MÜNSHI konnte das nicht und hatte an seinem 'extraterritorialen' Leib arg zu leiden. Doch die Tortur währte nicht lange; es scheint auch nicht die Absicht des NIZAM gewesen zu sein, sie zu foltern. Man konnte eher vermuten, daß es sich nur um (noch) einen verrückten Einfall (mehr) handelte, ohne die der reichste Mann der Welt nicht glücklich sein konnte; bestenfalls wollte er ihnen etwas Respekt einflößen.

Aber im Reiche des NIZAM hatte sich unterdessen einiges ereignet. Wie schon angedeutet, setzten auf der einen Seite die Marxisten, auf der anderen die indischen Regierungstruppen den NIZAM unter schweren Druck.

Seine "Elitetruppen", die R a s a k a r s flohen als erste, als es zu Schießereien kam, aber die Marxisten kesselten sie ein und bereiteten ihnen ein unrühmliches Ende.

Unter diesen Umständen änderte der NIZAM sofort seine Taktik. Gegenüber Herrn MÜNSHI erklärte er sich nun endlich zu ernsthaften Verhandlungen bereit. Unabhängig davon versuchte er auch, mit den Marxisten ins Reine zu kommen. Er machte ihnen sogar das Angebot, Mitglied der marxistischen Partei zu werden! Für die indische Regierung entstand durch das Durcheinander eine äußerst heikle Situation, denn die Marxisten (de facto fast an der Macht) hatten inzwischen Pläne ausgearbeitet, in welcher Weise sie das Land unter den Bauern aufzuteilen gedachten. Dadurch schufen sie sich unter der Landbevölkerung selbstverständlich große Sympathien und fanden von dieser Seite volle Unterstützung. Der NIZAM fürchtete, von der indischen Regierung des Hochverrats bezichtigt zu werden, und sah sich schon durch Hinrichtung enden.

Immer wieder fragte er Prema, ob er wohl zum Tode verurteilt würde, aber Prema wußte nicht, welches Schicksal ihn erwartete. Da der NIZAM ihn zu mögen schien, machte er ihm hin und wieder ein kleines Geschenk. Als er dann zum dritten Male die Frage stellte, ob er mit dem Tode rechnen müßte, lief plötzlich vor dem Auge des Erhabenen in einer Vision die Todesszene des NIZAM wie in einem Film ab. Nun konnte Prema ihm versichern, er werde n i c h t durch Hinrichtung, sondern durch Morphium enden. Das wollte der NIZAM um keinen Preis glauben, denn als verschworener Abstinenzler verabscheute er nicht nur alle berauschenden Getränke, sondern auch alle betäubenden oder berauschenden Drogen. Aber der Erhabene hatte richtig vorausgesehen, der NIZAM starb tatsächlich durch Morphium! Zwar nicht deshalb, weil er etwa Morphinist geworden wäre, sondern durch einen Irrtum, der im Krankenhaus unterlief, als der NIZAM wegen einer Erkrankung ein Krankenhaus aufsuchen mußte. Er bekam eine starke Morphiumspritze injiziert, die nicht für ihn bestimmt war, und starb an den Folgen.

Generalagent MÜNSHI und Prema gaben sich die größte Mühe, den NIZAM von der Ausweglosigkeit seiner Lage zu überzeugen, aber vergeblich. Der NIZAM hatte u.a. einen Tick, den letzten der großen Mogulkaiser AURANGZEB als sein großes Vorbild zu betrachten und zu versuchen, ihm in jeder Beziehung nachzueifern. Da es auf verstandesmäßigem Wege nicht möglich war, den NIZAM zur Kapitulation zu bewegen, veranstaltete Prema eine ganz seriöse spiritistische Sitzung, in der das Gespenst des Kaisers AURANGZEB beschworen werden sollte, zu erscheinen und dem NIZAM zu raten, was er tun solle. Der Erhabene meint, es sei wohl mehr Zufall als Können gewesen, das Gespenst erscheinen zu lassen, aber immerhin gelang das Experiment. Der NIZAM stellte seine Frage und erhielt den Rat, sich widerstandslos zu ergeben. Diesen Rat befolgte er getreulich und ließ sich von den Regierungstruppen gefangennehmen.

Nun endete die politische Mission, und Prema war heilfroh, sich wieder seinen Forschungen im benachbarten Planetarium widmen zu können.

Er machte dabei wichtige Entdeckungen. So fand er viele Hinweise auf den versunkenen Kontinent Lemuria, weiterhin eine naturwissenschaftliche Erklärung für die in der biblischen Geschichte genannte Szene, nach der der Prophet JOSUA die Sonne einen ganzen Tag lang festgehalten haben soll. Es gibt parallel zu diesem Bericht in der Überlieferung der Inkas eine Erzählung von einer nicht endenwollenden Nacht. Im Planetarium gab es eine Aufzeichnung darüber, daß zu dieser Zeit ein Planet der Erde sehr nahe gekommen war und die Rotation der Erde so stark verringerte, daß die Sonne für die eine Erdhälfte stillzustehen schien, für die andere Hälfte die Nacht nicht enden wollte. Bei diesem Ereignis soll die See in Japan ca. 75 km landeinwärts gedrungen sein. Ebenso gibt es in den Berichten der Südsee-Insulaner einen, wonach dort das Wasser urplötzlich erschienen sein soll. In Peru gibt es heute Städte in 4.000 m Höhe, die vor der Annäherung des Planeten Hafenstädte gewesen sind.

Auch der Titicacasee, heute eine riesige Pfütze salzigen Wassers in einer sonst vollkommen salzlosen Umgebung, wird damit erklärbar.

Außer dem Planetarium interessierte sich Prema noch für etwas Faszinierendes in einem Gebirge unweit des Nizam-Palastes. Es handelt sich um einen seltsamen Menschenstamm (V i - k a j i V a g r i), von dem berichtet wird, daß einige Männer sich in Voll- oder Neumondnächten nach Ausübung eines besonderen Ritus in Tiger verwandeln können. Diesem Bericht wollte Prema unbedingt auf den Grund gehen. Aber der Expedition war wenig Erfolg beschieden. Die Einheimischen gaben sich zugeknöpft und verschwiegen, vor allem, als sie merkten, daß die Fremden anthropologische Ambitionen hatten. Aber immerhin hatte Prema soviel selbst gesehen und herausgehört, daß er von der Existenz der 'Tigermenschen' überzeugt ist.

Die Eingeborenen glaubten, daß es so etwas wie *Wertiger* - als Parallele zu Werwölfen - gibt und daß man einen 'Wertiger' nur heilen oder erlösen kann, wenn er von jemandem getötet wird, der ihn, als er noch "normaler" Mensch war, sehr geliebt hat.

Der Erfolg der Expedition hing zwangsläufig von den Mondphasen ab, deshalb war sie auf mindestens 14 Tage ausgerichtet. Prema hat einem der geheimnisvollen Rituale beigewohnt und gesehen, wie sich die Menschen wie Tiger gebärdeten. Bei einigen konnte man beobachten, wie sich die Haut so veränderte, daß sie eine gewisse Ähnlichkeit mit Tigerfell bekam; bei anderen veränderten sich die Arme derart, daß man ohne Mühe eine

Tigerpranke assoziieren konnte. Im Extremfall war eine zum Verwechseln ähnliche Tigergestalt durchaus denkbar.*)

Seit dem Eindringen der Engländer durften Inder aus naheliegenden Gründen keine Feuerwaffen tragen.

Das änderte sich auch nach der Unabhängigkeit zunächst nicht. Feuerwaffen waren den Weißen vorbehalten. Da man Tigern nur schlecht mit Pfeil und Bogen zu Leibe rücken kann, stellte die Regierung in tigergefährdeten Gegenden sogenannte R a n g e r ein, deren Aufgabe darin bestand, die Tigerplage einzudämmen. In einer Neumondnacht schloß sich Prema einem R a n g e r auf einer Streife an. Nachdem sie auf einem Hochsitz Platz genommen hatten, ertönte alsbald das typische Heulen eines Tigers. Prema hatte eine starke Taschenlampe bei sich und hatte bald mit seinem Lichtkegel eine tigerähnliche Gestalt erfaßt. Der R a n g e r nahm sein Gewehr in Anschlag und schoß. Da es den beiden im Dunkeln zu unbequem war nachzuschauen, ob die Kugel getroffen hatte, wollten sie auf das Tageslicht warten. Im Morgengrauen mußte Prema seine Notdurft verrichten und kletterte vorsichtig von dem Hochsitz herunter.

Er spähte auch etwas in die Richtung, in der gestern der Tiger zu sehen war, stellte aber nichts fest. Dagegen sah er zu seinem Entsetzen an einem nahegelegenen Baum eine Frau im Sari in ihrem Blut liegen. Er schrie laut vor Schreck, worauf der Ranger vom Hochsitz heruntereilte. Prema deutete auf die Frau und sagte, ob denn die Kugel nicht den vermeintlichen Tiger, sondern diese Frau getroffen habe. Aber im Lichtkegel der Taschenlampe hatten beide doch einen Tiger gesehen und auf gar keinen Fall eine Frau im Sari! Der Ranger wußte auch keine Erklärung und ging hin, um das Gesicht der Frau zu betrachten. Da stieß er einen verzweifelten Schrei aus und rief einen Namen. Wie die bald eintreffende Dienerschaft Prema erzählte, war diese Frau die Geliebte des Rangers gewesen!

Im Dorf aber ging bald das Gerücht um, der Ranger habe seine Geliebte sicherlich absichtlich erschossen, weil er sie los sein wollte etc. Die Darstellung mit dem vermeintlichen Tiger, die Prema klar bezeugen konnte, hielt man allgemein für eine geschickt zusammengebastelte Geschichte!

---

*) Vgl. Albert Schweitzers Bericht über die 'Panthermenschen' Afrikas - "Zwischen Urwald und Wasser".

Der Ranger aber konnte seine Tat nicht verwinden und schoß sich kurze Zeit später eine Kugel in den Kopf.

9. DIE GRALSSUCHE: nach dem Sinn des Seins.

*"Wer in die Mechanik religionsgeschichtlichen
Werdens tiefer eingedrungen ist, wird sich hüten,
die Unmöglichkeit irgendeines Ereignisses zu behaupten."
Graf Keyserling,
Reisetagebuch eines Philosophen, S.153.*

Die Stadt Bombay hatte etliche positive Aspekte; kaum hatte man die Stadtgrenze hinter sich gelassen, so umfing einen sofort eine liebliche Landschaft. In der Nähe der Stadt lag der teure Kurort Khandala, in dem ein schwerreicher Freund der Familie SAIDHAR einen kleinen Palast besaß. Diesen Palast stellte er für ein langes Wochenende einigen Studenten zur Verfügung, die sich dort gütlich taten. Vor allem der große Billard-Tisch übte große Anziehungskraft auf das junge Volk aus. Eines Nachts schlich sich ein Einbrecher in die Villa, der aber Pech hatte und von den jungen Männern gefaßt wurde. Einbrecher genießen in Indien besonders wenig Sympathie; die Strafen für Diebstahl sind entsprechend hart. Die jungen Leute befanden sich jedoch in Ferienlaune und dachten sich einen Studentenjux aus. Sie wollten ihm eine Chance geben, und zwar sollte er mit ihnen Billard spielen. Falls er gewann, wollte man ihn freilassen.

Das war natürlich keine echte Chance, denn ein Mensch aus den niederen Schichten, zu denen der Einbrecher zweifellos zu zählen war, hatte wohl nie Gelegenheit zum Billardspielen gehabt. Der Dieb nahm das Angebot scheinbar an, aber er war schlau genug, seine Chance im Billard realistisch einzuschätzen. Er griff zum Billardstock und schlug zur allgemeinen Überraschung kurzerhand die Glühbirne in Scherben und nutzte Überraschung und Dunkelheit zu einem Fluchtversuch aus. Das war denn doch ein starkes Stück, und eine wilde Verfolgungsjagd begann.

Doch der Spitzbube nutzte seine genaue Ortskenntnis gut aus, und ein Verfolger nach dem anderen gab auf. Nur Prema, mit seiner Taschenlampe bewaffnet, rannte noch hinter ihm her, und da der Flüchtige von schmächtiger Natur war, traute sich

Prema ohne weiteres zu, ihn allein zu überwältigen, falls er ihn erwischte. Doch schließlich verlor auch er die Spur und mußte die Jagd erfolglos aufgeben. Die Verfolgung barg auch einige Gefahren, denn unmittelbar am Rande der Stadt begann wildes Gebirge und Dschungel. Prema befand sich in einer mißlichen Lage; den Einbrecher hatte er nicht und den Weg zurück wußte er auch nicht. Voller Zorn dachte er an den Kommilitonen, der auf die verrückte Idee mit dem Billardspiel gekommen war und ihm seine Misere eingebrockt hatte.

Auf seinem Irrweg begegnete er einem zerlumpten Bettler, mit dem er ins Gespräch kam, und siehe da, der Bettler entpuppte sich als Fakir höchsten spirituellen Grades! Er wies Prema den Weg zum Palast, stellte jedoch die Bedingung, daß Prema ihn am nächsten Tag zu einer längeren Unterredung aufsuchen sollte. Nur zu gern kam er dieser Aufforderung nach und wurde dafür reichlich belohnt. Der Fakir machte ihn auf die tiefe Bedeutung der K a n j u r (108 Bände) und T a n j u r (226 Bände) aufmerksam und zeigte ihm, wieviel Weisheit darin steckt.

Wie schon gesagt, existieren in Indien (bzw. Indo-Tibet) zwei sehr alte E n z y k l o p ä d i e n, genannt K a n j u r und T a n j u r. Es handelt sich um eine Samlung von 334 Bänden, in denen viele wichtige Ereignisse systematisch aufgezeichnet sind. Welche Bedeutung dieser Büchersammlung beigemessen wird, wird daraus ersichtlich, daß die Sowjetische Akademie der Wissenschaften eine Übersetzung machen ließ, die als Fundgrube zahlreicher aufschlußreicher Ereignisse in hohem Ansehen steht.

In diesen alten tibetischen und Sanskrit-Aufzeichnungen wird mehrfach von leistungsfähigen astronomischen Meßgeräten gesprochen.

Auch findet sich dort die Behauptung, die ersten Menschen seien vom Sirius aus auf die Erde gekomen. Der Erhabene vermutet einen Zusammenhang zwischen dieser Darstellung und der Behandlung der Affen als "heilige Tiere"; die Affen sind sozusagen aus dem normalen Gang der Evolution ausgeschieden worden, indem es dem Menschen vorbehalten blieb, den A t m a n zu verwirklichen. Die Affen sind somit quasi betrogen worden, und als eine Art Schadenersatz hat man sie "heiliggesprochen".

Ebenso gab dieser Fakir in Khandala ihm tiefgründige Erläuterungen zur G i t a. Früher hatte Prema gemeint, es genüge, die G i t a aufmerksam zu lesen, um alle Weisheit herauszuholen. Der Fakir belehrte ihn jedoch eines besseren; es gab Verse, deren tiefe Bedeutung man u.U. erst nach Jahren intensiver Bemühungen erlangen kann! Dem flüchtigen, oberflächlichen Leser enthüllt sich die G i t a nicht. Nun dachte er, wie gut die Episode mit dem Einbrecher in dieser Hinsicht doch gewesen war! Der Fakir versetzte Prema in eine besondere Trance, in der sich ihm die weitere Entwicklung der Welt offenbarte.

Hier sollen nur einige wenige Einzelheiten wiedergegeben werden,*) die dem Leser ohnehin recht utopisch erscheinen mögen, aber der Erhabene sieht es als seine Pflicht an, die Dinge so wiederzugeben, wie sie ihm in der damaligen Trance mitgeteilt wurden:

So wird China in absehbarer Zeit ein christliches Land werden; die wesentlichsten Impulse wird das Christentum aus China erhalten. Das klingt kaum glaubhaft, wenn man sich die augenblickliche Lage vor Augen hält - Rotgardisten, Kulturrevolution etc. Rußland wird (aus Furcht vor China?) enge Bindungen zu Indien suchen. Durch die ursprünglich politisch gedachte Bindung ergibt sich aber auch eine geistesgeschichtliche. So wird die Begegnung mit dem Yoga reiche Früchte tragen; die mystische Begabung der Russen, unterstützt durch die Disziplin, die der Kommunismus ihnen eingeimpft hat, wird vorbildliche Yoga-Schüler hervorbringen. Amerika wird einen rapiden Niedergang erleben, nachdem der Dow-Jones (Index) den 5.000. Punkt überschritten hat. Die Ursache ist hauptsächlich im Mißbrauch von Drogen und im Übermaß des Fernsehens zu suchen.

Das Fernsehen wird die Sehkraft der Amerikaner ungeheuer schädigen. Der Mißbrauch der Drogen, allen voran des LSD, wird die Erbmasse sehr ungünstig beeinflussen. Durch Schädigung der Chromosomen und durch unphysiologische Ernährung werden einmal die Kinder generell zu Riesenwuchs neigen, aber auch zu Mißbildungen. Dabei wird die Mißbildung des rechten Armes, der ungefähr die eineinhalbfache Länge des linken erreicht, besondes ins Auge fallen.

Die Überbevölkerung der Erde wird ungeahnte Ausmaße annehmen. Nur durch bedeutende wissenschaftliche Entdeckungen wird es halbwegs möglich sein, die dadurch entstehenden Probleme zu bewältigen. Entscheidende Maßnahmen werden un

---

*): Weitere Einzelheiten in einem gesonderten Kapitel eigens darüber am Schluß des Buches.

vermeidlich sein, z.B. daß die eine Hälfte der Menschheit schläft, während die andere wach und tätig ist. Aus drückendem Platzmangel wird man eine Methode entwickeln, durch die es möglich sein wird, den menschlichen Körper so zu komprimieren, daß nur noch seine Kernmasse übrig bleibt. Bekanntlich ist ein Atom weitgehend "leer"; stellt man sich den Atomkern in der Größe eines Fußballs vor, den man sich im Erdmittelpunkt denkt, so liegen die Elektronenschalen etwa an der Erdoberfläche.

Der Raum zwischen Fußball und Erdoberfläche ist also leer, und diese "Platzverschwendung" kann man sich dann nicht mehr leisten. Man sammelt sozusagen die Kernmasse des Herrn Müller in eine kleine Schachtel, die kaum noch Platz benötigt. In Verbindung mit einem Computer, der sämtliche Informationen des Herrn Müller gespeichert hat, also sämtliche Körpermerkmale wie Farbe der Augen, Knochenbau etc., aber auch seine psychischen Eigenheiten, kann man Herrn Müller zu einer vorgegebenen Zeit naturgetreu wieder erstehen lassen! Er wird sich mit keinem Haar vom "alten" Herrn Müller unterscheiden. Der Tod im üblichen Sinne ist tot. Diese Möglichkeit wird man auch im Transportwesen praktizieren. Will z.B. Fräulein X nach Brasilien reisen, so braucht man nur ihre "Schachtel" nach Brasilien zu transportieren. Ihren "Steckbrief" telegrafiert man einem Computer, der auf irgendeinem Postamt in Brasilien installiert ist, und bei Ankunft der Schachtel ersteht Fräulein X wieder in natürlicher Größe.

Die schwarze Rasse wird vorübergehend die beherrschende Rolle auf der Erde spielen.

Die magnetischen Pole der Erde werden wechseln, was mit einschneidenden geologischen und geografischen Veränderungen verbunden sein wird. So werden große Erdbewegungen den Himalaja völlig umstrukturieren; Tibet rückt ans Meer. Teile des versunkenen Kontinents Lemuria tauchen aus dem Wasser. In der Trance sind dem Meister auch seine früheren Erlebnisse in Lemuria wieder ins Bewußtsein getreten; dort sah er sich auch als Mitschüler von JESUS und ZARATHUSTRA.

So eindrucksvoll die Erlebnisse und Enthüllungen in der Trance auch waren, das Wichtigste in der Begegnung mit dem Fakir sieht der Erhabene jedoch im Nahebringen des K a n j u r und T a n j u r sowie der G i t a, die er danach in ganz anderem Licht sah und wodurch er zu einem eingehenden Studium geführt wurde.

Nach seiner Rückkehr von Khandala hatte der Erhabene einige interessante Menschen kennengelernt. Da war einmal die Begegnung mit NARIMAN, einem Vetter väterlicherseits. NARIMAN war in Afrika aufgewachsen und war von seinen Eltern nach Bombay geschickt worden, um an dem renommierten Podar-College Wirtschaftswissenschaft zu studieren. Prema kannte ihn vorher lediglich aus schwärmerischen Äußerungen seiner Mutter, die s e h r von ihm angetan war.

Seine übrigen indischen Verwandten schätzten ihn überhaupt nicht und kümmerten sich dementsprechend wenig um ihn. Doch bei SAIDHARS hatte er einen Zufluchtsort gefunden. Da seine Wirtsleute ihn recht schlecht behandelten und miserabel beköstigten, ließ er sich gern von Mutter SAIDHAR verwöhnen. Er imponierte Frau SAIDHAR besonders durch seine tadellosen Manieren, zudem war er ausgesprochen gut aussehend. Prema beurteilte ihn weniger positiv und hielt ihn für schwer durchschaubar. Es gab zuweilen zwischen den beiden jungen Männern äußerst gespannte Verhältnisse, aber trotz allem ist der Meister doch froh, ihm begegnet zu sein, denn er besaß sehr eingehende Kenntnisse des Schwarzen Kontinents, des geheimnisvollen Afrika. Seine positiven Eigenschaften: er war absolut aufrichtig; sehr gewissenhaft, was ihm unter Studenten den Spottnamen "Mr. Gutes-Gewissen" eintrug. Außerhalb seines Verwandtenkreises wirkte er durch sein gutes Benehmen, seine ausgesuchte Höflichkeit sehr gewinnend und hatte an der Uni eine Menge Freunde. Wenig angenehm empfand Prema seinen Hang zur Überheblichkeit; so bildete er sich auf seine Leistungen in Buchführung und Buchprüfung eine Menge ein, obwohl er nur wenig über dem Leistungsdurchschnitt lag.

Buchführung ist für diesen Studienweg zweifellos ein wichtiges Fach, aber dafür vernachlässigte er das nicht minder wichtige Fach Wirtschaftstheorie um so sträflicher. Überhaupt hat der Erhabene immer wieder feststellen können, auf welch seltsame Dinge oder Fähigkeiten die Menschen manchmal stolz sind. NARIMAN z.B. auf seine überdurchschnittlichen Kenntnisse in Buchführung; dagegen gar nicht auf seine auch anthropologisch gut fundierten Kenntnisse über Afrika!

Die gute Behandlung, die er besonders von Mutter SAIDHAR genoß, bereitete ihm wegen seiner übertriebenen Gewissenhaftigkeit ein etwas schlechtes Gewissen gegenüber Prema, und er versuchte das damit wettzumachen, indem er Prema, zwar etwas widerwillig, aber doch umfassend, über Afrika erzählte. Die beiden jungen Männer liebten lange Spaziergänge, und auf diesen erzählte er Prema ungemein viel und faszinierend über die unglaublichen Fähigkeiten der schwarzen Medizinmänner. Er hatte den schwarzen Kontinent kreuz und quer durchwandert und sich große Kenntnisse über die Praktiken und magischen Riten der Medizinmänner angeeignet. So berichtete er, daß diese Männer durchaus nicht so unwissend sind, wie vielfach angenommen oder berichtet wird. Sie verfügen über erstaunliche parapsychologische Fähigkeiten.

Viele von ihnen können sich auf telepathischem Wege mit Leuten unterhalten, deren Sprache sie nicht beherrschen. Faszinierend ihr Vermögen, detaillierte Kenntnisse der Vergangenheit eines ihnen völlig fremden Menschen zu besitzen; gute Ratschläge in schwierigen Situationen zu erteilen. So kamen häufig hohe britische Offiziere, die offiziell keinen Kontakt mit ihnen haben durften, nachts heimlich in Verkleidung zu Medizinmännern, um sich Rat und Hilfe zu holen. Auch heilten sie viele Europäer, denen die Schulmedizin nicht helfen konnte. Sie konnten auch in die Zukunft schauen, allerdings benutzten sie häufig eine Ausdrucksweise, die eine gewisse Begabung erforderte, um den Sinn der Aussage richtig zu deuten. So sagte ein Medizinmann den zweiten Weltkrieg voraus mit folgenden Worten: "Zwei Stiere ringen miteinander, einer rechts, einer links; der linke Stier wird siegen".

Nun muß man wissen, daß Europa häufig als Stier symbolisiert wird. Schaut man von Afrika aus auf Europa, so liegt England "links" von Deutschland; also England wird im Kampf mit Deutschland den Sieg davontragen.

NARIMAN erzählte auch von einer kleinen Insel, die am Zusammenfluß des Weißen Nils und des Sobat liegt. Auf dieser Insel wächst eine äußerst seltene Pflanze, die von den Medizinmännern sehr geschätzt wird. Mit Geld oder Edelsteinen kann man einem Medizinmann keine Freude bereiten, aber das besagte Kraut, ungefähr wie T e u f e l s w u r z genannt, ist ihm hochwillkommen. Mit diesem Kraut können sie nämlich große

Wirkungen ausüben, je nach Dosierung und Trocknungsgrad. So kann man durch Einatmen des Rauches die im Unbewußten schlummernden Erinnerungen dem Bewußtsein zugänglich machen, sogar die Erinnerung an frühere Inkarnationen. Je nach Konzentration und Zusammensetzung des Rauches können ganz bestimmte Gehirnzentren aktiviert werden. So ist es möglich, einem Menschen ungeheure Furcht einzuflößen, obwohl objektiv gesehen kein Grund vorhanden ist; die Furcht kann bis zum Irrsinn, im Extremfall zum Tode führen! Diese Methode wird praktiziert, wenn der Medizinmann sich eines Feindes entledigen will. Aber auch bei Gerichtsverhandlungen vor dem Stammeshäuptling wird ein Angeklagter, auch wenn er absolut schuldlos ist, nach dem Inhalieren dieses Rauches so furchtsam auftreten, daß jeder dies als Schuldbekenntnis deuten wird.

In etwas abgewandelter Konzentration kann der Rauch bewirken, daß der Betrachter eines Bildes das Dargestellte als objektiv gegeben erlebt; z.B. kann man beim Betrachten einer primitiven, kitschigen Fotografie eines Waldes auf einer Postkarte erleben, daß dieser Wald einem erscheint wie am ersten Schöpfungstage, in jungfräulicher Unberührtheit und Seligkeit; der Betrachter kann in diesem Wald einen genußreichen Spaziergang machen, sich an seiner Pracht und Herrlichkeit erfreuen. NARIMAN hat derartige Erfahrungen am eigenen Leib gemacht und weiß daher, daß ein fähiger Medizinmann durch entsprechende Abwandlungen des Rauches bei einem Menschen nach Belieben durch Aktivierung des entsprechenden Zentrums fast alle Reaktionen wie Zorn, Freude, Gier, Mordlust, Sanftmut etc. erzeugen kann. Aber auch großen Trost kann er vermitteln, indem er den Betreffenden in einen Zustand versetzt, in dem er eine <u>ungemein tröstende Melodie vernimmt</u>. Diese tröstende Melodie ist eine Vorsorge der Natur und damit potentiell jedem gegeben, damit er bei den unvermeidlichen Fehlschlägen nicht verzweifelt; aber das Hören der Melodie ist heute den meisten Menschen verloren gegangen, nur geistig verfeinerte können sie noch vernehmen.

NARIMAN wußte auch zu berichten, w i e g e f ä h r l i c h das sein kann; manche Menschen entwickeln eine derartige Sucht nach dem tröstenden Klang, daß sie sich über Mißerfolge freuen und sie u. U. sogar herbeiführen. Ein ähnliches Phänomen bezüglich Vorsorge der Natur gibt es auch beim Biß eines gefährlichen Tieres; so soll der Biß einer Giftschlange gleichzeitig narkotisierend wirken und dadurch dem Opfer übermäßigen Schmerz ersparen.

Auch in 'spontan-verwirklichender' Suggestion können Medizinmänner Ungeheuerliches vollbringen; sie brauchen einem Gegner nur zu sagen "jetzt fühlst du ein kleines Tier in deinem Bauch, das deine Eingeweide auffrißt!" so fühlt er das augenblicklich und windet sich vor Schmerz. Oder "in jedem Ohr sitzt ein Wurm, der sich in deinen Schädel bohrt und dein Gehirn vernichtet!" NARIMAN berichtete sogar, man habe bei Leichenuntersuchungen genau die Zerstörungen vorgefunden, die der Medizinmann dem Opfer einsuggeriert hatte! Nach dem Gesagten wird auch klar, weshalb den Medizinmännern ein grenzenloser Respekt entgegengebracht wird.

Jeder Medizinmann hat eine besondere Art, einen bestimmten Rhythmus auf seiner Trommel zu schlagen, wenn er Rache nehmen oder jemanden bestrafen will, und jeder Dorfbewohner hält beim Klang der Trommel angstvoll den Atem an, wer nun wohl an der Reihe ist. Diese Angst ist bei dem Arsenal der immateriellen Waffen, die ihm zu Gebote stehen, auch voll begründet. Bisher sind fast ausschließlich die negativen Wirkungsmöglichkeiten des Medizinmannes dargestellt worden, aber es gibt natürlich auch positive. Es ist auch nicht so, daß er seine Fähigkeiten überwiegend zum Nachteil seiner Mitmenschen einsetzt; es sollte nur gezeigt werden, welche Mittel er einzusetzen imstande ist, wenn jemand gegen ihn aufmucken will. Wer ihn nicht provoziert, kann im Regelfall seiner Hilfe gewiß sein. Es hat auch Fälle gegeben, in denen man versucht hat, einen Medizinmann für politische Zwecke zu mißbrauchen, etwa in der Meinung, er werde das nicht merken. Aber er merkte das todsicher, und der Betreffende hat selbst schwersten Schaden erlitten!

Die Medizinmänner sind in der Regel auch materiell reich, denn jeder Fund eines Goldstücks oder Edelsteins, den ein Stammesangehöriger macht, wird beim Medizinmann abgeliefert; niemand würde es wagen, etwas vor ihm zu verheimlichen.

Aber sie besitzen auch genaue Kenntnis der reichen Lagerstätten für Gold und Edelsteine. Die Medizinmänner haben auch ihre Verbindungen zu ausländischen Matrosen, um die Funde an den Mann zu bringen.

Beachtlich sind ihre parapsychischen und spiritistischen Fähigkeiten; z.B. Levitation und Apport, weiterhin ihre großen Heilkräfte; sie besitzen die Fähigkeit, unversehrt durch Feuer zu gehen.

Aber ihre wesentlichste Aufgabe sehen die Medizinmänner darin, ihren Mitmenschen Wege zum transzendentalen Bewußtsein zu zeigen; sie verfügen auch über verschiedene authentische Riten der Mannesweihe, trotz des vielfach anhaftenden Zaubers. Der Erhabene sieht in ihrem Wirken und ihren Fähigkeiten die Reste dessen, was die großen Seher Lemurias vor langer Zeit hinterlassen haben. Diese Annahme ist naheliegend, denn die Ostküste Afrikas war vermutlich die Westgrenze Lemurias. Die großen Weisen konnten den damaligen Einwohnern die esoterischen Grundlagen nicht vermitteln, da sie geistig nicht weit genug entwickelt waren, um sie aufzunehmen, also konnten sie ihnen nur einige Kniffe und Tricks beibringen.

Ähnlich liegen die Verhältnisse ja auch, wenn europäische Ingenieure als Entwicklungshelfer in ein sogenanntes Entwicklungsland gehen; sie können den dortigen Menschen zwar beibringen, wie man einen Lastkraftwagen fährt, aber es wäre ein sinnloses Unterfangen, wollten sie den Leuten die thermodynamischen Grundlagen erklären, nach denen ein Verbrennungsmotor funktioniert.

Nach dem Tod von Premas Vater kehrte NARIMAN wieder nach Afrika zurück. Prema sollte ihn später noch einmal wiedersehen, bevor er selbst Indien verließ. NARIMAN kam noch einmal nach Indien, um eine Frau heimzuholen.*)

---

*): Herr Nariman T. Vacha lebt heute in Mombasa und kann das, was hier berichtet worden ist, bestätigen; seine Anschrift entnehme man dem dortigen Telefonbuch - falls jemand mit ihm Verbindung aufzunehmen wünscht.

10. DIE ANGEBORENEN LEHRMEISTER

(Parapsychologischer Kenntnisgewinn)

*"Wird der Menschensohn, wenn
er kommt, auf Erden den Glauben finden?"*
Luk. 18,8.

Unter den Menschen, die Prema aus der Filmwelt kennenlernte, befand sich ein Herr Danttra, durch den er wiederum mit einem Halbjapaner in Kontakt kam, der sich als großer Zen-Meister entpuppte.*) Er hatte viele Jahre in Japan gelebt und war in die Geheimnisse des Zen eingeführt worden; so hatte er 1.700 K o a n s gelöst. Er beherrschte viele Techniken des Zen und lehrte Prema u.a. eine Methode, durch die man befähigt wurde, eine Farbe in ihrer Unmittelbarkeit zu sehen. Er lehrte Prema auch die tiefere Bedeutung des K o a n s und zeigte ihm einen Fehler, den viele Meditierende begehen, indem sie versuchen, über den intellektuellen Gehalt eines K o a n s zu meditieren, um ihn mit dem Intellekt zu lösen. Dieser Versuch muß jedoch scheitern; der Sinn des K o a n s ist es, dem Intellekt als Spielzeug zu dienen.

Beim Spiel entspannt sich der Intellekt, und in dieses Spiel versunken vergißt er, das Bewußtsein daran zu hindern, bis zu den intuitiven Quellen vorzudringen. Dieser Zen-Meister gab Prema systematischen Unterricht, wodurch er in die Lage kam, die aufgegebenen K o a n s zu lösen und SATORI zu erlangen.

Der Zen-Meister gab ihm dazu folgenden K o a n auf:

"Wie sah mein Gesicht aus, bevor ich geboren wurde?"

Dieser K o a n bringt ein besonders eindeutiges Ergebnis, wenn man die Meditation hierüber in der Nähe der Geburtsstätte ausübt. Die Entbindungsklinik (Geburtsort des Meisters) lag ebenfalls in Tardeo, nicht weit von den Filmstudios entfernt. Der

---

*) Vom größten Zen-Historiker Europas, Prof. W. Gundert, erwähnt am Weltkongreß der Religionen, Marburg, September 1960 - in der seinem hervorragenden Vortrag folgenden Aussprache.

Meditierende erlebt dabei, daß der Geist vom Körper völlig losgelöst existieren kann.

In der letzten Phase der väterlichen Krankheit beschäftigte sich Prema viel mit indischer Kunst; mit Bewunderung stellte er die Reichhaltigkeit des indischen Dramas fest. Um diese Zeit wirkte der berühmte Ballettlehrer und Solotänzer UDAY SHANKAR am Excelsior, der Prema in die indische Tanzkunst einführte.

Er erklärte ihm die religiöse Bedeutung der Tänze, zeigte ihm, daß jede Bewegung oder Haltung eines Fingers etwas auszudrücken hat; daß man durch Anschauen eines solchen Tanzes bzw. durch das Tanzen selbst S a t o r i erlangen könne. UDAY SHANKAR berichtete, daß er während des Tanzes häufig die höheren Grade der Meditation erreiche.

Der beste Arzt von Bombay, durch die finstere Miene des kranken Vaters leicht irritiert, mochte wohl gedacht haben, sein Patient sei vor lauter Gram herzkrank geworden, und um ihn aufzumuntern, sagte er in komisch klingendem Englisch: "Be cheerful! Be cheerful!" (Freuen Sie sich doch!) Was Wunder, daß Vater SAIDHAR daraufhin noch griesgrämiger dreinschaute. Aber der Arzt konnte der Familie keinerlei Hoffnung machen, denn nach der gründlichen Untersuchung erkannte er, daß hier keine Rettung mehr möglich war. Wenig später starb der Vater; Prema merkte es erst, als seine Tante, Frau TAVARIA, die Gattin des Groß-Yogameisters S. N. TAVARIA, eine Lampe anzündete; Prema sah die anwesende Krankenschwester fragend an, und sie bestätigte durch Kopfnicken, daß der Tod eingetreten war.

Die Tatsache des Todes*) beeindruckte Prema nicht, denn er hatte durch seine Zen-Meditation über jeden Zweifel erhaben erkannt, daß es den Tod im landläufigen Sinne nicht gibt.

Für einen Sterbenden ist es von großem Nachteil, wenn in seiner letzten Stunde das Sterbezimmer mit jammernden, betrübten Verwandten angefüllt ist. In dieser Stunde geschieht soviel Bedeutungsvolles, daß der Sterbende nichts dringender braucht als innere Sammlung. Doch wie soll Sammlung aufkommen in einer solchen Umgebung?

*): Am Sonntag, dem 16.1.1949, ca. 10.30 AM (I. S. T.)

Nach dem letzten Seufzer gab es eine große, fast unbeschreibliche Szene: alles heulte und klagte, es gab übrigens auch einige bezahlte Klageweiber, aber das war überflüssig, denn die Verwandten stellten alles in den Schatten, auch ohne Bezahlung! Es gehörte einfach zum guten Ton, beim Hinscheiden eines Familienoberhauptes sich tiefbetroffen zu fühlen. Das hat mit Heuchelei nichts zu tun, ist eher eine Sache der Erziehung. Doch Prema fand das alles der Situation unangemessen und abstoßend; manchmal hatte er den Eindruck, als sei der Sterbende von Haien umringt, die alle etwas verdienen wollten.

Dann fing das übliche Brimborium an, indem bergeweise Telegramme zu verschicken waren, sämtliche Angestellten des Excelsior ihrem ehemaligen Chef eine Abschiedsvisite machten, dann alle Bekannten, Freunde und Geschäftspartner; die Reihe der Besucher nahm kein Ende. Der Leichenwagen war zu bestellen, aber man wollte auf telefonische Anforderung keinen schicken, weil sich einige Tage vorher ein Witzbold einen makabren Scherz geleistet hatte, indem er einem seiner Gegner einen Leichenwagen auf den Hals schickte - und zwar an dessen Hochzeitstag!

Noch ein merkwürdiger Begleitumstand; zur Sterbenszeit lief im Excelsior einer der lustigsten Filme aller Zeiten mit den berühmten amerikanischen Humoristen "Dick und Doof".*) Wenige Jahre vorher war ein Film ungewöhnlich lange im Programm mit dem Titel "T h e N i g h t o f J a n u a r y 16th"; ob das wohl ein Fingerzeig sein sollte? Herr SAIDHAR starb in der Nacht des 16. Januar!

Die Totenriten der Parsen sind recht kompliziert, deshalb besteht immer eine gewisse Unsicherheit, und einer fragt den anderen, was denn sonst noch zu beachten sei.

Die Riten schreiben u.a. vor, daß die nächsten Verwandten drei Tage lang in der Nähe des Verstorbenen leben müssen; somit zieht alles mit Kind und Kegel in besondere Häuser in unmittelbarer Nachbarschaft der Leichenhalle. Da hieß es Kofferpacken wie für eine große Reise, Trauerkleidung in Ordnung bringen etc.

Dann begann drei Tage hindurch, sozusagen in Schichtarbeit, die Totenklage, und was Prema als Gipfel des Unsinns ansah,

---

*): Genauer: Bud ABOTT und Lou COSTELLO

sogar bezahlte Beter kamen, die pausenlos Gebete herunterleierten; etwas, was Vater SAIDHAR sein Leben lang mißbilligt und wogegen er sogar in Zeitungsartikeln gewettert hat, daß es Leute gab, die gegen Bezahlung für andere beteten; er empfand das als unmoralisch. Für Prema war der Gedanke unerträglich, drei lange Tage in diesem Milieu von Gejammer und Geklage verbringen zu müssen; wo man hinsah, nichts als trauernde Hinterbliebene. Schon am Abend des ersten Tages suchte er einen Vorwand, um zu verschwinden. Er fuhr einfach nach Hause; dabei interessierte ihn auch ein wenig, was sein Vater wohl hinterlassen haben mochte. Das erste, was er fand, war eine Batterie von acht oder neun Flaschen schottischen Whiskys, obwohl es streng verboten war, Alkohol in irgendwelcher Form zu besitzen.

Dann fand er noch 77 Mark Bargeld und ein Sparkassenbuch mit etwa 140 Mark - alles in allem ein sehr mageres Ergebnis. Dafür blieb Prema der Schrank voller Anzüge und eine Unmenge Krawatten, denn der Vater war ausgesprochen eitel gewesen.

Nachts fand er aber keinen Schlaf; vielleicht lag es daran, daß er im Sterbezimmer schlief. Er fühlte irgendeinen sanften Zwang, doch wieder zur Leichenhalle zurückzukehren. Also stand er kurzentschlossen wieder auf, nahm sich ein Taxi und fuhr zurück. Die Leiche des Vaters lag verlassen in einem Raum; also hatten die gedungenen Beter ihre Aufgabe nicht sehr ernst genommen und waren spurlos verschwunden. Prema setzte sich zu der Leiche und begann, aus einer Sanskritausgabe des TIBETANISCHEN TOTENBUCHES der im B a r d o herumirrenden Seele des Vaters den rechten Weg zu beschreiben. Prema wußte damals zwar noch nicht, daß es sich bei diesem Buch um das T i b e t a n i s c h e T o t e n b u c h handelte. Er nahm also, ohne sich dessen bewußt zu sein, die Rolle des Lama ein, der die entkörperte Seele behutsam zu leiten versucht, ihr klarmacht, daß die Visionen nur Spiegelungen des eigenen Bewußtseins sind.

Voraussetzung für die Wirksamkeit des Vorlesens ist, daß der Vorlesende in der Lage ist, zu der entkörperten Psyche einen telepathischen Kontakt herzustellen. Nachdem Prema eine Weile die verschiedenen Visionen beschrieben und erklärt hatte, erschien der feinstoffliche Körper des Vaters als Gespenst neben der Leiche. Das geschieht normalerweise nur, wenn der Verstorbene eine schwerwiegende Verfehlung begangen hat und die akute Gefahr besteht, im "Gürtel" zu landen. Prema forderte das Gespenst auf, das Geheimnis, das ihn im B a r d o keine Ruhe finden ließ, zu lüften.

Das Gespenst gab folgenden Bericht: "Zu der Zeit, als Du in Panchgani warst, wurde Deine Mutter schwer krank und mußte in die Klinik gebracht werden. So stand ich ganz allein da mit Deiner kleinen Schwester. Aus Verzweiflung beschloß ich, meinem Leben ein Ende zu setzen. Nachts gegen drei Uhr stand ich auf, kleidete mich an, um mich im Meer zu ertränken. Bevor ich fortging, schrieb ich noch zwei Abschiedsbriefe, einen für die Familie, den anderen für die Polizei. Dann ging ich die Treppe hinunter, um durch das Theater hindurch ins Freie zu gehen.

Kaum betrat ich das Theater, da gab es einen gewaltigen Knall, und ein großer Teil der Decke brach herunter, unmittelbar vor meine Füße; nur um ein Haar bin ich dem Tod entschlüpft. Der Nachtwächter kam sofort herbeigeeilt, fand mich aber zu seinem Erstaunen schon am Ort des Unglücks vor, völlig angekleidet. Erstaunt rief er aus: 'Was tun Sie hier mitten in der Nacht? Diesmal hatte ich bestimmt angenommen, der Erste zu sein, aber Sie sind mir auch jetzt wieder zuvorgekommen!' Das Niederbrechen der Decke (man bedenke, ich wäre beinahe dadurch getötet worden) brachte mich augenblicklich zur Besinnung, so daß ich das Verwerfliche in meiner Selbstmordabsicht erkannte und den Plan aufgab. Darum ging ich wieder in die Wohnung, vernichtete die Abschiedsbriefe und legte mich zu Bett. Niemand hat je von dieser Absicht etwas erfahren."

Nun wußte Prema, weshalb es ihn wieder zur Leichenhalle getrieben hatte. Da der Selbstmord e i n s o s c h w e r e s V e r g e h e n i s t, schafft schon der ernsthafte Versuch so viel schlechtes Karma, daß für die entkörperte Psyche die Gefahr besteht, im "Gürtel", dem Aufenthaltsort der unglückseligen Geister, zu landen.

Daher bekommt die Psyche noch eine Chance, an der Leiche zu erscheinen, um, f a l l s eine geeignete Person anwesend ist, wenigstens ihre Schuld zu bekennen und dadurch das Karma etwas zu verringern. Danach verschwand das Gespenst wieder, und Prema las weiter aus dem Totenbuch vor, um die Seele durch den gefährlichen B a r d o zu lenken und vor dem Schlimmsten zu bewahren.

Am nächsten Morgen erschienen die weiter entfernt wohnenden Verwandten, um an den Trauerfeierlichkeiten teilzunehmen. Wieder fing die Beterei an; dauernd kam jemand und gab Anweisung, nun dieses Gebet an diesem Brunnen und jenes Gebet an jenem Altarbild zu sprechen. Prema hatte keine Lust, an diesem Theater teilzunehmen, und freute sich an den wundervoll angelegten und bestens gepflegten Gartenanlagen, in denen die Totenriten stattfanden. Schließlich nahm auch der dritte Tag ein Ende, und man geleitete die Leiche zum Turm des Schweigens, um sie ihrem Schicksal und den Geiern zu überlassen.

11. MIT DER KUNDALINI DURCH DIE CHAKRAS

*"Der Diktator des Image
vergiftet das Öffentliche Leben.
Jeder versucht, sich so zu verstellen,
Wie andere ihn haben möchten."*
　　　　　　　　　　　Stewart C. Carter

GANGA wird wohl abendländischen Lesern besonders schwer nahezubringen sein, ja, man wird vieles an ihr finden, was unbegreiflich oder gar verwerflich erscheinen mag. Vielleicht noch schwieriger zu verstehen ist die andere Person - GODRIDGE, der den Beinamen G o r i l l a hatte. GODRIDGE entstammte einer schwerreichen Familie, deren Reichtum durch den Großvater des "Gorillas" begründet wurde. Der Großvater hatte einen Tresor erfunden, der zur damaligen Zeit als absolut einbruchsicher galt und es auch für Generationen blieb. Nicht einmal mit einem Schneidbrenner konnte man ihn knacken. Das führte sehr schnell dazu, daß sämtliche Banken, von der Landeszentralbank bis zur kleinsten, mit einem G o d r i d g e ausgestattet waren.

Im Sprachgebrauch war G o d r i d g e synonym mit Tresor*); auch im privaten Sektor fand er rasche Verbreitung, zumal in Indien die Menschen ihre Ersparnisse gern in Gold und Edelsteinen anlegen, die natürlich in einem G o d r i d g e bestens aufgehoben sind. Man kann ohne Übertreibung behaupten, daß 99% der in Indien existierenden Safes von Firma Godridge geliefert sind.

Die Mutter des 'Gorilla', eine außergewöhnlich schöne Frau, von der man munkelte, daß sie Halbschwedin sei, machte einmal Urlaub in Darjeeling, das bekanntlich nahe der tibetischen Grenze liegt. Sie machte mehrfach Ausflüge in den Himalaya, und auf einem der Ausflüge, den sie allein unternahm, begegnete sie einem der sagenhaften und berüchtigten Schneemenschen. Die Schneemenschen gelten allgemein als gewalttätig und heimtückisch. Doch dieser machte nach der Darstellung der Mutter des

---
*):　In der in Indien üblichen Schreibart bzw. Buchstabierung: GODREJ

'Gorilla' keineswegs einen rabiaten Eindruck; zwar vergewaltigte er sie, aber vergewaltigen ist eigentlich zuviel gesagt.

Man könnte fast sagen, daß er sie verführt hat, obwohl das auch nicht ganz zutrifft. Auf jeden Fall blieb die Begegnung nicht ohne Folgen, und der Leser wird sicher schon erraten haben, daß der Schneemensch der Vater des 'Gorilla' ist. Prema mochte GODRIDGE gut leiden; er hatte einen prachtvollen Körperbau, war 204 cm groß, aber so breitschultrig, daß seine Größe nur auffiel, wenn er neben einem normalgroßen Inder stand. Er besaß Bärenkräfte und konnte sehr launisch sein.

Um das, was hier berichtet werden soll, verständlich zu machen, ist ein kleiner Exkurs über Kundalini-Yoga und Mannesweihe (im esoterischen Sinne) u n e r l ä ß l i c h. Der Leser, der nun die jetzt folgenden paar didaktischen Seiten geduldig, aufmerksam und gründlich studiert (statt sie zu überfliegen), wird den darauf folgenden sehr spannenden Bericht um so besser verwerten können. Letzten Endes ist so ein Buch auch keine Café-Lektüre, sondern Lernbuch für besonders reife Laien-Forscher der PSI-Phenomena der Grenzwissenschaften.

Die sogenannte M a n n e s w e i h e, wie sie heute noch in "primitiven" Völkern geübt wird, hat einen tiefen Sinn, der allerdings einem abendländischen Menschen nicht ohne nähere Erklärung einleuchten wird. Sie spielt auch eine wesentliche Rolle im K u n d a l i n i - Yoga, wie jetzt dargestellt sein soll.

Nach der Yoga-Lehre gibt es im menschlichen Körper sieben geistige Hauptzentren oder C h a k r a s. Wenn hier von Körper die Rede ist, so darf das *nicht* auf den physischen Körper, wie er uns allgemein bekannt ist, beschränkt gedacht werden. Im Yoga spricht man von den d r e i Körpern, dem grobstofflichen, dem Astral- und dem sog. 'Kausal'-Körper. In manchen Darstellungen wird von den neun Hüllen K o s h a s gesprochen, die den eigentlichen, göttlichen Wesenskern verbergen. Die sieben spirituellen Zentren oder C h a k r a s werden in vielen Büchern über Yoga als in der Wirbelsäule befindlich dargestellt. Diese Darstellung ist jedoch n i c h t ganz richtig, wie der Erhabene selber festgestellt hat, nachdem er dem Weg des Kundalini-Yoga gefolgt war.

Lediglich ein einziges dieser *Chakras* hat einen unmittelbaren Anknüpfungspunkt mit dem grobstofflichen Körper, und zwar das Basiszentrum am untersten Ende der Wirbelsäule, das der

Hauptaufenthaltsort der K u n d a l i n i ist. Die K u n d a l i n i wird als eine zusammengeringelte Schlange beschrieben, daher auch der gelegentlich gebrauchte Ausdruck "Schlangenkraft". Die K u n d a l i n i wird zunächst als schlafend beschrieben, aber es ist absolut notwendig, sie zu erwecken. Das muß aber in der *richtigen* Weise geschehen, und das ist der ausschließliche Sinn der Mannesweihe. Man will damit, symbolisch gesprochen, erreichen, daß die sogenannte 'Schlange' ihren Kopf nach o b e n wendet und dann erst den sogenannten 'Mund' öffnet. Nur dann ist es möglich, Kundalini-Yoga erfolgreich zu üben und die geheimnisvolle 'Schlangenkraft' zu spiritueller Entwicklung zu benutzen. Wendet die K u n d a l i n i ihren Kopf nach unten, so wird ihre Energie in Wollust und sexueller Betätigung verbraucht. Soll die Mannesweihe das erstrebte Ziel erreichen, so ist es notwendig, die Erweckung der Kundalini r e c h t z e i t i g zu vollziehen, d.h. den Jüngling zu einer Zeit dahin zu führen, zu der er noch k e i n e r l e i sexuelle Interessen hat.

Die rituelle Erweckung geschieht nämlich in einem Geschlechtsakt, aber, das muß hier *nachdrücklich* betont werden, weder bei dem Jüngling noch bei seiner Partnerin darf auch nur eine Spur sexueller Begierde vorhanden sein. Auch wenn der Jüngling nach der Mannesweihe kein Kundalini-Yogi werden will, bedeutet dieser Ritus für sein weiteres Leben sehr viel, denn er ist von nun an gegen jegliche Form niedriger Begierde gefeit.

Für den Yogi, der Kundalini-Yoga praktizieren will, ist absolute Keuschheit unerläßlich. Dieses Gebot ist sehr weitgehend zu verstehen, d.h., er darf auch in Gedanken nicht dagegen verstoßen; für ihn ist die Frau nichts anderes als eine Verkörperung des heiligen Weiblichen-Prinzips.

Hat man die K u n d a l i n i in der richtigen Weise geweckt, so kommt es darauf an, sie richtig zu entwickeln und die damit zur Verfügung stehende Energie dazu zu benutzen, die weiteren C h a k r a s zu öffnen und zu entwickeln.

Die übrigen sechs C h a k r a s befinden sich nach Darstellung des Meisters auf einem kreisähnlichen Bogen, in etwa einer Mondsichel vergleichbar, die im untersten Zentrum am unteren Ende der Wirbelsäule beginnt und den Scheitel, vom Rücken her kommend, fast berührt. Das oberste Zentrum, dicht über dem Scheitel in der Nähe der Fontanelle gelegen, wird der "Tausendblättrige-Lotus" genannt. Gelingt es dem Yogi, die Kundalini-Energie bis zum obersten C h a k r a emporzuheben, so erlangt er Erleuchtung.

Das Aufsteigen der Kundalini-Energie ist mit einer gewaltigen Hitzeentwicklung verbunden; der Yogi verspürt deshalb das Bedürfnis, sich an kalten Orten, in Eishöhlen hoch im Himalaya, aufzuhalten. Die C h a k r a s werden durch die K u n d a l i n i in Rotation versetzt, daher spricht man von den C h a k r a s auch als von Feuerrädern. Jedes C h a k r a strahlt in einer spezifischen Farbe, die man bei entsprechender Entwicklung auch feinstofflich sehen kann. Die C h a k r a s sind die Orte, an denen die neun Hüllen miteinander "verknotet" sind.

Deswegen wäre es besser, von Kundalini-*Knotenpunkten* zu sprechen, statt von Zentren; denn 'Zentren' sind wiederum etwas ganz anderes und liegen im Gehirn.*)

Das zweite 'Zentrum', oder bessser der zweite *Knotenpunkt*, befindet sich n i c h t mehr innerhalb des physischen Körpers, sondern etwa in Höhe des Geschlechtsorgans hinter der Wirbelsäule, das nächst folgende liegt noch weiter vom Körper entfernt auf dem bereits beschriebenen Bogen.

Mit jeder Öffnung eines C h a k r a s gewinnt man zunehmend Herrschaft über physische, psychische und parapsychische Kräfte.

Nach Öffnung und systematischer Entwicklung eines C h a k r a s geht vom Sitz dieses C h a k r a s ein waagerecht liegender Kreisbogen aus, der den Körper umschließt und eine Art Schutzwall darstellt. Für den Kundigen sind die Kreisbögen sichtbar, und er kann daran ganz objektiv feststellen, welche Zentren geöffnet und bis zu welchem Grade sie entwickelt sind.

Den Entwicklungsstand erkennt man an der Größe des Kreisbogens, je größer der Bogen, desto höher der Entwicklungsgrad.

Die beschriebenen Bögen stellen die Basis des Kausalkörpers dar. Zum Terminus K a u s a l sei bemerkt, daß entgegen dem Sprachgebrauch gemeint ist, daß dieser Körper den karmischen Ursachen nicht unterworfen ist. Von den Zentren gehen ganz bestimmte F a r b e n aus, die die A u r a bilden. Hier ist nach Qualität und Intensität zu unterscheiden; beim Astralkörper reicht die Skala der Intensität von blaßrosa bis dunkelrot, im Kausalkörper von blaßblau bis dunkelblau.

*): Wird gesondert erklärt in einem anderen Buch: Z e n o g a

Der Erhabene betont, daß zwischen den verschiedenen Körpern eines Menschen kein direkter Zusammenhang besteht, d.h. der physische Körper kann ganz anders beschaffen sein als der astrale, und dieser wiederum ganz anders als der kausale. Ein Beispiel mag das erläutern:

Das Kindermädchen des Erhabenen, GANGA, war grobstofflich ausgesprochen häßlich, sie war dick, hatte schlechte Zähne und noch viele weitere Mängel.

Ihr Astralkörper wirkte dagegen ausgesprochen ätherisch und vornehm und viel edler als der mancher physisch schönen Frau. In der Literatur findet man auch dazu Belege. Als einmal ein Jünger zu BUDDHA kam und über seine Schwierigkeiten bei der Meditation berichtete - er mußte beim Meditieren immer an die Dorfschönen denken - machte ihm der BUDDHA deshalb nicht etwa Vorwürfe, sondern er lehrte ihn, auch die feinstofflichen Körper zu erkennen, "er zeigte ihm die Deva-Welten". Und da sah der Jüngling, daß Schönheit keine Qualität ist, die von außen zu uns kommt, sondern nach bestimmten ästhetischen Prinzipien aus unserem astralen und kausalen Vorrat gebildet wird. Hat man aber erst gelernt, das astrale Bild eines Menschen oder Gegenstandes zu sehen, so wird man häufig feststellen, wie edel es aussieht, obwohl von der grobstofflichen Ebene aus beurteilt, man von Häßlichkeit sprechen muß. Das eigentliche wahre Weib hat eine füllige und rundliche Form als grobstofflichen Körper - desto schöner, zarter und anziehender ist sie dann im Astralleib; Schlankheit ist Zeichen evolutionärer Entartung.

Die Öffnung und Entwicklung der C h a k r a s ist ein systematischer Yogaweg, der aus folgenden d r e i Schritten besteht: Chakra Öffnen, entwickeln, der Kundalini zugänglich machen. Erst d a n n darf man das nächste C h a k r a in Angriff nehmen. Auch ein A v a t a r a muß diesen Weg Schritt für Schritt vollziehen, allerdings mit wesentlich geringerem Aufwand als ein normaler Mensch. Es ist auch der eigentliche Sinn unseres Erdendaseins, die Zentren bzw. Knotenpunkte der Reihe nach zu öffnen und zu entwickeln. Nach Aussage des Meisters schenkt schon die Öffnung eines einzigen Zentrums soviel Glück und Freude, daß daran gemessen jede noch so große irdische Freude völlig verblassen muß. Ein Grund mehr für die Fragwürdigkeit eines Playboy-Daseins. Der Erhabene erklärt auch, wie das vorübergehende Glück, das durch Drogen u.U. vermittelt wird, zustande kommt: durch eine gewaltsame B e s c h ä d i g u n g der C h a k r a s . Genau wie eine Glühbirne, die man an eine zu hohe Spannung legt, für einen Augenblick strahlend hell aufleuchtet und in einem Sekundenbruchteil durchbrennt, so ähnlich leuchtet das beschädigte Zentrum kurz auf, bevor es irreparabel vernichtet ist - ein wahrhaft zu hoher Preis für ein kurzes Drogenglück!

Von so verheerender Wirkung ist der Drogen-Weg, den ein Unkundiger einmal als "Yoga-Weg des Westens" apostrophiert hat! Es kann daher nicht streng genug davor gewarnt werden, die sogenannte Bewußtseinserweiterung durch LSD oder ähnliche psychedelische Drogen zu praktizieren.

Die Begleiterscheinungen beim Üben des Kundalini-Yoga sollen jetzt exemplarisch beschrieben werden:

Schon bevor das erste Zentrum geöffnet wird, hat der Übende bedeutsame Erlebnisse. Zunächst wird er von starken Versuchungen aus dem Bereich des G r o b s t o f f l i c h e n heimgesucht. Ein unbändiger Drang nach B e s i t z beherrscht ihn; er möchte einfach alles besitzen, nicht nur diese Welt, sondern sämtliche Planeten und Milchstraßen. Der Gemütszustand während dieser Zeit hat viel Ähnlichkeit mit neurotischen Störungen, aber die heikle Periode muß tapfer durchgestanden werden.*)

Daran sieht man auch, wie gefährlich es ist, wenn man Yoga ohne Anleitung und Überwachung durch einen kompetenten Guru übt.

Das Verlangen nach Besitz ist die e r s t e Phase, die dem Öffnen des ersten Zentrums vorausgeht.

In der z w e i t e n Phase wünscht der Aspirant auch alle f e i n s t o f f l i c h e n Dinge und Wesen zu besitzen, auch die Feen und Elfen, denn er ist mittlerweile in die Lage gekommen, diese feinstoffliche Welt wahrzunehmen.

In der d r i t t e n Phase erlebt er, daß ihm auf einmal all das geschenkt wird, wonach er sich gesehnt hat. Eine gewaltige Freude ergreift ihn, die Schmerzempfindung ist zugunsten der Empfänglichkeit für Freude stark zurückgedrängt. Nachdem er eine Weile seinen Besitz in vollen Zügen (imaginär) genossen hat, gelangt er an den Punkt, an dem er f r e i w i l l i g all das Erreichte losläßt, er entsagt, um weiterzukommen. Aber die Ent-

*): Die sog. 'Einweihung in das Dunkle'

sagung geschieht ohne Krampf und ohne alle Bitterkeit, die ein Verzicht normalerweise mit sich bringt. Der Erhabene betont nachdrücklich, daß der Verzicht nicht im ethischen Sinne zu verstehen ist, etwa als heroische Überwindung. Schon allein dadurch, daß der Yogi in den Stand versetzt ist, alles das, was er vorher wünschte, quasi bzw. 'im Geiste' zu besitzen, verliert die Versuchung automatisch an Kraft. Auch diese d r i t t e Phase, die des sog. Verzichts, ist nur ein T e i l eines selbständig ablaufenden Prozesses, und der Übende braucht eigentlich nur stillzuhalten und zu warten, bis diese Periode vorübergeht. Ein gewisses Etwas in ihm gewinnt gewissermaßen ohne sein Zutun an Kraft und rottet alle Versuchungen aus. Die d r i t t e Phase, d.h. die jeweils letzte vor Öffnung eines Zentrums, verläuft besonders rasch. Nach vollzogener Öffnung verschwinden alle Versuchungen dieses bestimmten Bereichs ein für allemal; sie sind restlos abgestorben, da ihnen alle Energien entzogen sind.

Vor Öffnung des zweiten C h a k r a s treten wiederum starke Versuchungen in Erscheinung, aber jetzt aus dem Bereich des S e x u e l l e n. Die Sex-Begierde ist nicht auf eine bestimmte Person fixiert; der Übende möchte einfach alles sexuell durchkosten, gleichgültig ob Männer, Frauen, Kinder oder Tiere; später in der s u b t i l e r e n Form hat er den starken Wunsch, auch mit allen feinstofflichen Wesen wie Hexen, Feen und sogar Engeln geschlechtlich zu verkehren.

In der dritten und letzten Entwicklungsphase erreicht er den Punkt, an dem ihm alle ersehnten Beglückungen sozusagen zuteil werden. Eine Woge von Glück und Wonne erfaßt den Yogi, die Versuchungen treten in den Hintergrund, und da ihm alles geschenkt wurde, wonach er sich gesehnt hatte, fällt es ihm nun nicht mehr schwer, auf all das zu verzichten, um auf dem spirituellen Pfad weiter fortzuschreiten.

Die Versuchungen bei der Öffnung des dritten C h a k r a s sind wieder von anderer Natur. Ein unbändiges Verlangen nach M a c h t ergreift den Übenden. Besitz erscheint ihm als Banalität, sexuelle Freuden als naiv, wie Säuglingsspielzeug für einen Erwachsenen. Diese vergangenen Sehnsüchte sieht er jetzt als ekelhaft und lächerlich an. Nur M a c h t, grenzenlose Macht, vermag ihn zu faszinieren. Alles möchte er befehligen, alles muß ihm bedingungslos gehorchen, sozusagen auf Knopfdruck. Nicht nur alle Menschen und Tiere, auch sämtliche Maschinen und Gesellschaften. Dabei steht die tatsächliche Ausübung der Macht seltsamerweise ganz im Hintergrund; **es genügt ihm vollauf, sich im Besitz dieser Macht zu wissen.**

In der z w e i t e n Phase möchte der Yogi alle feinstofflichen Wesen, die Feen und Engel kommandieren, ihnen seinen Willen aufzwingen, sie ganz nach seiner Pfeife tanzen zu lassen. In der dritten Phase erlebt er, daß ihm alle Macht über Hinmel und Erde in die Hand gegeben ist, und die Freude darüber überwältigt ihn. Und dann folgt die Verzichterklärung, und das dritte C h a k r a ist geöffnet.

In prinzipiell gleicher Weise läuft der beschriebene Prozeß bei allen sieben Zentren in den drei Körpern ab. Auf der höchsten Stufe wird dem Yogi die Macht verliehen, mit Hilfe seiner *Máyá* (die Kraft, mentale Projektionen als quasi-wirklich erscheinen zu lassen) ein ganzes Weltall zu erschaffen und darin nach Belieben zu walten und zu schalten. Aber schließlich sieht er ein, daß ihn auch die Position eines Weltenschöpfers auf die Dauer *nicht* glücklich machen kann, eben weil auch sie noch der M á y á angehört, dem Nicht-seienden zugerechnet werden muß und daher kein Ersatz sein kann für die göttliche Wirklichkeit des SELBSTES. Wie schon erwähnt, ist mit der Öffnung eines Zentrums noch nicht alles erreicht, es ist vielmehr nötig, das Zentrum zu e n t w i c k e l n .

Den Entwicklungsstand eines Zentrums kann ein kompetenter Guru ganz objektiv beurteilen, denn vom Sitz dieses C h a k r a s geht ein waagerecht liegender Kreisbogen aus, der den Körper zu umschließen trachtet. Je größer der Radius des Kreises ist, desto weiter ist die Entwicklung fortgeschritten. Der umhüllende Kreis bzw. die Gesamtheit der auch von den weiteren Zentren ausgehenden Kreise stellt eine Art Schutzwall für den Betreffenden dar, gleichzeitig auch den Bereich seiner Einflußsphäre. Das feinstoffliche Gebilde aus der <u>s e n k r e c h t stehenden Sichel, die vom unteren C h a k r a ausgeht und oben den Scheitel des Menschen fast berührt, stellt den astralen - und die w a a g e r e c h t e n Kreisbögen, die von den einzelnen Zentren ausgehen, stellen den K a u s a l k ö r p e r dar.</u> Die feinstofflichen Lichterscheinungen, die von den feinstofflichen Körpern ausgehen, sind die Aura des Betreffenden. Daher rührt auch die Darstellung des Heiligenscheins, da bei spirituell hochstehenden

Persönlichkeiten die Ausstrahlung aus der Kopfregion besonders hervortritt.

Der Meister lehrte jedoch, daß bei einem A v a t a r a die Ausstrahlung aus der Fußregion die des Kopfes an Macht noch übertrifft.

Der "Tausendblättrige-Lotus" im Scheitelbereich hat jedoch eine besondere Bedeutung, daher sieht man oft bei Buddha-Statuen an dieser Stelle einen Haarknoten zur Hervorhebung. Naive Menschen interpretieren diesen Haarknoten jedoch als eine Art Griff, an dem der Betreffende 'in den Himmel' gezogen wird.

Die Öffnung des ersten Zentrums ermöglicht dem Yogi bereits den Austritt in den Astralkörper. Mit Hilfe des Astralkörpers ist der Übende in der Lage, jeden Ort auf der Erde in Sekundenschnelle aufzusuchen. Der Meister hat diese bequeme Art zu reisen weidlich ausgenutzt und genossen. Häufig besuchte er die Osterinseln, die ihn aus verschiedenen Gründen anzogen. Als Einwohner einer Riesenstadt wie Bombay, mit einer Unzahl Bewohner auf engstem Raum, hatte er das dringende Bedürfnis, auf eine einsame Insel zu flüchten. Auf der Osterinsel konnte man in dem Bewußtsein schwelgen, daß rundherum in einem Umkreis von rund 2.000 km nichts als Wasser war.

Der Erhabene ist dessen gewiß, wenn er irgendwann als ganz normaler Tourist die Osterinsel besuchen würde, ihm dort alles so bekannt und vertraut sein würde wie seine eigene Westentasche!*)

Die Austritte ins Astralreich sind nur kurzzeitig möglich; dennoch schenken sie soviel Erfrischung und Entspannung wie ein wochenlanger normaler Urlaub. Wie schon erwähnt, sind Entfernungen ohne jegliche Bedeutung, d.h. der Aufwand ist der gleiche, ob man auf astralem "Wege" 5.000 km oder nur 5 m zurücklegt. Es ist überdies noch äußerst beglückend, ins astrale Reich einzutreten, keine irdische Freude kommt dem gleich. Der Erhabene erinnert sich noch genau an einen ganz kurzen Austritt ins Astrale; er lag auf seinem Bett und ließ sich bis zur Zimmerdecke emporschweben, was ihn mit Wogen von Glück und Freude erfüllte. Selbst die gewähltesten Worte sind unzulänglich, die Empfindungen auch nur annähernd zu beschreiben; man muß so etwas selbst einmal erlebt haben.

*): 1979/80 ist er tatsächlich dagewesen und hat alles genauso vorgefunden!

Kehrt man wieder in den physischen Körper ein, so erhält man beim Erwachen noch Nachrichten von dem Ort, den man gerade astral besucht hat (auch von den Ereignissen auf der gesamten Strecke zurück bis zum Heimatort), ob man will oder nicht. Hat man z.B. Tokio besucht, und im Augenblick des Erwachens gibt es in Tokio ein Erdbeben, so erfährt man das sofort.

12. DIE BEKEHRUNG EINES UNGEHEUERS

*"Ich weiß nichts so Erschütterndes in der Welt wie dies,
daß neunundneunzig Gerechte vor Gott weniger sind als ein
Sünder im Augenblick der Umkehr."*
                              H. Hesse, Kurgast: VII, 112

Nun zurück zu GANGA, dem Kindermädchen; sie war keine eigentliche Inderin. Die Vorgeschichte ihrer Herkunft im ethnologischen Sinn ist nicht restlos klar. Zwar weiß man bis heute nicht mit absoluter Sicherheit, wer die Ureinwohner Indiens sind. Man weiß nur von verschiedenen Einwanderungswellen; die letzten Einwanderer waren die Arier, davor die Drawidaner, noch davor eine Sino-Gruppe burmesisch-chinesischer Herkunft. Noch früher wanderten negroide Stämme von Afrika her über die Landbrücke von Lemuria nach Indien; ein großer Teil wanderte über Assam weiter nach Australien. Einige Reste leben heute noch an ganz entlegenen Orten in Indien und sind teilweise noch Menschenfresser geblieben.

Aus einer solchen, dem Kannibalismus verhafteten Gruppe stammte GANGA. Man soll sich aber hüten, von seinem eigenen Standpunkt diese Menschen zu beurteilen, da man sonst zu leicht geneigt ist, sie in Bausch und Bogen zu verurteilen. GANGA lebte also bis etwa zum 14. Lebensjahr als Kannibalin.

Aus Armut und Nahrungsmangel machte sie sich mit 14 Jahren auf, um eine Beschäftigung zu suchen, in der sie überleben konnte.

Sie gelangte nach Bombay und fand eine Bleibe als Kindermädchen und Mädchen für alles bei Familie TAVARIA. Sie erlebte die Geburt von Mr. S. N. TAVARIA, dem Groß-Yogameister und Onkel des Erhabenen, von dem bereits die Rede war; Prema stellte somit schon die dritte Generation dar, die sie erlebte und versorgte. Es ist in Indien so üblich, daß, wenn Dienstpersonal lange genug in der Familie tätig ist, es als vollgültiges Familienmitglied angesehen wird. In diesem Sinn kann man also GANGA nicht als Dienerin ansehen. Sie ging auch mit allen ganz familiär um, hatte ein sehr bestimmtes, fast herrisches Wesen, sah in späteren Jahren groß, plump und häßlich aus. Ihre Intelligenz war beträchtlich, vor allem ihre Sprachbegabung; so hatte sie eine Reihe von Sprachen gelernt und beherrschte die Sprache der Parsen, das Gujarati, fließend. Sie besaß auch beachtliche Kenntnisse, die sie weiß Gott woher hatte. So wußte sie sehr viel über die Indianer; nach ihrer Darstellung sind die ersten Einwanderer Amerikas die Tibeter gewesen, aus denen dann die Indianer hervorgegangen sind.

Um g e r e c h t zu sein, muß man auch GANGAS Beweggründe würdigen. In i h r e n Augen bedeutet die Mannesweihe etwas sehr Hohes, Heiliges, das dem Geweihten für das ganze Leben einen Schutz verleiht. Zudem ist es die Voraussetzung zur Erweckung der K u n d a l i n i im rechten Sinne, die es dem Jüngling ermöglicht, K u n d a l i n i - Yoga zu üben. GANGA hat Prema auch Übungen zur Öffnung und Entwicklung der s p i r i t u e l l e n Zentren gegeben. Natürlich hatte sie bei Prema noch den besonderen Ehrgeiz, diesen Knaben der späteren Generation möglichst früh zur Mannesreife zu bringen; daher auch ihre besondere Genugtuung, als das Werk gelungen war. Zum Schluß der Zeremonie sagte sie, Prema möge nun seine Fingernägel lang wachsen lassen. Aber er konnte den Sinn dieser Aufforderung überhaupt nicht verstehen; erst viel später sollte ihm das klarwerden.

Das geschah ungefähr so: Nicht weit von Bombay entfernt gibt es den Ort P a l g a t*), in dessen Nähe ein Berg liegt. Der Gipfel des Berges ist nur unter Lebensgefahr zu erklimmen; dort wohnt eine Heilige, COSMIC MOTHER genannt, die früher einmal die Hure DUNDUBAI**) gewesen ist. Die Umwandlung einer Hure zu einer Heiligen ist sicher ungewöhnlich und erstaunlich. Diese Konversion ist durch ein Buch herbeigeführt worden. Einmal hinterließ einer ihrer Kunden aus Versehen ein Exemplar der B h a g a v a d g i t a bei ihr. Sie studierte das Buch sehr eingehend, war tief beeindruckt und beschloß, ihr 'unheiliges' Gewerbe aufzugeben. Doch dann fiel ihr ein, daß ihr Vorhaben durchaus nicht im Sinne der G i t a sein konnte, denn dort stand geschrieben, man solle seine Berufs- und Alltagspflichten beibehalten und erfüllen. Das Wesentliche ist die Einstellung, in

---

*): Berühmt wegen des hervorragenden Tees ("Tee-Kurort")
**): Sprich: Dhonn-du-bai-i

der man seine Pflichten erfüllt; die Art der Pflichten spielt dabei eine ganz unbedeutende Rolle.

"F i x e d   i n   Y o g a   d o   t h y   w o r k " *) so lautet die englische Fassung der Stelle, die hier gemeint ist*). Das konnte nur bedeuten, daß man genau an der Stelle, an der man sich gerade befand, beginnen mußte, diese besondere Einstellung zu üben.*)

Losgelöst von jeglicher Identifizierung mit dem Körper, losgelöst von dem Gedanken, 'Ich tue dies oder das', im vollen Bewußtsein, daß das wahre SELBST von allem Tun absolut unberührt bleibt, so mußte man seine Tagespflichten verrichten, nach bestem Wissen und Gewissen, jedoch ohne nach dem Ergebnis der verrichteten Arbeit zu fragen. Das war es, was die G i t a verlangte, nicht mehr und nicht weniger!**) Also blieb sie eine Hure, aber so von der Idee durchdrungen, daß ihr Körper mit dem SELBST nicht das Geringste zu tun hat, daß dieser Leib von einer derartigen S p i r i t u a l i t ä t durchdrungen war, daß viele wollüstige 'Kunden' durch bloße Berührung mit ihrem Körper von heiligen Schauern erfaßt wurden, und sie ihre eigentliche Absicht vollständig vergaßen. Einige beschlossen an Ort und Stelle, ihr Leben zu ändern und als Yogaschüler zu ihren Füßen zu sitzen. So verwandelten sich Wollüstige in Gottessucher, so mächtig hatte der Geist der G i t a in DUNDUBAI gewirkt!

So wandelte sich entsprechend ihr Name von Hure DUNDUBAI in C o s m i c M o t h e r. Obwohl sie nicht kraft ihres Willens ihr Gewerbe aufgegeben hatte, ergab es sich wie von selbst so.

Sie zog sich auf den Gipfel des Berges bei Palgat zurück, und viele Pilger kamen auf dem g e f ä h r l i c h e n Berg-Pfad, der zu ihr führte, um ihren Worten zu lauschen oder zu ihren Füßen zu meditieren. Viele gelangten nicht bis zu ihr, sondern stürzten ab und fanden den Tod in den Schluchten.

Prema hatte von DUNDUBAI gehört und wollte unbedingt eine Wallfahrt zu ihr unternehmen. GANGA hatte sich vorgenommen, seinen Herzenswunsch zu erfüllen und ihn zu begleiten. GANGA war schon einmal in Palgat gewesen, um sich (mit Erfolg) einen Sohn zu wünschen. So machten sie sich eines Tages auf den Weg. Am Anfang bereitete der Aufstieg keine Schwierig-

*): Gita: Kap. II, V. 48 plus III, V. 19
**): Gita: Kap. II, V. 47

keiten, aber nach und nach wurde der Fußpfad immer schmaler; tiefe Abgründe taten sich auf, und man fand nur mühsam Halt mit Zehen und Händen bzw. Nägeln, und nun verstand Prema den Sinn von GANGAS Bemerkung nach der Mannesweihe, er solle seine Nägel lang wachsen lassen. Der stellenweise kaum sichtbare Pfad wand sich in endlosen Spiralen um den Berg. Die beiden Pilger vermieden es, in die schwindelnden Abgründe hinabzuschauen, und beteten voller Inbrunst zu DUNDUBAI; es galt als Tatsache, daß nur, wer innig betet, den Aufstieg vollbringt.

Skeptiker und Halbgläubige sollen unweigerlich abstürzen. Der Pilgerort stand im Ruf, vielen Menschen W u n s c h e r f ü l l u n g e n gebracht zu haben, einigen wenigen sogar die Erlösung.

Rückschauend kommt dem Erhabenen das Unternehmen wie ein Selbstmordversuch vor. Nach gefährlicher Kletterei langten die beiden schließlich auf dem Gipfel an. Sie näherten sich DUNDUBAIS Hütte, und Prema trat ein, um die Heilige zu grüßen. In der Hütte bot sich ihm allerdings ein recht befremdender Anblick. Umringt von einigen Pilgern saß DUNDUBAI mit entblößten Brüsten; an ihrer rechten Brust stillte sie ihr Kind - ihr früheres Gewerbe war nicht ohne Folgen geblieben - an ihrer linken ein Ferkel!

Sie schien seine Gedanken sofort erfaßt zu haben, denn sie sagte heiter: "Sieh, da kommt ja der kleine Mann, der das Abitur nur mit Mühe bestanden hat und mit noch größerer Mühe zur Universität gelangt ist! Und nun findet er die Szene entwürdigend! Komm her, kleiner Mann, gräm Dich nicht, weil ich so mit Dir rede! Du bist g r ö ß e r als wir alle, wisse, daß Du der AVATARA*) bist. Zwar weißt Du noch nicht, was das bedeutet, aber Du sollst es bald erfahren."

Nach diesen Worten entfernte DUNDUBAI das Ferkel von ihrer linken Brust und bot sie Prema an, er möge daran saugen. Das tat sie mit einer solchen Bestimmtheit, daß er nicht gewagt hätte, ihrer Aufforderung nicht nachzukommen.

Kaum hatte er einige Tropfen getrunken, als er in Trance fiel und für die Zeugen des Geschehens wie leblos schien. Aber er war durchaus nicht bewußtlos, sondern hatte ein höheres Bewußtseinsniveau erreicht, in dem alle seine früheren Inkarnatio

*):   H e i l a n d

nen wie in einem Film an ihm vorüberzogen. Zwar kann sich der Erhabene heute nicht mehr an alle Einzelheiten erinnern, aber einiges ist haften geblieben.

In einer Inkarnation hat er die Rolle eines türkischen Paschas gespielt in einer Stadt namens Faschoda. Später hat Prema versucht herauszufinden, wo Faschoda liegen mochte. Nach emsigem Forschen fand er heraus, daß dieser Ort heute nicht mehr Faschoda, sondern Kodok (?) heißt und am Zusammenfluß des Sobat und des Weißen Nils liegt. Es muß zu einer Zeit gewesen sein, als die Türken Ägypten und den Sudan beherrschten. Er hatte in Faschoda die Funktion eines Statthalters; er hatte sich zum Ziel gesetzt, mit aller Kraft gegen den Sklavenhandel anzugehen.

Die Araber verkauften scharenweise Neger nach Amerika. Durch seinen energischen Einsatz schaffte er sich viele Feinde und wurde schließlich hingerichtet.

Nach der Rückkehr aus der Trance hatte der Meister jegliche Angst vor dem Tode für alle Zeiten verloren; die Lehre von der Reinkarnation bedeutete für ihn nun keine bloße Theorie mehr, sondern erlebte Realität.

Nun forderte DUNDUBAI ihn auf, auch aus ihrer rechten Brust zu trinken. Sofort geriet er in einen Zustand des Schwebens und erreichte zum erstenmal in dieser Inkarnation das höchste N i r v a n a; er war zu einem Buddha, einem vollkommen Erwachten geworden; er hatte in der Terminologie Sri AUROBINDOS das S u p r a m e n t a l e überschritten. In diesem Erfülltsein erkannte er, daß er ein MAHAVATARA war; j e d e s G l i e d s e i n e s K ö r p e r s b e d e u t e t e d i e W i e d e r v e r k ö r p e r u n g e i n e s d e r f r ü h e r e n AVATARAS. Es mag dem Außenstehenden absurd erscheinen, aber der Erhabene fühlte bei diesem großen spirituellen Erlebnis nicht etwa Triumph, sondern tiefste D e m u t; wohlwissend, daß dies alles nicht sein Verdienst war.

So seltsam und unerforschlich sind die Wege Gottes, daß ein MAHAVATARA durch die Brüste einer ehemaligen Hure sein N i r v a n a erlangt. Das Göttliche will wohl damit demonstrieren, wie wenig es geneigt ist, sich dem menschlichen Denkschema anzupassen. Das Göttliche läßt sich nicht eingrenzen; der Mensch ist außerstande, es mit seinem begrenzten Verstand zu beurteilen. So kann es geschehen, daß eine Dirne durch das bloße Lesen der G i t a so durchseelt wird, daß sie ihr Gewerbe zwar äußerlich weiterbetreibt, innerlich aber fest im Yoga, im A t m a n verankert ist, dadurch den Körper nicht besudelt, sondern dermaßen vergeistigt, daß wollüstige Männer durch Berührung mit ihrem Leib ihre Absicht gänzlich fallenlassen und sich zu Gottsuchern wandeln.

Das Erlebnis bei DUNDUBAI gab dem Erhabenen viel Kraft; das Bewußtsein, jedem Menschen geistig helfen zu können, wenn er es wollte, und sei der Betreffende noch so schlecht, erfüllt ihn mit Freude und Dankbarkeit. Sein Vermögen, anderen zu helfen, sollte sich alsbald beweisen.

Nach seiner Rückkehr von Palgat mußte Prema feststellen, daß sein Freund GODRIDGE immer mehr entartete; der 'Gorilla' in ihm trat von Tag zu Tag deutlicher hervor. Prema machte sich seinetwegen große Sorgen; zwar stand es ihm frei, sich von GODRIDGE einfach zu trennen, aber das war nicht seine Art. Er vertrat den Standpunkt, daß ein wahrer Freund sich nicht scheuen dürfe, harte Kritik zu üben, wenn es die Umstände erforderten. Und GODRIDGE trieb es wirklich toll; seine sexuellen Gelüste kannten keine Grenzen. Ganze Nächte durchfeierte er gleich mit mehreren Frauen und trieb mit ihnen so schmutzige Dinge, daß Tiere sich schämen würden, etwas Derartiges zu tun. Er schämte sich nicht, sich gleichzeitig mit einer Frau und einer Sau zu amüsieren. Für Prema stand fest, daß es so nicht weitergehen konnte. Obwohl GODRIDGE allgemein als Rohling verschrien war, benahm er sich Prema gegenüber immer sehr manierlich. Prema knüpfte sich seinen Freund vor und redete ihm ins Gewissen, doch GODRIDGE winkte ab.

Prema ließ nicht locker, getreu dem SHAKESPEARE-Wort: "Wer seinem Freund auch in der Niederlage beisteht, besiegt damit den Sieger."

Nun gab es ein besonders trauriges Kapitel; GODRIDGE hatte eine Frau geschwängert, wollte sich aber zu seiner Tat nicht öffentlich bekennen. Prema redete auf ihn ein, doch vergebens. Als der Tag der Niederkunft herankam, lud GODRIDGE Prema und die werdende Mutter zu sich. Daraus schöpfte Prema Hoffnung, daß GODRIDGE sich nun doch besonnen habe. Aber er sollte sich in seiner Hoffnung furchtbar getäuscht haben, denn ihn erwartete ein Erlebnis scheußlichster Art. Wie sich sehr bald zeigte, hatte GODRIDGE nicht die geringste Neigung, sich zu der Vaterschaft zu bekennen. Als bei der Schwangeren die Geburtswehen einzusetzen begannen, flehte sie ihn an, er möge ihr nur (umge- rechnet) 40 Mark als Starthilfe geben, sie wolle dann auf alle weiteren Ansprüche verzichten. Doch GODRIDGE rief höhnisch: "Was, 40 Mark soll ich dir geben? Für das Geld kann man sich ja ein gutes Paar Schuhe kaufen!"

Diese Worte schnitten Prema ins Herz wie Dolche, und ihm schwante nichts Gutes. Dann griff GODRIDGE zu einer starken Eisenkette und band der Gebärenden damit die Schenkel fest zusammen.

Prema war entsetzt, aber er konnte nichts gegen den bärenstarken G o r i l l a unternehmen als ihm zuzureden, von seinem verbrecherischen Tun abzulassen. Doch der G o r i l l a ließ sich nicht erweichen. Die entsetzlichen Schreie der Todgeweihten gellen dem Erhabenen noch heute in den Ohren, wenn er sich die schauderhafte Szene vergegenwärtigt.

Nach diesem Erlebnis war Prema eine ganze Woche lang unfähig, Nahrung zu sich zu nehmen; er schloß sich in einem Zimmer ein, meditierte und betete pausenlos, daß GODRIDGE sich bessern möge. In seiner Verzweiflung wandte er sich telepathisch an DUNDUBAI und flehte um Hilfe. Er wollte seinen Freund nicht verraten, aber es mußte einfach etwas geschehen. Da plötzlich erschien DUNDUBAI in seinem Zimmer, aber nicht in einer Vision, sondern leibhaftig! Sie materialisierte sich vor seinen erstaunten Augen. Sie sagte, sie habe Verständnis für seinen Gram; sie wäre auch nicht gekommen, wenn er etwas für sich persönlich erfleht hätte. Aber da er für seinen verderbten Freund um Hilfe bat, konnte sie nicht widerstehen.

Sie sagte ihm, die Liebe und Treue zu einem Freund rangiere nach der Treue und Liebe zum Guru an zweiter Stelle, und sie erzählte ihm folgende Begebenheit aus dem Leben des BUDDHA:

Einmal sagte ANANDA, der Lieblingsschüler BUDDHAS zum Erhabenen: "Nicht wahr, Meister, es ist doch so, daß ein guter, ein spiritueller Freund schon der halbe Weg zum N i r v a n a ist?"

Da antwortete der BUDDHA: "Nicht so, ANANDA, verleumde den ERHABENEN nicht! Sage nicht, daß der gute, der treue, der spirituell hilfreiche Freund der h a l b e Weg zum N i r v a n a ist! Er ist, oh ANANDA, der g a n z e Weg!"

So bist auch Du (meinte DUNDUBAI zu Prema) der ganze Weg für Deinen Freund GODRIDGE', und da fiel Prema wieder ein, was die blinde Nonne, die die Madonnen-Statue aus Fatima begleitete, zu ihm gesagt hatte: "Deine Freundschaft wird selig machen, Deine Feindschaft bringt Verderben."

Dann sprach DUNDUBAI weiter: "Weil Du so treu zu Deinem Freund gehalten hast, trotz seiner Schlechtigkeit, und obwohl Du soviel Mühe hast, mit der schrecklichen Szene, deren Zeuge Du geworden bist, fertig zu werden, so wisse, daß Dein Wunsch in Erfüllung gehen wird. Schau auf meine Füße! Nimm eine Schere und schneide die Ränder der Zehennägel ab. Bewahre sie sorgfältig bis zum nächsten Sonntag auf als Beweis dafür, daß ich Dir leibhaftig erschienen bin. Am Sonntag sollst Du die Nägel verbrennen, die Asche in ein Getränk mischen und das ganze Deinem Freund GODRIDGE zu trinken geben. Danach wird DUNDUBAI dafür sorgen, daß Dein Freund seinen Lebenswandel ändert."

Nach diesen Worten e n t m a t e r i a l i s i e r t e sie sich, löste ihren Körper in seine Atome auf und war wie der Blitz verschwunden.

Premas Kummer hörte augenblicklich auf; mit größter Sorgfalt verwahrte er die abgeschnittenen Zehennägel der Heiligen und vergewisserte sich wohl Dutzende von Malen darüber, daß sie noch in ihrem Versteck vorhanden waren.

Am nächsten Sonntag, der übrigens Vollmondtag war, verbrannte er die Nägel, wie ihm DUNDUBAI aufgetragen hatte, mischte die Asche in F a l u d o, ein im damaligen Indien parsisches Getränk, und reichte den Becher GODRIDGE. Der nahm das Getränk ohne Zögern, denn er hatte zu Prema unbedingtes Vertrauen. Dann hielt Prema ihm noch eine gewaltige Standpauke, und bald fing das Getränk an zu wirken. Eine auch äußerlich sichtbare physiologische Veränderung trat ein; der 204 cm große Kerl schrumpfte auf etwa 190 cm zusammen. Die schneemenschliche Komponente in ihm schien von ihm gewichen zu sein; eine gewisse Schnellevolution fand statt. Eine sittliche Umwandlung erfolgte ebenfalls; seine früheren anomalen Gelüste verschwanden völlig, und es dauerte nur noch kurze Zeit, bis er den Weg zur Verinnerlichung einschlug.

Prema erzählte ihm von seiner Pilgerfahrt zur holy COSMIC MOTHER, und GODRIDGE äußerte den Wunsch, ebenfalls zu ihr eine Wallfahrt zu unternehmen. Er fügte noch hinzu, daß, wenn er auch von den Felsen stürzen sollte, ihm das einerlei sei, denn nun habe er erkannt, worauf es im Leben ankomme.

"Was nützen mir die Milliarden, die mir als Erbteil zufallen werden? Ich kann mich mit gutem Essen vollstopfen, bis es mir zum Halse heraushängt. Ich könnte mir Weiber kaufen und mit ihnen Dinge treiben, deren sich Tiere schämen würden, aber was habe ich davon? Das einzig Sinnvolle im Leben ist Vergeistigung; also werde ich zu DUNDUBAI gehen, auch wenn ich dabei den Tod finden sollte!"

Er setzte seinen Entschluß auch bald in die Tat um, stürzte aber an einer schwierigen Stelle des Pfades ab. Mit schweren Verletzungen brachte man ihn ins Krankenhaus, wo er volle zwei Jahre in Gips liegen mußte. Trotz der Schmerzen und des langen Krankenhausaufenthaltes blieb sein Glaube ungebrochen, denn er sagte, er werde sofort nach Entlassung und sobald er wieder bei Kräften sei, die Pilgerfahrt zur H o l y M o t h e r wiederholen. Beim zweiten Versuch hatte er Erfolg, bis zu DUNDUBAI vorzudringen. Er war von ihrer Spiritualität derart beeindruckt, daß er fortan bei ihr blieb und sich zu ihrem Lieblingsschüler entwickelte. Nach DUNDUBAIS Tod trat GODRIDGE ihr geistiges Erbe an.*)

---

*): Nicht zwecks Bekanntmachung, lediglich als Registration seine Postanschrift: Godridge Indokem, Hornby Rd 221, 4 Bombay-400001; Telefon: 267881/10; Telex: 011-2942. (Unseriöse Ermittlungen könnten unliebsame Folgen haben; besser vorher telepathisch fragen - falls überhaupt.)

NACHTRAG:

Als Prema DUNDUBAI zum erstenmal besuchte und durch Trinken an ihrer Brust N i r v a n a erlangte, führte sie ihn anschließend zu einem Ort, an dem ein armseliger Karren stand. Prema hatte keine Ahnung, was es mit dem Karren auf sich hatte, aber er spürte eine spirituelle Ausstrahlung, die von dem Gefährt ausging. Erstaunt fragte er die Heilige, was das denn für ein sonderbarer Karren sei, der eine so ehrfurchtgebietende Ausstrahlung habe, als handele es sich um einen A v a t a r a. Sie streichelte seinen Kopf und erklärte ihm, daß dies der Wagen sei, den Sri Krishna gelenkt habe und in dem das Z w i e g e s p r ä c h zwischen KRISHNA und ARJUNA stattgefunden hat, dessen Ergebnis die B h a g a v a d g i t a ist. Sie erzählte, daß die HOHEN MÄCHTE zur Belohnung für ihre Vertiefung in die G i t a ihr den Weg zu diesem Karren gewiesen haben.

Nach dem Besuch bei H o l y M o t h e r wußte Prema mit absoluter Sicherheit, daß Gott keine Fiktion und kein Hirngespinst, sondern unbedingte Realität ist.

Das Gotteserlebnis hatte eine solch unaussprechliche Gewalt, die durch nichts, kein Buch, keine Regierung und keine Gehirnwäsche jemals wieder ausgelöscht werden könnte.

Welch hohe Verehrung eine als heilig geltende Frau (wie z.B. DUNDUBAI) in Indien genießt, kann sich ein Abendländer wohl kaum vorstellen. Selbst steinreiche MAHARAJAS nahten sich ihr voller Demut, um von ihr Belehrung zu erhalten. Um ihre große Demut vor der Yogameisterin zu bezeugen, kehrten sie mit ihrem Bart, dem Zeichen ihrer Würde, DUNDUBAIS armselige Hütte. Das muß man sich einmal vorstellen: ein hochangesehener Mann wie ein Maharaja fegt die Hütte einer ehemaligen Hure mit seinem Bart aus! Daran sieht man, mit welch grenzenloser Ehrfurcht ein Yoga-Schüler seinem Meister gegenübertritt. Der Erhabene betont, wie wichtig die Demut auf dem Yoga-Weg ist, indem er sagt, daß 90% des Erfolges von dieser Schlüsseltugend abhängt. Darum ist die Entwicklung dieser Tugend für den Yoga-Beflissenen von allergrößter Wichtigkeit.

SCHLUSSVERMERK

(Der Seele dunkle Pfade zum Licht)

Aus Platzgründen muß man hier mit dem rein erzählerischen Teil Schluß machen.

Gewiß, wenn Interesse vorhanden ist, werden wir in einem zweiten Buch weitere Auszüge aus diesem wundersamen Leben erstellen

Aber damit der Leser weiß, was aus der hier geschilderten Person geworden ist, dürfen wir kurz zusammenfassen, daß Prema durch etliche abenteuerliche Erlebnisse, fleißige Studienaufenthalte in London, Den Haag, Freiburg und München als auch durch lang ausgedehnte Reisen in den entlegensten Ländern letztendlich ein Heiler geworden ist zum Dienste der Menschheit und im Kölner Raum eine Naturheilpraxis betreibt, worin die Ergebnisse seiner Erfahrungen auch den leidenden Kranken zugutekommen; also eine Heilung aus dem Unfaßbaren, wobei auch das Seelenheil einen sehr hohen Stellenwert beansprucht.

Wer mehr erfahren will, melde sich bei dem KÖLNER KREIS:

KÖLNER KREIS
c/o Gisela Schmid
Postfach 50 12 41
D-50972 Köln

tel   0221   39 72 91
fax   0231   52 33 91   (dienstlich)
      02851 74 58   (privat)

NACHTRAG I

Zur Philosophie der Indo-Germanen

ERKLÄRUNG ZU DEM BEGRIFF: A V A T A R A.

(Die Rolle von Präfixen und Suffixen im wissenschaftlichen Sanskrit)

"Die Philosophie der Indo-Germanen ist eben
t r i p u r a   r a h a s a y a
d. h. ein Mysterium jenseits
der Trinität; eine unabdingbare
Ergänzung zum Evangelium."
　　　　　　　J.W. Hauer, Y o g a , Tübingen 1957

Sprachgeschichtlich bedeutsam ist die Tatsache, daß in den alten Schriften zwar die Avatara-Lehre, nicht jedoch das Wort Avatara vorkommt. Vielmehr nennt man dort ein solches Wesen (annähernd): d e h i n = Hüllen-Leib-Besitzer. Somit könnte u.U. diese Bezeichnung sprachhistorisch als Vorläufer des Begriffes Avatara angesehen werden. Religionshistorisch sind Begriffe immer späteren Datums als die ihnen zugrunde liegenden Ideen. Im o.a. Falle wäre dann 'i n' als Suffix zu d e h a = Leib.

Danach wird klar, daß das Wort Avatar(a) = sprich Awatar - so wie es heute verstanden wird, lediglich bedeutet: Gestaltwerdung bzw. eine bestimmte Gestalt annehmen zwecks Verkleidung. Zurückgreifend kann man dann sagen: "Hüllen-Leib" sei die Gestalt oder die Verkleidung; und "Besitzer" dieses "Hüllen-Leibs" oder besser dieser Maske sei der A v a t a r a.

Gerade in den alten Religionen war die Frage des Letzthin-Wirklichen im Menschen und seine Relation zu den Gottmächten von personifizierender Bedeutung.

Somit bedeutet A v a t a r a in engerem Sinne: HERAB-STIEG- BZW. FLEISCHWERDUNG.

So z.B. ist die älteste schriftlich belegbare Stelle dort, wo der Hirtenkrieger Krishna als Verkündiger von Offenbarungen des Gottes Vishnu als dessen "Avatara" angesehen wird. Noch scheut man sich, das Wort A v a t a r a ausdrücklich zu verwenden. Noch wird die Avatara-Lehre lediglich umschrieben. Der große Seher und Künder wird, dank der Macht einer allmählichen Übertragung, zu Selbstoffenbarungen des Urgottes; eine erst mythische und dann theologische AUSGESTALTUNG!

In späteren Religionen stehen solche Rettergestalten des sich ins Irdische verkörpernden Gottes im Vordergrund.

"Stets wenn Unrecht sich erhebt
Und Frömmigkeit zu wanken droht,
Erschaffe ich mich selbst erneut
Durch meines Gottes Machtgebot -
Zu der Guten Rettung,
Zu Vernichtung der Bösen Brut
Damit das Recht wieder hergestellt werde;
In jedem Weltalter neu
Trete ich ins irdische Dasein
Und begründe was recht und gut."

Sprachwissenschaftlich relevant ist, daß das Wort A v a t a r a nirgendwo in der Gita auftaucht, obschon gerade dort die Avatara-Lehre ihre erste schriftliche Fixierung findet. Ebenso klar scheint die Tatsache, daß sich die rettende Heilandsmacht des Göttlichen und der Heilandsglaube verbinden mit der liebend-vertrauenden Hingabe an den Höchsten; die immer wieder auf Erden erscheinende Heilandsmacht als ein kostbares Herzstück.

Aber der Avatara p a r e x c e l l e n c e wäre dann der Menschensohn! Schon die nahe Verwandtschaft zu dem Schwesterbegriff 'Gottessohn' macht die Assoziation Gott-Mensch naheliegend. Von dem Kommen des Menschensohnes (Avatara) spricht kein Geringerer als Jesus! Mal wird er uns als Hoffnungsstern, mal als Wahrheitbringer und mal sogar als Warnung überliefert.

Man stelle sich eine Gruppe von Kindern vor, die in einem Schloß an der See gefangen gehalten wird. Dort gibt es eine Mauer, die nicht so hoch gebaut wurde, als daß nicht der durchschnittliche Erwachsene darüber hinwegsehen könnte, aber hoch genug, um die Kinder daran zu hindern, das Meer zu erblicken.

Da die Kinder älter und damit auch größer werden, wachsen auch ihre Chancen, das Meer sehen zu können. Wer nur einmal dabei Erfolg hat, wird sofort, fast sofort, aus dem Schloß befreit wie durch Zauberei. Wie nun die Köpfe der Kinder sich langsam dem Rand der Mauer nähern, wächst ihre Neugierde und ihr Verlangen nur um so stärker. Nun gab es vor vielen Jahren einen Jungen der Gruppe, der im Geheimen ein Tagebuch führte. Eines Tages verschwand er plötzlich.

Gerade bevor die anderen groß genug waren, um über die Mauer zu blicken, fanden sie sein Tagebuch und lasen mit Erstaunen eine Beschreibung des Meeres. Wie konnte der Schreiber vor mehreren Jahren dargestellt haben, was sie im Begriff waren zu erblicken? Sie lesen weiter und entdecken, daß der kleine Junge, der jetzt die See erblickt hat und so befreit wurde, eine merkwürdige Methode geübt hat, die man Springen oder Hochsprung nennt. Durch eine Folge solcher Sprünge hat er es geschafft, die See zu erblicken vor seiner Zeit, und so konnte er beschreiben, was sie selbst bald erfahren würden. Er gab auch in seinem Tagebuch nicht nur eine Beschreibung des Meeres, sondern auch eine systematische Methode an, wie man es erlernen konnte, hoch genug zu springen, um über die Mauer zu blicken.

Wir selbst gleichen diesen Kindern, und die Evolution wird uns bald groß genug machen, um über die Mauer zu schauen, und das, was wir sehen und erfahren werden, wird der unbegrenzte Ozean sein (das integrale Bewußtsein). Woher wissen wir das? Weil einer von uns, der Avatara unseres Zeitalters, ein Tagebuch gefunden hat, eine verborgene Schatztruhe der Weisheit, in dem eine Beschreibung dessen, was jenseits der Mauer liegt, jenseits der Grenzen des rationalen Gedankens, für uns zurückgelassen wurde. Wer schrieb sie? Jemand, der gesehen hatte (die Weisen und Mystiker Lemurias). Wie konnte er erblickt haben, was vor uns verborgen ist? Weil es ihm ernster war, tat er etwas. Er bemühte sich, angestrengter zu springen, während sich unsere Bemühungen gewöhnlich in amüsanten Spielen im Schloß erschöpfen (weltliche Aktivitäten) oder darin, uns gegenseitig den Schädel einzuschlagen (Krieg); besonders dann, wenn die erratene Lösung des Rätsels, was jenseits der Mauer liegen mag, bei einem anderen zufällig von der unseren abweicht.

Und die zweite Hälfte des Tagebuchs, die uns erklärt, wie man es lernen kann, höher zu springen? Das ist die Mystik und der Yoga. Sie zeigen uns, wie man die Mauer überwinden und das Unendliche, den Ozean, schauen kann, noch bevor wir groß genug geworden sind, einen Blick auf seinen Glanz zu erhaschen. Und indem sie, und sei es auch nur einmal, das Unendliche schauten, wurden diese erleuchteten Heiligen und Mystiker für immer aus dem Verlies befreit.

Man sollte erwarten, daß solch ein Tagebuch mit lebhaftem Interesse gelesen würde. Daß jeder anfinge, die Kunst, höher zu springen, zu erlernen. Ach, es gibt in unserer Gruppe sehr kluge Leute, die behaupten, daß es nicht nötig sei, den Ozean zu sehen. Laßt uns statt dessen, sagen sie, die Beschreibung des Ozeans in dem Tagebuch prüfen - auf Fehler im Satzbau hin (die Linguistische Analyse)! Sie meinen, daß die Philosophie nur als Wortgebilde und also durch das Wort existiert und von der Wortkonstellation konstituiert wird.

Da gibt es andere, die vorschlagen, daß es das gleiche wäre, wenn man, anstatt die See zu betrachten, sich eine Tasse Salzwasser ansehe und den Inhalt in der Phantasie multipliziere.

"Kleinlich von Natur, durch Wissen noch mehr verengt. Ein fader Kopf und ein verkrampftes Herz."

Aber die Situation, in die wir jetzt gestellt sind, ist so, daß es nicht mehr darauf ankommt, was wir tun oder lassen.

Da wir Zentimeter um Zentimeter größer werden, da unsere Köpfe anfangen, über den Rand der Mauer hinauszuwachsen, die wir aus Gewohnheit lieben und verehren gelernt haben, werden wir unvermeidlich mit dem Unendlichen konfrontiert werden. Einige der Kinder in unserer Gruppe sind schon dabei, sich die Augen auszustechen, aus Angst, größer zu werden.

"Oh dächten doch die Menschen
einmal nur, daß ihre Augen
und die Vernunft zu nichts mehr als
nur zum Studium von Fliegen taugen.
Weh euch, daß ihr Natur, zerteilt,
in kleiner Form erspäht,
indes der Schöpfer ihrer
Ganzheit euch entgeht."

Es ist dieses 'noch nicht' der höchsten geistigen Erfahrung, das unsere Empörung erregt oder uns dazu bringt, das Göttliche für bereits verloren anzusehen. Wir übersehen, daß dieser Faktor des 'noch nicht' durch seine eigene Beschaffenheit ein "es wird sein" enthält. Das erklärt, warum mancher Atheist Gott im Geheimen in anderer Form verehrt, sei es angesichts eines Bildes von der Hand eines Meisters, eines Gedichtes und beim Klavierspiel eines Genies, einer Wanderung durch den Schwarzwald im Frühling oder sogar vor der Fassade einer alten Kirche. Sie rufen Gefühle hervor, die das alltägliche Leben in der Regel nicht beschwört. In diesen Augenblicken liegt eine geistige Kraft, die so erfüllt ist von integralem Bewußtsein, daß es sich sogar dem Atheisten enthüllen kann als eine Ekstase der Schönheit, denn was ist Gott schließlich anderes, wenn man ihn nach einem vergleichenden Studium der Religion betrachtet, als das Ideal absoluter Vollkommenheit, verkörpert als ewige Realität.

Sogar die Gott leugnenden Religionen wie der Buddhismus oder Jainismus verlangen von uns, daß wir nach der Vollkommenheit, nach dem Nirvana streben. Sogar der Kommunismus hat sein Ideal der Vollkommenheit (wenn alle Konflikte beendet sind, wird der Staat automatisch absterben) und damit seinen 'Gott'. So ist das Ideal der Vollkommenheit der überzeugende Beweis, daß wir bereits Eigentümer, allerdings nicht Besitzer, eines Bewußtseins sind, das unseren Geist daran hindert, über seiner eigenen Unvollkommenheit zu resignieren. Was die Beatgeneration fälschlicherweise, aber instinktiv in ihren Exzessen und im Gebrauch psychedelischer Drogen suchte, ist eben dieses integrale Bewußtsein. Wir verdammen ihre Methoden, aber ihr Instinkt ist sicher. Sie sind in enger Verbindung mit der kosmischen Evolution. Aber durch ihren Mangel an Disziplin ruinieren sie ihre Chancen. Nichts, das der Mühe wert ist, entstand jemals ohne Selbstbeherrschung. Die Kraft hinter der Evolution, die das Universum regiert, diktiert die Form, die das Leben auf diesem Planeten annehmen kann, und wacht über jedes Embryo. Sie wird zu den kommenden Generationen in noch stärker befehlendem Tone sprechen und ihre Existenz durch Ereignisse demonstrieren, die weit aufregender sind als eine weiche Mondlandung. Entspricht dieser Ansicht von der Zukunft der Menschheit irgendeine Zustimmung von Seiten der Fach-Historiker? Wir bekommen eine Vorstellung davon in Arnold TOYNBEES "C h a ll e n g e and R e s p o n s e", dem seine Theorie der schöpferischen Minderheiten folgt. Die schöpferische Minderheit sind die wenigen Individuen, die das integrale Bewußtsein erlangt haben, bevor die Evolution es Krethi und Plethi ermöglicht, dorthin zu gelangen, wie sie es bald tun wird.

Solche schöpferischen Individuen sind in der Vergangenheit verhältnismäßig selten gewesen (ZARATHUSTRA, MOSES, LAOTSE, der BUDDHA, JESUS, MOHAMMED und ähnliche); sie zogen sich von der Gesellschaft in die Einsamkeit zurück, und dort gab ihnen Gott oder Gnade, Fasten oder Yoga, Zufall oder irgend etwas, was wir nicht kennen, eine gewisse zusätzliche Einsicht, eine neue Vitalität, eine höhere Dimension des Bewußtseins.

Das integrale Bewußtsein rüstete sie mit dem aus, was TOYNBEE M i m e s i s nennt (eine charismatische Macht zu überzeugen), und sie kehren zur Gesellschaft zurück, um ihre Mitmenschen dazu anzuregen, der Gelegenheit gerecht zu werden. Das Ziel der kosmischen Evolution ist Vollkommenheit, während das Nichterreichen dieses Zieles, Frustation auf diesem Gebiet, dem Leiden gleichzusetzen ist. Auf die lange Sicht kann der Mensch mit nichts geringerem als Vollkommenheit zufrieden sein. Nur das Engelwesen im Menschen wird weiter entwickelt werden, wie es entwickelt werden sollte, nur das Tierische in ihm wird vernichtet, wie es vernichtet werden sollte. Das ist das Ziel der kosmischen Evolution - und das einzige, das uns erwartet. Die Hoffnung der Menschheit ist auf Vollkommenheit gerichtet, und in seinen höchsten Augenblicken hat der Mensch immer eine Realität von äußerster Vollkommenheit gesucht und verehrt. Diese universale Idee einer unendlichen Vollkommenheit erhebt sich natürlich aus der den Menschen angeborenen Aktivität (sei er Heiliger oder Wilder); und im Geheimen erkennen wir dieses unser Verlangen danach auch dann noch an, während wir schon vorgeben, in Frage zu stellen, ob es uns überhaupt adäquat ist.

Die Geschichte der Religionen hat diese Idee der Vollkommenheit als das Kennzeichen der Heiligkeit dargestellt und als das Ziel des Lebens und der kosmischen Evolution. In den chinesischen Klassikern wird es L i K i (oder vollkommen vollständig) genannt; in dem buddhistischen Kanon nennt man es das Vollkommene (A n u h a r a, das nicht zu Übertreffende). ARISTO-

TELES spricht von T e l e i o u s (das, was sein Ziel erreicht hat, der Vollständige, das Vollkommene) als dem nichts Entbehrenden. Die Katharer und ähnliche Sekten nannten sich selbst die Vollkommenen. Die Menschheit ist es leid geworden, in einen Spiegel, in ein dunkles Glas zu sehen, anstatt von Angesicht zu Angesicht. Wie wir in der Religion die Vollkommenheit verlangen, loben wir in der Philosophie die Schlüssigkeit.

Je erhabener das Ziel, desto mehr verzweifelt unser Sinn daran, es jemals zu erreichen. Ein lahmer alter Mann auf dem Bahnsteig einer Untergrundstation mag daran verzweifeln, jemals die Straße zu erreichen, wenn er niemals vorher eine Rolltreppe gesehen hat. Das ist das Los der Menschheit bis jetzt gewesen. Nur ein paar besonders entschlossene und energische Seelen kletterten eifrig zu der Oberfläche hinauf und sahen die Sonne in all ihrer Glorie. Jetzt, sehr langsam und fast unmerkbar, hat die Evolution die scheinbar stillstehende Rolltreppe beschleunigt, auf der die Menschheit steht. Weil wir uns umsehen und nur Chaos erkennen können, erhebt sich die närrische Idee, daß Gott tot ist. Weil sich uns keine Hand aus dem großen Unbekannten entgegenstreckt, um uns hinaufzuziehen, vergessen wir, daß wir sozusagen im Begriff sind, langsam von unten her nach oben geschoben zu werden.

Was schlechthin unter A v a t a r a oder Weltenlehrer zu verstehen ist, erfährt der Leser am leichtesten aus einem Brief einer buddhistischen Nonne, der als Addenda am Schluß dieses Abschnittes angehängt worden ist.

Im philosophischen Sinne erklärt uns der Avatara die Welt, im religiösen Sinne belehrt er die Welt und im spirituellen Sinne bringt er die Erlösung in dem Sakrament denen, die sie aufnehmen bzw. die begnadet sind, ihn zu erkennen. Diese d r e i Aspekte sind beinhaltet in dem Sanskrit-Präfix = t r i , was in allen indo-germanischen Sprachen drei bedeutet. Also Tri-pura = Trinität. Und das Sanskrit-sya ist Suffix und bedeutet als rahasya = ein Mysterium jenseits der Trinität. Das will besagen, daß der Avatara auf Erden wie ein "Fremdling" erscheint. Wer diesen Fremdling 'durchschaut', sieht den avisierten Menschensohn. In diesem Sinne gibt es zahllose Beispiele, wie lediglich durch Handhabung von Präfixen und Suffixen die Sanskrit-Sprache eine Philosophie entwickelt hat, die sehr ernst zu nehmen ist, wenn wir die Avatara-Lehre beherzigen wollen. Also t r i pu r a r a h a s y a will besagen, daß der Avatara ein Mysterium ist, eben weil er nicht zur Erde (= Fremdling) gehört, sondern eine Inkarnierung ist und vor allem mit Nachdruck eine *vorübergehende* Inkarnierung des Jenseits in das Diesseits. Ergo ist sein Lebenslauf weder wahr noch unwahr, sondern eine Maske bzw. eine "Irrfahrt" in das einsteinische Raum-Zeit-Kontinuum. Eben weil nach Einstein dies als die 'vierte' Dimension gekennzeichnet wird, so ist das Erdenleben eines Avataras fachlich gesehen: **multidimensional.**

Addenda

Brief einer buddhistischen Nonne

"Das Wohnen in einem friedvollen Lande, die Früchte guter Taten aus vergangenen Leben, rechtes Streben des Selbstes: Dies ist das höchste Heil!"

Drum ist es kein Zufall, daß wir uns und unserem erhabenen Meister (Avatara) begegnet sind. Hätten wir nicht in vorangegangenen Existenzen auch nach dem Heile gestrebt, wäre uns diese Gnade niemals zuteil geworden! Denn ein Gnadeneinbruch setzt unbedingtes Öffnen voraus! Sagte nicht schon Jesus? - "und er wunderte sich ihrer Ungläubigkeit!" Auch Jesus konnte niemanden heilen, von erleuchten gar nicht zu sprechen, - war er ungläubig - kam man ohne Vertrauen! Denn das Vertrauen ist das erste, das man seinem Lehrer entgegenbringen muß, ohne Vertrauen kein Fortschritt. Denn am Anfang des rechtmäßigen Erkennens steht das abstrakte! Das wirklichkeitsgemäße Erkennen und Schauen erwächst erst später aus der rechten Anschauung - aus der Meditation! Aber bis man diese wunderbare Fähigkeit entwickelt hat, genügt es, wenn man die Worte des erhabenen Meisters (Avatara) in sich aufnehmen und *in sich fortwirken lassen kann*. Die Worte des "Avataras" zum Gegenstand *eigenen Nachsinnens* macht! Denn niemand kann mehr gewinnen, als er erkenntnisgemäß aufnehmen kann. Wie Dr. Saher so schön in seinem Buche "Verborgene Weisheit" schreibt: Intuition ist latente Logik, logisches Denken ist organisierte Intuition! Also müssen wir lernen, logisch zu denken, das wird uns helfen, zu erkennen.

Ganz besonders freute mich die Stelle in Ihrem Briefe, an der Sie schrieben, Sie müßten noch sehr viel lernen!

Das müssen wir alle, keiner kann von sich sagen, daß er schon so vollkommen ist, um nicht noch besser und edler zu werden. Es wird keiner die Erleuchtung erlangen, der nicht würdig und reif dazu ist. Und deswegen müssen wir uns würdig erweisen, mögen wir auch noch manchmal wanken, aber ein Fallen bedeutet nicht unbedingt einen Abstieg, sondern wir können uns besinnen und wieder aufstehen.

Wir brauchen niemals den Mut zu verlieren, denn wir sitzen ja zu Füßen des "Meisters", wie Sie so schön schrieben. Wir können nur eines tun; uns mühen mit größter Selbstlosigkeit und Güte zu allen Wesen und dankbar sein. Mehr brauchen wir vorläufig gar nicht zu tun, das allein wird uns wandeln.

Wir müssen uns immer wieder der Vergänglichkeit dieses Körpers bewußt sein, der Vergänglichkeit des ganzen Samsáro, um endgültig die Lust - den Durst, der uns anhaftet, loszuwerden. Nur die Vernichtung dieses Anhaftens, das uns von Keim zu Keimergreifung führt, kann uns frei machen. Kann uns befreien. Was nützte es uns, in himmlischen Welten wiedergeboren zu werden, wenn wir letzten Endes, nachdem die gute Frucht unseres Karmas aufgezehrt, wieder in irdische oder höllische Welten fallen? Auch ein himmlisches Leben geht zu Ende, das können wir deutlich und anschaulich und erschütternd an unserem Erhabenen (Avatara) s e h e n. Auch er hat einen Himmel verlassen und ist zu uns gekommen, um einen hohen Auftrag zu erfüllen. Können wir ermessen, wie es solch einem Wesen zu Mute ist, aus einer harmonischen, mit Licht und Glückseligkeit durchdringenen Welt plötzlich in unsere Welt versetzt zu sein? Können wir verstehen, daß es durchaus wahr ist, wenn der Erhabene (=Avatara) sagt, nur die Liebe seiner Schüler mache ihm das irdische Leben erträglich? Es veranschaulicht so richtig das "Leiden!". Dem wir alle unterworfen sind. Denn alles Glück, und wäre es am Anfange noch so beglückend, hat das Leiden im Gefolge, wahres Glück und Glückseligkeit liegen nur im Ungeborenen - Ungewordenen. Im ewigen Frieden des Nirvana.

Es ist gewiß, daß dieses Ziel nicht in einem einzigen Leben erreicht werden kann. Viele Wiedergeburten sind dazu erforderlich. Aber einige günstige haben wir schon hinter uns. Und mit dem *Stromeintritt* sind wir in Sicherheit, denn wer ein Sotapanno geworden ist, für den ist ein Abfallen in höllische Welten nicht mehr möglich. Und diese erhabene Gewißheit wird uns zum *"inneren Licht"*, das uns durch die Dunkelheit des Samsaro (Weltenirrfahrt der Wesen) leuchten wird. Denn das Heil liegt in uns selbst, in uns muß es hell werden!

Und wir haben einen Bergführer, der uns sicher und heil zum Gipfel des Berges führen kann, wenn wir es an Ausdauer und Zähigkeit nicht fehlen lassen. Und es sollte kein Tag, keine Stunde, keine Minute vergehen, in denen wir dieses erhabenen Zieles nicht gedenken. Denn wie schnell kann unser Lebenslicht erlöschen, und wie wichtig, im Hinblick auf geistiges Vorwärtskommen, ist unser *irdisches Leben!*

Diese einmalige Wichtigkeit wird uns auch das Schwerste leichter ertragen lassen!

Ihr Brief hat mich sehr erfreut, und ich hoffe sehr, daß Sie mir wieder einmal schreiben. Ich hätte soviel Arbeit im Haushalt zu tun, aber dieser Brief an Sie erschien mir wichtiger.

Seien Sie recht herzlich gegrüßt,
auch Ihre liebe Mutter,
Ihre Mitwanderin auf dem Wege,
innigst
Schwester *Anandadani*

NACHTRAG II

DER WETTLAUF MIT DEM TODE

(Prema überflog das Bermuda Dreieck am Sonntag, dem 22. April 1990)

"Facit einer mehrdimensionalen
Geometrie wäre, daß überall,
wo Masse ist, ist auch Krümmung;
also eine Geometrie des Unheimlichen."
E. Schrödinger
("Schrödingers Katze")

A: PREMAS BERICHT IN ICH-FORM:

Unsere Maschine war in Neufundland wegen Treibstoffmangels notgelandet. Nach dem Auftanken mußte der Kurs nach Havanna geändert werden, um die Verspätung wieder einzuholen. Also entschied sich der Pilot für die Vogelfluglinie quer durch das verrufene Bermuda Dreieck - genauer, direkt über den berühmt berüchtigten "St. Johns" Vortex (=Strudel).

Die Maschine erhob sich 19.49 Ortszeit. Unter uns die auch im Sommer schneebedeckten Gletscher, die wie geschlachtete Riesen im blutfarbenen Rot des herannahenden Sonnenuntergangs reglos lagen.

Mittlerweile haben wir 37.000 Fuß Höhe erreicht. Eine ominöse Finsternis umhüllt uns auf einmal. Im Flugzeug herrscht betretenes Schweigen; unsere Position ist ca. 78° W, 30° N - also muß die Maschine in kürzester Zeit gewaltig vom Kurs abgekommen sein. Jeder merkt das irgendwie - nicht nur die Piloten. Die sonst so lebensfrohen Touristen machen ernste Gesichter und verzichten sogar auf die kostenfreien "Caribbean" Cocktails (Cola mit Rum und Cocosmilch). Da kann das Ende der Welt nicht sehr weit sein.

Auf merkwürdige Weise scheinen die Sterne größer zu werden und einem näher zu kommen.

Das Flugzeug schaukelt wie eine Wiege; alle außer mir sind wie 'seekrank' von den vielen Schwankungen.

Dann erhob sich von hinten das allgemeine Angstgeschrei. Dann wieder starrten die Passagiere einander noch stumm und sprachlos an. In diesem Augenblick spürten wir, wie der Atlantik unter uns bebte. Heimlich fürchtete ich, daß unser Flugzeug bald nur eine Nummer mehr sein wird in der Schauerstatistik des Bermuda Triangles. Eine unsichtbare Gewalt schien die Herrschaft über das Flugzeug zu übernehmen. Abgesackt waren wir auf ca. 2.500 Fuß Höhe. Und dann auf einmal begannen die Flügel zu 'irisieren' bzw. phosphoreszieren (Fluoreszenz) - so wie die Ziffer auf einem Wecker in der Dunkelheit - katzenaugenartig. Die ansonsten weiß gestrichenen Flügel sahen erst aquamarin und dann transparent aus; man konnte buchstäblich durch sie hindurchsehen. Der Co-Pilot E. R. Santos von Cuban Air berichtete uns später, daß ab dieser Zeit der Kraftstoffanzeiger stieg (bei weiterem Verbrauch) statt zu fallen, so daß wir in Köln am nächsten Tag mit (fast) 'vollem Tank' landeten!

Dann ließ das Transparentwerden nach, und alle Sterne verschwanden auf einmal so wie ein Kurzschluß im Weltall. Dabei erschienen am Fenster zu meiner Linken vier Dinge, die aussahen wie ein <u>Hubschrauber mit Propeller nach unten</u> statt nach oben, so daß sie wie Korkenzieher aussahen. Die vier scheibenförmigen 'Hubschrauber' (mit dem Schaufelrad nach unten) hatten alle einen blaugrünen Lichtstrahl, der auf uns gerichtet war. Die kamen uns näher, immer näher.

In dem uralten Atharva Veda (Sanskrit, Indien ca. 4.000 v. Chr.) finden wir eine Theorie, daß die <u>Energie (prakriti) eines Magnetfeldes (kshetra) Materie verwandeln (vimana)</u> und von einer in die andere Dimension transponieren kann.

Plötzlich wurde es total finster. Es war, als ob unser Flugzeug nur Fetzen waren, angesaugt von einem unheimlich großen Staubsauger am Himmel. Ich zählte an meinem Puls 14 Sekunden (earth time).

Danach plötzlich Morgendämmerung mit der Sonne im Osten! Wo blieb aber dann die zu erwartende 'planmäßige' Nacht? Unser Flugzeug war nun nur noch geringfügig über dem Meer - aber das kann doch nicht unser Meer gewesen sein. Es war eine 'japanisch' aussehende See mit japanischen Fischkuttern. Das Gebiet kam mir irgendwie vertraut vor, da ich es von meiner letzten Welt-"Umsegelung" (Windrose Expedition) im Vorbeigehen kannte bzw. mir gemerkt hatte: allen Voraussetzungen nach muß es die sogenannte 'verwünschte', sogar von der japanischen Kriegsmarine gefürchtete "Gespenstersee" gewesen sein = eine Art Bermuda Dreieck in Asien! Erst nun fiel das Tablett, das der Stewardeß entglitten war, herunter; bis zu diesem Zeitpunkt war es wie geklebt in der Luft geblieben.

Es war so, als ob wir durch den Globus ein- und ausgegangen wären und auf der anderen Globusseite von Bermuda nun weiterflogen. Die Angst war jetzt bei allen maximal, weil niemand sich einen Vers darauf machen konnte.

Dann kam eine Engelstimme über das außer Betrieb geratene Bordmikrophon, die auf englisch (sinngemäß) sagte:

"Eure Angst wird niemals größer sein, als unsere Liebe tragend ist."

In diesem Augenblick verschwanden die vier UFOs (die uns auf die andere Globusseite begleitet hatten) blitzartig, und es gab wieder entsetzliche Finsternis. Wieder benutzte ich den Puls als Ersatzuhr - 44 nie enden wollende Sekunden (earth time). Jetzt war es wieder unser Meer, und es war Nacht (wie es sich gehörte!) mit dem Mond als Begleiter. In diesem Augenblick strahlten die vier UFOs ein mildes rosa Licht aus, und der Duft von Rosen war überall zu spüren, so als ob wir eine riesen Ladung Rosen an Bord hätten. Damit zog in mich eine bislang nie erahnte Kraft, und ich fühlte, daß ich geladen wurde mit für Heilungen vorgesehener außergalaktischer Regenerations-Energie. Mich übermannten Tränen der Dankbarkeit. Seitdem verstehe ich unter Demut keineswegs Selbstzweifel, sondern ein Ahnungsvermögen, daß die Größe nicht in uns, sondern instrumental *durch* uns ist. Somit wir kaum anderes tun und sein können, als was der Himmel uns tun oder sein läßt.

Die normalisierte bzw. 'exorzisierte' Maschine gewann an Höhe und raste auf Kurs nach Kuba. Wir alle verglichen die Uhren - keine einzige ging richtig. Niemand hatte eine Ahnung davon, wann das geschehen war - geschweige denn was geschehen war! Aber es hat doch nirgendwo geregnet. Trotzdem sah die Maschine wie ein nasses Handtuch aus. Und das Wasser war (wie von Co-Pilot Santos später getestet) salzig!

Also: noch einmal davongekommen!

"Wo Rätsel mich zu neuen Rätseln führten,
Da wußten s i e die Wahrheit ganz genau."

Grillparzer

B. ERKLÄRUNGSVERSUCH DES AUTORS:

*"Aber das scheint nun, wie die spätere
Entwicklung der alten schönen und
einfachen (Avatara-) Identitäts-Lehre in
Indien selber uns lehrt, ihr trauriges
Schicksal, daß sie allzuleicht dem
läppischesten Unsinn die Tür öffnet. Freilich,
'das Wunder ist des Glaubens liebstes Kind'.
Und je feiner, subtiler, abstrakter und zugleich
erhabener der Glaube, um so ängstlicher
hascht der schwache, schwindelnde
Menschengeist nach einer wunderbaren
Stütze, und wäre sie noch so albern."*
E. Schrödinger,
Die zwei Anlässe zum Staunen, Wien 1961

Ich vertrete die Auffassung, daß nichts ohne Grund ist.

N i h i l   e s t   s i n e   r a t i o n e lautet der nun heiliggesprochene Satz-vom-Grunde. Diesem Satz pflichte ich bei; mit meinem Leben, wenn es sein muß. Auch das scheinbar Sonderbarste läßt sich verstandesmäßig erklären - vorausgesetzt, man sucht das wahre Wissen und nicht Beifall.

Auch das Bermuda Rätsel ist im Grunde genommen so offenkundig wie Euklid. Jedoch: "im Hause meines Vaters sind viele Wohnungen"! Und eine solche Wohnung ist die 5dimensionale Geometrie,*) wonach wir auch 'mini' Schwarze Löcher direkt auf Erden annehmen dürfen. Nach dem Verstand der alten Arier beruht die ganze Mathematik auf vier Grundbestimmungen (dem Punkt, der Linie, der Fläche, der Höhe) plus einer fünften Dimension, die sie 'Akasha' oder All-Einheit nannten. Oder so, wie sie es bildhaft sagten: Würde dein Auge grenzenlos in die Weite des Weltalls schweifen, so würdest du dann nur deinen Hinterkopf sehen! Das kann man aber auch so erklären:

---

*):   Heute oft in der FRACTAL-Geometrie miteinbezogen!

Stellen Sie sich mal eine großausgebreitete Wolldecke auf einem Bett vor. An der Oberfläche dieser Decke, und zwar ungefähr in der Mitte, sind ein Haufen Ameisen. Um ins Bett zu gelangen und in dessen Mitte, muß eine Ameise gewöhnlich die ganze lange Strecke bis zum Deckenrand bzw. Saum kriechen, um von dort aus wieder, diesmal unter der Decke, auf die Bett-Mitte zu gelangen. Gäbe es jedoch ein Loch in der Wolldecke, könnte eine Ameise dadurch sogleich die Mitte des Bettes erreichen. Dort könnte so eine "gefallene" Ameise eine "gekrochene" treffen, die seit "Ewigkeit" unterwegs ist, um denselben Zielort zu erreichen. Ähnliches passiert bei den Mini-Schwarzen-Löchern auf der Erde. So ein 'Loch in der Wolldecke' ist analogerweise das Bermuda Dreieck. Das mag für Otto Normalverbraucher etwas Sensationelles darstellen, nicht jedoch für die Fachwissenschaft, die seit langem weiß, daß nicht mal die Kontinente einen Stammplatz auf Erden haben. Kaum ein Laie, der sich auch nur gedanklich vorstellen kann, daß vor relativ kurzer Zeit (150 Millionen Jahre sind für die Geologie so, wie eine Verspätung von 5 Minuten bei dem Inter-City-Zug Paris-Hamburg) Sibirien dort lag, wo heute die Sahara in West Afrika liegt! Bei solchen gewaltigen Drifts quer durch die Erdplatte entstehen (so, wie die alten Arier längst wußten, forschten und dokumentierten) gewisse 'Tunnel' oder 'Paranadis' (mini Schwarze-Löcher). Schon Agrippa von Nettesheim (1486-1533) hat in einem geheimen Nachtrag zu seinem Werk "De Occulta Philosophia" auf die Sanskrit und Awesta Quellen hingewiesen - jedoch fielen diese Hinweise auf taube Ohren, denn Unkenntnis der alten Sprachen wirkt stets Faulheit fördernd. Wissenschaftlicher Gewissenhaftigkeit, deren man sich in einem Fall rühmt, glaubt man sich im anderen enthoben. Das alles auf die stillschweigende Übereinkunft, man solle an Fragen, deren Beantwortung peinlich werden könnte, nicht rühren.

Schon Zarathustra (ca. 6.000 v. Chr.) berichtet in seinen Gathas (Yasna 32,1.), daß die Gravitationsenergie (die 'haltefest' Kraft) eines Schwarzen Lochs ('Lichtfeinds') eben in seiner Oberfläche steckt. Somit verglich er diese Kraft mit der, die einen Regentropfen zusammenhält.

Also die Zeit der Rückkehr (falls überhaupt) muß 3,14 x (mal) so viel sein wie die des 'freien Falls' durch den 'Schwarzen Tunnel', = 44:3,14 = ca. 14 Sekunden = 44:PI = 44:3,14 = ca. 14 Sekunden.

Es sei hier ein Wort des Wiener Seelenforschers Dr. med. Freiherr Ernst von Feuchtersleben (1806 - 1849) - der so etwas wie das 'Bermuda Dreieck' erahnte, damals jedoch nicht wußte, wo es geographisch zu lokalisieren sei - in Erinnerung gebracht:

"Wir werden (in solchen Dreiecken) leiden, wenn wir die empfindende Fläche unseres Wesens der Welt entgegenstellen. Wir können uns jedoch von (dem Leid) so einer Situation befreien, wenn wir eine kreative Projektionskraft ihr entgegenstellen."

So eine Kraft kann sich dann auch auf einen fremden Körper erstrecken, so daß die Situation oder Lokation selbst sich verändert. Eine Anzahl stark erhobener und durch lebhafte Einbildung erregter Seelen (wie in unserem Flugzeug) kann dann auch - unter Mitwirkung der vier wohlvollend eingestellten UFOs - die Passage durch Mini-Schwarze-Löcher wieder reversibel machen, im Klartext: wir sind davongekommen bzw. das Flugzeug war wieder im atlantischen Raum.

Die Geschichte erzählt von Alexander dem Großen, daß er in Persien einen solchen Mut entfaltete, daß er den Persern vorkam, als ob er "Licht" (Energie) ausströmte. Diese sogenannte Od-Lohe (ÜBER-Kraft, Supra-Energie, Anti-Gravitation) tritt bei akuter Lebensgefahr spontan in Erscheinung; sogar bei Touristen (und das will was heißen!). Diese (Gegen-)Energie dreht den Schwarzen 'Tunnel', besser 'Funnel' (Trichter), um, so daß der zweite 'Frei-Fall' den ersten wieder ausgleicht.

Klingt das zu unwahrscheinlich?

"Durch die (konzentrierte) Kraft ihres ganzen Wesens bewirkt (manchmal) eine Hyäne, daß die Hunde, wenn sie mit ihrem Schatten in Berührung kommen, verstummen!"

- Agrippa von Nettesheim

Außerdem waren ja in diesem Falle auch die hilfreichen Vier da.

Falls Sie irgendwelche gesundheitsbezogenen Fragen zur Flugangst bzw. zum Flug über das Bermuda-Dreieck oder sonstige Fragen haben, wenden Sie sich zwecks weiterer Informationen an den Autor - Adresse siehe oben.

FRACTAL - Geometrie

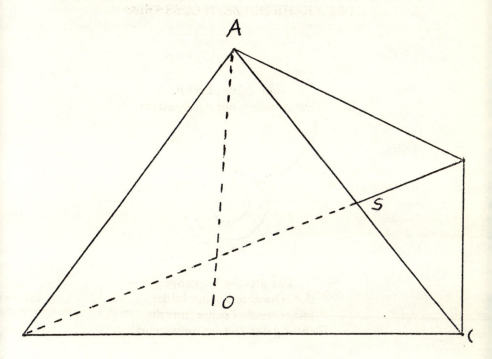

ACD	Bermuda Dreieck
AO	Teile der Oberfläche "Gespenstersee" der japanischen Meeresfischer
B	Position unseres Flugzeugs nach dem Freifall
AC	Teile der Oberfläche des Atlantiks unweit Bermuda
D	reguläre Position unseres Flugzeugs vor der Katastrophe
SB	Schwarzloch Tunnel
S	Surface (Berührungspunkt)
BC	der Zeitverlauf auf der Erde
BA	Zeitverschiebung bei den UFOs
0	unsere Position für einen (angenommenen) Beobachter außerhalb unserer Galaxy.

Facit: Überall, wo Masse ist, ist auch Krümmung.

DIE ANTIMATERIE KÖNNTE MATERIE IN EINEM UMGEKEHRTEN ZEITFLUSS SEIN.

ein weißes Loch,
Grundeinheit der Antimaterie

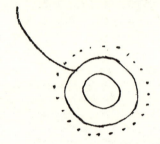

Der gleiche Vorgang,
der schwarze Löcher bildet,
bildet weiße Löcher, nur die
Richtung der Zeit ist umgekehrt!

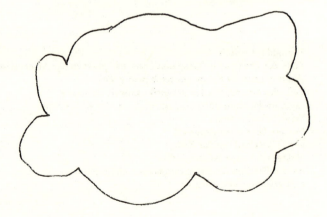

ANHANG

a) SAHERologie und SAHERsophie
EINE UNIVERSALE PHILOSOPHIE
DER HEILUNG   182

b) BEGEGNUNG MIT EINEM WORT-MAGIER   215

c) SAHERS PHILOSOPHIA TOTALIS   220

d) DIE HEILKRAFT DES WORTES   224

e) HEILBRINGENDE EDELSTEINE
Ayurveda und Edelsteine   229

f) DER AUTOR
Biographie   260

SAHERologie und SAHERsophie

EINE UNIVERSALE PHILOSOPHIE DER HEILUNG

[WEGE DER KYBERNETISCHEN MEDIZIN]

"Unter Kybernetik versteht man eine mehrere Wissenschaftsgebiete verbindende wissenschaftliche Forschungsrichtung, bei der die Gesetzmäßigkeiten der Regelung, der Informationsübertragung und -verarbeitung untersucht werden, wobei die Kybernetik nicht durch das Forschungsobjekt allein gekennzeichnet ist, sondern ebenso durch die Problemstellung."

Demgemäß findet man kybernetische Probleme und Vorgänge zum Beispiel:

Dr. phil. Purvez J. K. SAHERS
KYBERNETISCHE TOTAL-HEILUNG
ORM BERGOLD
(Ordinarius für Medizin)
Chefarzt der Universitätsklinik Guatemala;
und Leiter des Instituts für medizinische Biochemie in Campione,
Melide/Schweiz.

BEGEGNUNG MIT EINEM GEISTIGEN PHÄNOMEN, DAS EREIGNIS WURDE

"Viele betrachten SAHER als genialen Mediziner, weil er als Heilpraktiker die östliche Weisheit mit der westlichen Medizin kybernetisch kombiniert."

von

**HOCHSCHULPROFESSOR DR. KURT BECSI +
(WIEN)**

DAS GENIE IST UNTEILBAR

*"Stehenbleiben ist Tod, anderen
nachlaufen ist eine Art Knechtschaft.
Eigene Ausbildung und Entwicklung
und auf dem eigenen Wege
weiterschreiten - das ist Leben
und Freiheit."*
                            Ranke

1. Der große Dichterphilosoph Hermann HESSE ging den Weg vom Westen hin zum Osten, von Europa, von Deutschland hin nach Indien. *Purvez Ji. K. SAHER* begegnete ihm auf seinem Weg vom Osten, von Indien her nach dem Westen, nach Europa, in Deutschland. So ist es kein Zufall, daß SAHER, durch einen Briefwechsel mit Herrmann HESSE angeregt, 1959 seinen Gedichtband *"Die Weisheit der Todesstunde"* geschrieben hat. Der frühere Staatspräsident Indiens, S. Radhakrishnan, selbst einer der bedeutendsten Kulturphilosophen, welcher Indien zum geistigen Zentrum der Menschheit proklamierte - eine Konzeption, die mich zutiefst berührte und ergriff, bezeichnete SAHER als einen modernen Interpreten und Kommentator der "verborgenen" Weisheit des Ostens für den Westen. Und tatsächlich profilierte SAHER in seinem brillanten Werk *"Indische Weisheit und das Abendland"* die entscheidende Integration der beiden geistigen Welten des Ostens und des Westens.

Aber SAHER ist mehr als nur ein Interpret und Kommentator der "verborgenen" Weisheit Indiens; er ist viel mehr: Professor S. K. ROY, Ordinarius für Vergleichende Religionswissenschaft und Indologie an der Universität Kalkutta, früher Kultusminister, bezeichnet SAHER als "geistesgeschichtlichen Nachfolger VIVEKANANDAS" und als "begnadeten Mystiker". ROY charakterisierte das von SAHER 1974 erschienene Werk *"Lebensweisheit und creative Mystik"*, das VIVEKANANDAS Universalschau zum Inhalt hat, als *"ein Buch von einem Genie über ein Genie"*.

VIVEKANANDAS religiöser Sozialismus und mystische Sozialethik wie seine Zukunftsvision einer Welt, in der Mystik und

Naturwissenschaft sich ergänzen, haben mich zutiefst erregt. Diese von ihm dargelegte Perspektive wurde inzwischen durch das aufregende Buch von Fritjof CAPRA "Der Kosmische Reigen" (Physik und östliche Mystik - ein zeitgemäßes Weltbild) bestätigt und durch das Buch Gary ZUKAVS "Die tanzenden Wu Li Meister", 1981, mit akzentuiert. VIVEKANANDA ist auch als großer Mitbegründer des Neu-Vedanta zu bezeichnen, zu dem mich Aldous HUXLEYS Schriften hinführten. Die Renaissance des Hinduismus, nach meiner Ansicht ein geistiges Ereignis für die ganze Menschheit, wurde für mich zum Ausgangspunkt jener "zweiten Renaisssance", wie ich sie erstmals bezeichnete, die uns in das Universum und hin zu einer neuen kosmischen, zu einer galaktischen Geistigkeit führt, der auch eine neue kosmische Soziologie und Anthropologie kongruent sind. So scheint es sozusagen von einer "metaphysischen Perspektive" her einsichtig, daß SAHER und ich uns begegneten, ja begegnen mußten. Nach einem 1973 begonnenen und immer intensiver werdenden Briefwechsel währte es allerdings dann noch sieben Jahre, bis SAHER und ich uns 1980 das erste Mal in der Schweiz, in Luzern, persönlich begegnet sind.

2. Diese Luzerner Tage sind für uns beide sehr entscheidend geworden. Die herrliche metaphysische Musik zu "Siegfried" begleitete uns und meine Frau Magret durch jene Räume der Villa Tribschen, in denen einst Richard WAGNER mit Cosima gelebt hat und wo auch Friedrich NIETZSCHE einige Zeit wohnte. Nietzsche, über den ich das Drama "Der Mörder Gottes" geschrieben habe, das dann in meine "Dionysische Trilogie" aufgenommen wurde. Nietzsche, der mich auch wie AUROBINDO, wie meine jahrzehntelange Auseinandersetzung mit der indischen Geistigkeit überhaupt, zu einer neuen Weltanschauung gebracht hat.

Gerade dort, unmittelbar bei der Villa Tribschen, sollte nach meinen Plänen das "Luzerner Festspielhaus" entstehen, mit dem Blick auf den Bürgenstock und den Vierwaldstätter See. Gerade dort, aber auch die ganze Stadt Luzern einbeziehend, wollte ich das "Neue Luzerner Welttheater", ein Theater kosmischer Geistigkeit, auch Zentrum eines "Neuen Welttheaters kosmischen Lebensgefühles" begründen. Mit Auroville in Indien sollte es gleichsam das Zweite Auge eines sich weit in die Sterne erhebenden und eindringenden neuen kosmischen Menschen werden.

So ist es wohl auch von diesem Aspekt aus gesehen kein Zufall, daß SAHER und ich uns dort das erste Mal begegnet sind, ganz abgesehen davon, daß SAHER auch eine Reihe interessanter geistiger Stücke geschrieben hat, die veröffentlicht und auch aufgeführt werden sollten.

Unsere Gespräche vor der Villa Tribschen waren es auch, die das Konzept einer "Neuen Weltphilosophie', einer SAHERSOPHIE (SAHER-PHILOSOPHIE), hervorbrachten, die mich an die Dimensionen eines Theophrast PARACELSUS erinnerte und die ihren einzigartigen Bogen von Lemuria, tief aus der Vergangenheit, in eine weite kosmische, den Äon des Wassermanns berührende Zukunft spannen sollte. Es war mir damals, als wäre ich meinem "Bruder aus dem Osten", nach dem ich mich immer gesehnt hatte, endlich nach vielen Wiedergeburten begegnet.

3. Die SAHERSOPHIE oder SAHER-Philosophie soll aber auch eine Philosophie Lemurias, seiner esoterischen Geistigkeit, werden. Lemuria ist für SAHER die eigentliche Wiege aller Hochkulturen der Menschheit, auch der von Indien, Persien und Ägypten. Lemuria ist jener gewaltige Kontinent, älter als Atlantis, der sich einst von der Insel Madagaskar bis hin nach Australien und weiter noch bis Polynesien, ja, bis zu der Osterinsel erstreckt haben soll. Lemuria, wo kosmischer Yoga eines "galaktischen Bewußtseins" erstmals empfangen oder entwickelt wurde, ein Yoga, den SAHER in seinem 1976 in New Delhi erschienenen Buch *"ZEN-YOGA"* (A Creative Psychotherapy to Self-Integration) nennt, ein YOGA, der astrale Reisen durch die Galaxis ermöglicht. Vielleicht auch hin zu den Plejaden oder von ihnen zurück zur Erde, zu jenen Plejaden, die auch eine "telepathische" bzw. "transmentale Kultur" entwickelt haben sollen. Diese "plejadische Kultur" bildet einen entscheidenden Hintergrund zu meiner "Faustischen Tetralogie".

So beinhaltet diese "plejadische Kultur" zuletzt jenes "esoterische Universum", das für SAHER in Lemuria zentriert ist. Es ist auch jenes Universum hinter und in unserem Universum, andere Wirklichkeiten berührend, das SAHERS *magnetisch-magische Persönlichkeit* zutiefst bestimmt. Bedenkt man all dies, so wird verständlich, daß gerade SAHER meine Idee zu einem "Großen

Luzerner Welttheater", wie meine GALAKTISCHE PHILOSOPHIE, meine Weltphilosophie, wie kein zweiter erfaßt und begrüßt hat. Das Projekt eines "Großen Luzerner Welttheaters" erschien ihm faszinierend: In der Mitte Europas sollte das Zweite Auge einer neuen Menschheit aufstrahlen, eine neue Dramatik, ein neues Theater, ein neues kosmisches, ein galaktisches Weltgefühl bewirkend, von einer einzigartigen Kreativität, selbst unzählbar viele Kreativitäten weckend.

4. Mein dreibändiges Werk DAS INDISCHE ZEITALTER, 1973 erschienen, bildete nun jenen geistigen Regenbogen, der *SAHERS Ingenium* und meines sich begegnen ließ, viele Jahre bevor wir uns dann in Luzern persönlich kennenlernten. In diesem Werk entwickelte ich die These einer euro - indischen Kulturellipse, einer fortschreitenden Bewegung Europas hin zu Indien und umgekehrt. Den einen Brennpunkt dieser Kulturellipse bildet Europa, den anderen Indien. Eine Kulturellipse, die sozusagen als eine geistige Neuerrichtung des Weltreiches ALEXANDERS DES GROSSEN verstanden werden kann, nur noch weiter und umfassender. In diesem künftigen, von einem kosmischen Bewußtsein und einer kosmischen Geistigkeit bestimmten Hochfeld der Menschheit, verbunden mit der modernen Revolution der Wissenschaften, besonders der Kosmologie, erkenne ich nach wie vor die entscheidende geistige Alternative zu dem jederzeit möglich werdenden Kataklysma der Apokalypse. Der apokalyptischen Dialektik, bestimmt durch die These Amerika und durch die Antithese Rußland, setze ich gleichsam die Synthese Europa Indien, und hier vor allem die Achse Athen - Delhi, entgegen, dies um so mehr, da sich die Gesellschaftssysteme der USA wie die der UdSSR zu gewaltigen soziologischen und geistigen Krisenfeldern entwickelt haben, die so etwas wie Erkrankungen der beiden Lungenflügel der Menschheit, um im Gleichnis zu sprechen, offenbaren. Eine künftige Soziologie aber wird nur als eine Kosmo-Soziologie zu denken sein.

In dieser Perspektive erkenne ich nun in der Erweiterung der Achse Athen-Delhi zu einem Dreieck Athen-Delhi-Moskau eine Hoffnung und eine weitere entscheidende Alternative, welche die apokalyptische Dialektik, die Achse Washington-Moskau gleichsam aufbricht. Wie einst von Griechenland, von Byzanz aus, die Christianisierung und Kultivierung Rußlands erfolgte, so könnte auch heute von einem modernen, geistig erneuerten, Hellas und von einer kosmischen Christenheit eine geistige Erneuerung nach Rußland einstrahlen, welche sich jener seit vielen Jahren stattfindenden geistigen Einstrahlung Delhis nach Moskau verbindet. Ein Einströmen solcher indischer Geistigkeit wurde seinerzeit auch schon von S. RADHAKRISHNAN, der damals Botschafter in Moskau war, mitbewirkt.

Andererseits ist die Bedeutung der indischen Philosophie in Europa, vielleicht aber noch mehr in den USA, zumindest in gewissen Schwerpunkten nicht mehr zu übersehen. Von Indien wieder wird von westlicher Seite aus erwartet, daß es eine neue umfassende Weltphilosophie entwickelt, die zugleich aber auch sozusagen bis in die Achsenspeichen der sozialen Probleme eingreift. Dadurch, daß Indien noch immer rückständige soziale Strukturen besitzt, hat es auch die Chance zu einer "geist-kosmischen Soziologie", zu einem Modell von weltweiter künftiger Bedeutung. Darauf deuten auch SAHERS Worte in seinem brillanten Buch *"Indische Weisheit und das Abendland"* hin, die lauten: "Als zentrale Idee vertreten alle Philosophen in Indien heute die Überzeugung, daß Philosophie nicht nur eine lichtspendende, sondern auch eine fruchtbringende Wissenschaft ist. Der grundsätzliche Unterschied zwischen der alten und der zeitgenössischen indischen Philosophie liegt nicht in dem Gehalt an metaphysischen Ideen, sondern in der unbedingten Forderung nach Anwendung der metaphysischen Weisheit auf das praktische Leben." Eben! Und mehr noch: Philosophie muß erstmals zur Methodik und zum Instrument einer neuen sozialen und kosmischen Demiurgie werden! Und in dieser Sinn- und Zielrichtung angesiedelt, erkenne ich auch die neue SAHERSOPHIE bzw. SAHER-Philosophie, die zu entwickeln und zu schreiben wie zu gestalten sein wird!

5. Von Indien strahlt eine Lehre aus, die ich als die Lehre der Meister des Himalayas bezeichnen möchte. Ihr Sinn besteht darin, wie ich glaube, eine geistig-unsterbliche Rasse zu schaffen, die die Meister des Himalayas, meiner Überzeugung nach, auch bereits verwirklicht haben, also eine "Rasse", die fähig ist, den astralen-geistigen Leib vom Fleische zu lösen, und die daher auch fähig ist, sozusagen durch die radioaktiven Strahlungen eines Atomkrieges "hindurchzugehen". Stimmt das, so müssen

die Meister des Himalayas in Konsequenz als die Erneuerer, ja Neuschöpfer einer künftigen Menschheit verstanden werden, die auch in einem unmittelbaren Bezug zu kosmisch-astralen Existenzen und Bereichen zu sehen sein wird. Ich habe diese Perspektiven überdies in einem meiner neuen Stücke "Der Friedenskongreß von Aachen" - das wieder eingeordnet ist in meinem "Triptychon der Letzten Dinge" - darzustellen versucht.

Wie auch immer: Die Stunde der Morgenröte Indiens - zutiefst vielleicht die Aurora Lemurias! - und mit ihr einer neuen Geistigkeit, die sich zugleich im Westen wie im russischen Osten und besonders auch in Amerika vorbereitet, steht bevor, eine Stunde im Aeon des Wassermanns, die auch zu einer neuen Sozietät führen wird. Wie ich hoffe, wie wir alle hoffen, führt sie zu einer erregenden, zu einer "pneumatischen Sozietät", auf welche bereits die Philosophie des indischen Faust, die Lehre von der Herabkunft des Supramentalen, nämlich von Sri AUROBINDO, hinweist. Diese pneumatische Sozietät wird nicht nur in unserer bis zum Untergang hin bedrohten Menschheit alle kreativen Potenzen wecken und konzentrieren, sondern es ist auch eine Sozietät, welche sowohl solare als auch galaktische Bereiche einschließen wird. (Meines Erachtens ist SAHER selbst mit einem "indischen Faust" vergleichbar.)

Während meiner Vorarbeiten zu meinem Buch "Indisches Zeitalter" stieß ich dann auf *das große geistesgeschichtliche und religionsphilosophische Werk SAHERS*, so wie es damals vorgelegen hat, auf seine TRILOGIE DER GEIST-PHILOSO- PHIE, wie ich es nennen möchte, auf seine Werke *"Indische Weisheit und das Abendland"* (1965), *"Evolution und Gottesidee"* (1967) und auf *"DIE VERBORGENE WEISHEIT"* (1971). Dazu gesellte sich dann später das 1974 erschienene Werk *"LEBENSWEISHEIT UND CREATIVE MYSTIK"* und 1976 sein bedeutendes Werk *"ZEN-YOGA"* (A Creative Psychotherapy to Self-Integration). Dieses in New Delhi erschienene Werk widmete Saher mir mit den Worten: "Für Kurt Becsi - dem Begründer einer galaktischen Philosophie - die Bestätigung aus altindischen Quellen in diesem Buch." So liegt ein Werk vor, das abgesehen von anderen Büchern- wie vor allem sein Buch über die Geheimnisse des Buddhismus *"HAPPINESS AND IMMORTALITY"* - die Basis für die künftige GROSSE SAHERPHILOSOPHIE bilden wird.

Diese Werke SAHERS offenbarten insgesamt eine Geistigkeit, die so sehr meinen eigenen Ideen und Intentionen entsprach, vor allem aber die Inhalte meiner euro-indischen Kulturellipse berührten, daß ich SAHERS Schaffen in meinem "Indischen Zeitalter" ein eigenes Kapitel gewidmet habe.

Mein Buch führte dann zu dem erwähnten Briefwechsel, der viele Jahre währte, begleitet von unseren eben neu erschienenen Werken, die wir uns wechselseitig zusandten und widmeten. Hier wurde die euro-indische Kulturellipse personal-geistiges Ereignis. *Und ich erkannte in SAHER ein* mir verwandtes, nicht nur philosophisches, sondern auch *poetisches Ingenium.* Immer mehr enthüllt sich mir SAHER, seine Persönlichkeit, seine kosmische und metakosmische Mondseele. Hinzu kam: SAHER, der bei HEIDEGGER studiert hatte, war auch mit dem vor Jahren verstorbenen bedeutenden Kulturphilosophen Jean GEBSER, Schöpfer der "Aperspektivischen Weltanschauung" und u. a. auch des Werkes "Abendländische Wandlung", befreundet. GEBSER aber hatte es SAHER noch vor seinem Tode gleichsam zur Verpflichtung gemacht, Rabindranath TAGORES *poetisches Erbe fortzusetzen.* Das versteht man, hat man SAHERS *Lyrik,* etwa *"Das Lied von der Perle", "Vedantische Poesie", "Ein Weg zur Erleuchtung"* gelesen. Rabindranath TAGORE aber bedeutete auch für mich, für die Entwicklung hin zu einem Neuen Großen Welttheater, bestimmt von einer neuen kosmischen Geistigkeit, so etwas wie den Aufgang einer astralen Sonne! Und eines der faszinierendsten Fotos, die je gemacht wurden, ist jenes, welches TAGORE mit EINSTEIN in Berlin zeigt.*)

SAHER, *der aber auch Dramatiker ist,* dessen Werke eben einem Neuen Welttheater einzugliedern wären, drängte es zur *Mystik.* Oft erinnerte mich SAHER sogar in gewissen Höhepunkten an den tibetischen Dichter-Mystiker MILAREPA. Aber er ließ mich auch an den großen russischen Komponisten Alexander SKRJABIN denken, ein Zeitgenosse Friedrich NIETZSCHES und Richard WAGNERS. SKRJABIN war ein Genie, ein Mystiker. Interessanterweise wurde er aber von dem damals führenden Sozialisten Rußlands, G. V. PLECHANOW, als "Fleisch und Blut unserer russischen Intelligenz" bezeichnet. SKRJABIN drängte es jedoch nach Indien, so daß er gleichsam durch sein Genie, seine Visionskraft, mein Dreieck Athen-Moskau-Delhi

---

*) Somit haben wir das Dreieck Poesie + Mystik + Atomphysik oder Tagore + SAHER + Einstein. Aber in dem Sinne auch: Wissen + Heil = Weisheit = SAHERsophie! (Vide: R. Browning . "Über Paracelsus" - Anm. d. Red.)

vorwegnahm. Er glaubte: "In Indien, wo die Menschheit ihren Anfang genommen hat, wird sie auch ihr Ende finden. Ströme von Menschen werden sich vor den Himalayas zum größten und heiligsten Mysterium versammeln: zur Dematerialisierung!"

Welch eine herrliche, eine gewaltige Vision. So erscheint es verständlich, daß ich den dritten und vierten Teil meiner eben beendeten "Faustischen Tetralogie", nämlich "Faust in den Plejaden" und vor allem "Fausts Indische Träume" zur Musik, zu Symphonien SKRJABINS geschrieben habe.

6. SAHER - CHIRON

Die eminente, die absolute Kreativität, die einzigartige Einheit von kosmischer Geistigkeit, Mystik, Poesie und Musik, zu der Richard WAGNER, Alexander SKRJABIN, Rabindranath TAGORE, Sri AUROBINDO, S. RADHAKRISHNAN, SAHER und ich uns bekennen und die wir gestalten, lassen uns vor allem auch in der *Poesie* die entscheidende Potenz des Seins "erschauen" und "er-stalten". So wird es verständlich, daß gerade meine "Galaktische Philosophie", 1979 bei ECON erschienen, für SAHER, wie er selbst sagt, *"zur Zündung"* für seinen Gedichtband *"Astrosophia Theomagica"* wurde. Diese Kenntnis der eminenten Bedeutung der Poesie, die SAHER und mich verbindet, findet auch ihren Niederschlag in meiner "Pfauentrilogie", die wieder eine Trilogie der Trilogien, also neun Stücke umfaßt, im letzten Teil, in der "Vision der Dogen", die Offenbarung der "donna poesia", durch die Enthüllung des eigentlichen, des poetischen Seins, und zwar in der Gestalt nicht etwa eines Mannes, wie etwa eines Krishna, Buddha oder Christus, sondern einer Frau von einer Anmut und Schönheit ohnegleichen.

Im Sinne dieser Herrlichkeit der Poesie schließt aber auch meine Weltphilosophie, meine "Galaktische Philosophie" mit den Worten:

"So bricht also die 'Galaktische Philosophie' am Beginn des 3. christlichen Jahrtausends auf, um mit einer geistigen Leidenschaft besonderer Art eine galaktisch-demiurgische Weltrevolution zu verkünden, die sich in dem Offenbarwerden einer neuen Weltschöpfungspoesie vollendet."

Diese Weltschöpfungspoesie versuchte ich überdies dann im vierten Teil meiner "Faustischen Tetralogie", in "Fausts Indischen Träumen" erstmals zu verwirklichen.

Dies sind Worte, die meine "Galaktische Philosophie" beschließen, die aber zugleich auch direkt auf die Poesie SAHERS, besonders in seinem Gedichtband *"ASTROSOPHIA THEOMAGICA"* hinweisen. Aber die in diesem Buch geschriebenen Gedichte sind nicht bloße Gedichte, sondern sie sind nicht zuletzt Erschauungen, die von einem ILLUMINATEN, der SAHER <u>auch ist,</u> in einer, wie er ausdrücklich betont, mystischen Schau empfangen worden sind.

Ich möchte SAHERS *Gedichte,* zugleich *Visionssymbole* des Letzten Einen, kurz charakterisieren, so wie ich sie persönlich empfunden habe: *"Aloma-Alomanaris",* das Lied, das Neptun singt, erinnert mich irgendwie an den Beginn von BEETHOVENS "Missa solemnis", so majestätisch, so allergreifend klingt es auf.

"Aurora-Arunachala", das Lied, das Mars singt, umtönt den heiligen Berg Indiens, eben den Arunachala, der schon den großen indischen Weisen Ramana MAHARISHI zutiefst bewegte und den SAHER als eine Schicht von Visionen, zugleich aber auch als eine unerschöpfliche Quelle des Unendlichen empfunden hat.

SAHERS *"Astrosophia Theomagica"* ist jedoch *ein Werk, das erstmals* das galaktische Bewußtsein in *poetischen* Dimensionen erleben läßt und nicht nur an TAGORE, sondern auch - wie ich glaube - an Ezra POUND denken läßt und das außerdem auch meine Dramatik eines galaktischen Lebensgefühles und einer ihm entsprechenden Geistigkeit ergänzt.

So werden SAHERS *"Gesänge der Planeten"* in der *ASTROSOPHIA THEOMAGICA* - die mich auch an Thornton WILDERS Planetentheater erinnern! - nicht nur zu einer *Gedicht-Symphonie,* sondern sie verlangen geradezu danach, in einem großen Musikwerk, in einer vollendeten Einheit von Wort und Musik weitere Gestaltung zu finden.

So hat SAHER, ein in Indien, in Bombay geborener Parse, in deutscher Sprache ein hoch interessantes *poetisches* Werk geschaffen, das uns das Tor zu dem neuen Aeon des Wassermanns weit öffnet. Und so, wie SAHER einmal meinte, daß MOZARTS "Zauberflöte" <u>geist-stellar das Ende des Fischezeitalters charakterisiere</u>, meine Dramatik, mein Theater aber den Beginn des Wassermannzeitalters bezeichnet, so trifft das auch auf die *"Astrosophia Theomagica"* SAHERS, und zwar *vollinhaltlich* zu.

SAHER und ich proklamieren also nicht den künftigen Menschen als "Partikel eines soziologischen, von Computern gesteuerten Feldes", sondern wir verkünden auch im radikalsten Gegensatz zu einem möglichen "Cyborg", einer Kombination von menschlichem Gehirn und Roboter, den künftigen Menschen, den poetisch-kreativ-unendlichen Menschen, das Weltschöpfungswerden der Söhne Gottes, weil wir beide an eine neue Gesellschaftsordnung, an eine geistkosmische Sozietät glauben.

Denn: Nur die schöpferische Phantasie und ihr verbunden das kreative Gestalten und Denken verwandeln die katastrophale "Wüste abstrakter Intelligenz", die unsere moderne Zivilisation charakterisiert und die sich hinter der Zerstörung des kosmischen Organismus unserer Natur verbirgt, in Gärten, in denen nicht tausend, sondern Millionen Blumen eines aufbrechenden "Reiches des Geistes" aufblühen werden.

Die sehr reale Alternative dazu: Die zur apokalyptischen Hölle gewordene Erde und auf ihr, wenn überhaupt, Untermenschen, Grotesken der Dämonie einer mißbrauchten abstrakten Intelligenz und einer wertentbundenen, einer amoralischen Rationalität und Technik. Der Mythos des Sisyphos als Renaissance der Neandertaler! Diesem Mythos, den nicht weniger als 400.000 Wissenschaftler in Ost und West vorbereiten, wird entgegengesetzt die Chance einer galaktischen Poesie, die zu einer künftigen Menschengestaltung, Weltpolitik und schließlich zu der Kunst aller Künste, zu der Demiurgie, zu Weltschöpfungen aus einem intuitiv-poetischen Geist, aus einer von "tulpas", aus Bildern erfolgenden Geistmächtigkeit, führt bzw. führen kann.

So weist SAHERS Schaffen und auch meines auf die vielleicht mögliche, dem Menschen, seiner Würde und seiner Geistnatur entsprechende Chance hin und in diesem Sinne auf die Offenbarung der den Menschen zutiefst bestimmenden Weltpoesie.

7. Nicht nur für Saher wurde der heilige Berg, der ARUNACHALA, der in dem schönsten und tiefsinnigsten Gedicht der *"Astrosophia Theomagica"* aufstrahlt, nämlich in *"Aurora Arunachala"* zu einer Schicht von Visionen, sondern auch für mich, und zwar wesentlich angeregt gerade durch dieses Gedicht SAHERS. Sehr entscheidend leuchtet der heilige Berg ARUNACHALA in meiner Faustischen Tetralogie auf, die ich eben beendet habe. Sie umfaßt die Werke "Faust in Moskau", "Fausts Ein-

gang in die Pyramide", "Faust in den Plejaden" und "Fausts indische Träume". Es ist ein Werk, in dem immer wieder, wie bereits in meiner "Pfauentrilogie", Lemuria als kosmischer Geisteskontinent auf unserem Planeten Erde mit seiner versunkenen Hauptstadt Aloma aufstrahlt.

Meine "Faustische Tetralogie", die auch ein Neues Welttheater mitbegründet, läßt in Faust jenen "unendlichen Menschen" erkennen, der nicht nur als Vorläufer eines künftigen kosmischen Menschen, sondern auch darüber hinaus als Vorläufer einer künftigen astral-faustisch-demiurgischen Rasse zu begreifen sein wird, vereint sich doch in meinem Faust, so wie ich ihn sehe, das Genie des deutschen Faust mit dem Genie des Inders Sri AUROBINDO.

In meiner "Faustischen Tetralogie" habe ich auch den Versuch unternommen, die indische Weltsicht, nach der jede Existenz eine Perlenreihe von Leben umfaßt, in einem Neuen Theater Gestalt werden zu lassen. So ist zum Beispiel der Brahmane SHINASTRA ein früheres Leben Fausts, wobei ich bei SHINASTRA an *SAHER* gedacht habe. Auch ein weiteres entscheidendes Problem indischer Weltsicht, nämlich jenes zwischen Schein und Sein, bildet ein Zentralproblem vor allem des vierten Teiles "Fausts Indische Träume". In diesem Stück beginnt die Handlung auch in Indien und sie endet dort auch. Es ist ein Werk, das nicht nur Fausts Pilgerfahrt bis zur Enthüllung "Majas", der Traumgöttin, der Göttin auch allen Scheins, zeigt - die ihm als ein ungemein großer Baum mit Abertausenden von Blättern erscheint, wobei jedes Blatt ein Universum ist - sondern es ist auch ein Werk, das Inhalte des Chaitanya-Charitamritum einschließt, und das nach dem Ringen mit dem "falschen Gott", dem Faust das Genick bricht, mit der "Verklärung Fausts" schließt.

In "Fausts indischen Träumen" aber wurde zum Höhepunkt faustischer Weltschöpfungsvisionen die Schaffung eines neuen astral-kosmischen heiligen Weltenberges, eines neuen Arunachala, aus dem Mengen von neuen "faustischen Universen", Ozeane neuer Wirklichkeiten, strahlen. Faust hat diesen neuen Arunachala durch Wort- und Lautdemiurgie geschaffen! So entstand vielleicht in meiner "Faustischen Tetralogie" ein Werk, *SAHER* verbunden, das auch im Sinne einer euro-indischen Kulturellipse nicht nur in Europa, sondern auch in Indien gespielt werden sollte, weil es Europa und Indien im Sinne einer "faustisch-indischen Geistigkeit" so zusammenführt, wie dies bisher noch niemals in der Weltdramatik der Fall gewesen ist!

8. Zugleich aber ist die "Faustische Tetralogie" ein Werk, das die sogenannte vordergründige Realität ("Dimensionen der Maja") zerfetzt und durch Visionen, sogar Weltschöpfungsvisionen ersetzt. Es berührt auch eine Integration, die SAHER in seinem Buch "INDISCHE WEISHEIT UND DAS ABENDLAND" und ich in meinem "INDISCHEN ZEITALTER" verkünden. Nur spiegelt meine "Faustische Tetralogie", besonders in "Fausts indische Träume", die Lehre meines "Wundervollen Schmetterlings" wieder, wobei der Hinduismus als Schmetterlingskörper sowie Buddhismus und Christentum als die beiden Flügel des Schmetterlings zu verstehen sind. Dramaturgisch wird das so dargestellt, daß der Hinduismus in einer gewaltigen Vision als der Siva Nataraja erscheint, auch akzentuiert durch den Tantra, durch die kosmische Eroslehre, in der Faust vereint mit Sadhana, seiner Shakti, von sechs "raumbekleideten Sadhana Yoginis" umgeben wird. Ein Ereignisbild, das stets in Varianten wiederkehrt. Ein Bild, das dann für mich überdies zum Ausgangspunkt einer neuen kosmischen Liebeslehre geworden ist. Der Buddhismus aber wird durch eine ungeheure hierarchische Wand von goldstrahlenden Buddhas und Bodhisattvas, ähnlich wie sie im Tempel von Kyoto in Japan zu sehen sind, zum visionären Erlebnis gebracht. Das Christentum - in meinem Sinne als "galaktisches Christentum" verstanden - wird nicht durch den Panthokrator in einer astral-kosmischen Hagia Sophia dargestellt, sondern auch durch unzählbar viele Christusse, die sich in allen planetoiden Sozietäten offenbaren. So wird die Inkarnationslehre Christi im Sinne einer neuen galaktischen Christologie tief in das gesamte Universum erweitert, um es mit der Ereigniswand des Buddha und des weltenschaffenden und weltenzerstörenden Shiva, durchstrahlt von dem Liebesfeld des Tantra, zu verbinden, um schließlich in entscheidenden Punkten das Dreieck aufleuchten zu lassen. Es ist jenes Dreieck, in dem in metaphysischer Geometrie die Trimurti Indiens und die Trinität des Christentums zusammenfallen, jenes Dreieck aber auch, das einst RAMAKRISHNA als Vision der letzten Ursache des Weltalls in der Gestalt

eines ungeheuren leuchtenden Dreiecks schaute, aus dem in jedem Augenblick eine unendliche Zahl von Welten hervorgingen.

9. Dieser "Wundervolle Schmetterling" aber ist, um im Gleichnis zu bleiben, im Aufbruch hin zum Fluge zu einer "Weltrose der Weltmystik", hin zum Geheimnis des Universums zu sehen, das nicht nur 10^{18} planetoide Sozietäten, wie man als Möglichkeiten errechnet hat, sondern das auch "n" Wirklichkeiten einschließt, wobei dieses Universum nur eines in einer Menge von "n" Universen ist. In diesen 10^{18} planetoiden Sozietäten, die sich in verschiedenen Entwicklungsphasen befinden, erkenne ich so etwas wie ein "Spurenfeld des Göttlichen", das sich zu einem "Ereignis ohnegleichen" vorbereitet. Dieses Ereignis wird in meinem neuesten Stück "Brasilianische Orchideen" bis in das Abgründigste hinein "durchleuchtet". Oder ganz anders formuliert: Die Parusie des CHRISTUS fällt mit dem Glauben an die Wiederkehr des BUDDHA MAITREYA und des Kalki, der letzten Inkarnation bzw. des letzten Avatar des Krishna nicht nur in planetoid-irdischen, sondern auch in kosmischen Dimensionen, viele Wirklichkeiten darüber hinaus ergreifend, zusammen.

Ein ungeheures Ereignis, die Spitze aller Revolutionen bezeichnend und auch die absolute Revolution bewirkend, die des kosmischen und meta-kosmischen Seins, bricht aus den Tiefen der Universen und Meta-Universen heraus. Auch darauf deutet die "Faustische Tetralogie" hin. Es leuchtet eine ganz neue Sicht des Göttlichen auf, die alle bisherigen Vorstellungen weit übertrifft. Als Nietzsche, dem Faust auf dem "Planeten der Propheten" begegnet, diesem zuruft: "Wohin Du nun auch gehst, gedenke des Übermenschen!", antwortet ihm Faust: "Friedrich, mein Einziger, wer spricht noch vom Übermenschen? Ich suche den Übergott!" Eben dies. All dies ist auch in schöpferisch tangentialer Beziehung *zum Werk der Philosophie SAHERS* zu sehen. Diese erscheint mir auch, je mehr ich sie betrachte, wie eine *gewaltige Pyramide*, die bereits hoch gebaut ist und nur noch des letzten, abschließenden, sinnenden und vollendenden Steines, des Gipfels, der *Saher-Philosophie*, bedarf.

10. *Philosophische Genies* strebten oft durch alle Jahrtausende hindurch danach, ihr Welt-Wissen um das Welt-Sein oder ihre Suche und Deutung durch *praktische Heilung* zu vollenden. Daher sind viele große Denker wie Theophrast PARACELSUS oder später dann Karl Gustav CARUS, von dem GOETHE sagte, er vollende seine naturwissenschaftlichen Ideen, auch große Ärzte geworden. Aber auch große Dichter wie etwa Hans CAROSSA oder die bedeutenden österreichischen Dramatiker Karl SCHÖNHERR und Arthur SCHNITZLER waren Ärzte. Diese Beispiele stehen für viele. *So erscheint es verständlich, daß sich gerade SAHER der HEILUNG zugewandt hat,* wobei er seinen *ganz eigenen*, aus der östlichen Weisheit, Heilkunst und Heilmagie herführenden Weg gefunden hat. So gesehen begreife ich SAHER als einen in Indien geborenen, zuletzt aus dem Parsischen stammenden Theophrast PARACELSUS. Wie für PARACELSUS, so ist auch für *SAHER* die Medizin eine allumfassende, ungemein erregende und SAHER selbst zutiefst beglückende *Gesamtwissenschaft*.

11. Fassen wir also unsere Darlegungen zusammen:
In dem Vorwort zu SAHERS 1967 erschienenen Buch *"Evolution und Gottesidee"*, eines der *besten* und *lebendigsten* Werke, die *SAHER* geschrieben hat, das noch rein aus den Quellen seiner Hoffnung, auch des Wissens um seine Sendung, hervorging, charakterisierte Framroze A. BODE (der damalige Parsische Fürstbischof und Professor für Vergleichende Religionswissenschaft in Los Angeles, California) SAHER mit den Worten:
"In der Tat ist *SAHER als der geistige Erbe und Nachfolger von AUROBINDO, wie auch von RADAKRISHNAN zu betrachten.* In ihm ahnen wir nicht nur den geistigen Führer der kommenden Generation von indischen Denkern und Dichtern, sondern auch einen, der auch in der Hauptströmung der *abendländischen* Philosophie einen festen Platz verdienen wird. Was für ein Glück für Deutschland, daß ausgerechnet dieser seltene Geist gerade mit deutschem Gedankengut sich sehr vertraut gemacht hat. Das ermöglicht es ihm, eine großartige Synthese aus indischem und auch deutschem Kulturschatz zu entwickeln."
Dieser Anspruch, diese Hoffnung bestehen nach wie vor, denn das 50. Lebensjahr, das hier zu feiern ist, ist eine erste Schwelle. Es eröffnet überhaupt erst das eigentliche Schaffen und die Reife

einer geistigen Persönlichkeit von *SAHERS* Dimension. Auch ich habe erst zwischen meinem 50. und 60. Lebensjahr meine bisher entscheidendsten Werke gestaltet. Deutschland, in dem *SAHER* sich nun verwurzelt sieht, noch immer in zwei Teile zerrissen, hat seinen Hexensabbath auf dem weltpolitischen "Brocken", den es nach wie vor bildet, noch nicht beendet, sondern fortgesetzt. Es hat die Sendung *SAHERS*, sozusagen seinen "verborgenen Auftrag", vom Osten her nach Deutschland in das zerrissene Herz Europas "eingeworfen" zu werden, noch immer nicht begriffen, bis auf einige wenige. Doch die Hoffnung bleibt bestehen, daß *SAHER* gerade durch *seine Saherphilosophie* zu einer neuen, Erde und Sterne, Sonnensystem und Galaxis, diese und auch astrale Wirklichkeiten umfassenden Ganzheitsschau vordringen wird. Diese *Ganzheitsschau* wird das geistig-galaktische Erbe *Lemurias* für unsere Zukunft aktualisieren, um so ein unsere Menschheit mitbestimmendes Schwerefeld zu errichten, das über die apokalyptische Dialektik hinaus zu jener Weltsicht strebt, welche die geistigen Weltenergien freisetzen wird, die unsere dann in das Universum drängende Menschheit in Ergänzung zu ihrer Kosmo-Technologie und Kosmo-Soziologie braucht, dabei auch meine revolutionär-demiurgische Weltphilosophie und meine Lehre von einer planetoiden, solaren und galaktischen Sozietät berührend. Es ist aber auch denkbar, daß diese neue Philosophie zum Aufbruch einer überraschenden neuen Weltsichtigkeit des Astralen wird, um so neue Wirklichkeiten erleben zu lassen, die wir derzeit noch nicht ahnen.

12. Seiner Geburt und Herkunft nach wurzelt *SAHER* tief in den geistigen Überlieferungen des Parsismus, der Religion des ZARATHUSTRA. Es ist jene Religion, welche die entscheidenden Ideen des "Heils", des "Weltenheils", des "Weltheilands" und der "Weltentscheidung", den Endkampf zwischen Gut und Böse, am Ende der Zeiten liegend, in die Welt- und Geistesgeschichte eingebracht hat. So gesehen erscheint es von weiterer entscheidender Bedeutung, daß gerade jetzt, in dieser Zeit einer höchst real gewordenen "apokalyptischen Dialektik", in einem "apokalyptischen Aeon", wie ich es in meinem Buch *"Aufmarsch zur Apokalypse"*, 1971, geschrieben habe, *SAHER* gerade in diese "apokalyptische Grenzschwelle", in der wir uns befinden, und gerade in Deutschland, wo die apokalyptische Dialektik zum realen Ereig-

nis und zur realen Herausforderung wird, "eingeworfen" wurde. Die dadurch bewirkten "apokalyptischen Schatten" sind so vehement, daß sie manchmal auch Saher verzweifeln ließen, aber diese Prüfungen sind in allen Einweihungsriten und Mysterien als notwendig vorausgesetzt, bevor der Myste reif geworden ist, die Offenbarung des Lichtes zu empfangen.

Auf dieser Perspektivlinie meines Faust liegend, erkenne ich auch den Sinn der Existenz *SAHERS*. Wichtig ist, wie er glaubt, daß er gerade heute die Strahlungsmacht des schöpferischen Geistes, des Kriya-Yoga, des Zen-Yoga und auch des weltenschöpferischen Geistes von den Wurzeln aus, von Lemuria her, verkündet und daß er die Herausforderung des totalen Nihilismus durch seine Philosophie bewältigt. So wird er entweder, sich opfernd, zu einem "indischen Winkelried", oder aber er offenbart sich als einer jener großen Weisen aus dem Osten, um die immer "das wahre Licht des Heils" geleuchtet hat. Denn nicht, um elend weiterzuleben, sondern um Zeugnis zu geben für jenes Licht, das wir ausstrahlen, um die "Weltmacht" zu erleuchten, haben wir zu wirken, solange bis endlich der neue "Weltmorgen" des neuen Aeons aufflammt. *Als einen, der uns den Weg durch die "Weltnacht" zu einem neuen "Weltmorgen" erhellt, betrachte ich SAHER.* Mit ihm - der zuletzt aus dem Reiche ZARATHUSTRAS kommt! - beginnt nicht ZARATHUSTRAS "großer Untergang", sondern mit ihm beginnt ZARATHUSTRAS Aufstieg.

13. *SAHERS* Zen-Yoga wendet sich eminent der Zukunft zu. Er ist ungemein erregend und besitzt für eine künftige kosmische Sozietät und Kultur eine entscheidende Bedeutung. In diesem Zusammenhang erscheint es nun sehr interessant, daß Professor Dr. Dr. Karlfried Graf von DÜRCKHEIM, der weltbekannte Psychologe und Experte im Zen, Saher erzählte, daß im Sommer 1974 eine Forschergruppe aus den Beneluxländern und aus der Schweiz unter Leitung von Herrn ANDRÉ zu den Himalayas reiste, um dort auch den in den Bergen und Wäldern zurückgezogen lebenden MAHASAYA BABADSCHI zu finden und zu sprechen. BABADSCHI sagte dann im Verlauf des Gespräches, ein großer Meister der Weisheit und des Yoga weile bereits in Europa, nämlich *SAHER*.

Und er fügte dann wortwörtlich hinzu: "Sein (nämlich *SAHERS) Zen-Yoga* ist eine Offenbarung für die Menschheit, fast vergleichbar mit der Entdeckung des Feuers und nur weniger bedeutend für die Zukunft als die Erfindung des Rades".

Hier darf bemerkt werden, daß es sich um den gleichen großen Meister der Himalayas handelt, von dem PARAMHANSA YOGANANDA in seinem weltbekannten Buch "Autobiographie eines Yogi" ausführlich geschrieben hat. BABADSCHI zeigte auch in dem Buch PARAMHANSAS großes Interesse am Abendland und an der Neuen Welt; PARAMHANSA bezeichnete ihn als "Yogi-Christus", der überdies nicht dem Prozeß des Sterbens unterliege. Es handelt sich hier also um eine der größten geistigen Persönlichkeiten und Meister der Himalayas. Viele Esoteriker sehen ihn in einem direkten Bezug zu CHRISTUS. In dieser Verbindung ist hier auch auf ein noch nicht gedrucktes Buch von *SAHER* über das *Geheime Leben Jesu* hinzuweisen. Ferner: Eben dieser BABADSCHI spielt in meinem soeben beendeten Stück "Aufblühender Lotos in den Hmalayas..." eine entscheidende Rolle. Mein Stück schildert - ich glaube erstmals in der Weltdramatik - das Leben Jesu in Indien. In diesem Sinne ist es auch als ein fünftes, als ein Indisches Evangelium zu sehen. Jesus begegnet in den Himalayas, bevor er zum KAILASH, zum heiligen Berg SHIVAS aufsteigt, BABADSCHI. In diesem erkennt er aber auch einen der drei Weisen, die zu ihm gereist sind, als er noch im Stall in Bethlehem gelegen ist.

Doch zurück zum Zen-Yoga, wobei erstmals von mir versucht wird, die Bedeutung dieses Yogas für die Zukunft der Menschheit, wenigstens in einigen Aspekten, darzulegen: Für *SAHER* ist der geschichtliche ZARATHUSTRA (ca. 599 v. Chr.) nur der 14. Amtsnachfolger des esoterischen ZARATHUSTRA, der, wie *SAHER* meint, ca. 9.000 Jahre vor Platon gelebt hat. Diesen wieder begreift *SAHER* als eine "avatara-artige Reinkarnation des Retter-Königs von Lemuria". Die gesamte Geheimlehre des *UR-ZARATHUSTRA*, also zuletzt die Weisheit Lemurias, hat der historische ZARATHUSTRA ins Awesta übersetzt und in 21 Bänden zusammengestellt. Von diesen blieb nur ein einziger Band übrig, der heute den Parsen, den heutigen Anhängern ZARATHUSTRAS als *Zend-Awesta*, als ihr heiliges Buch erhalten blieb. Allein dieses eine einzige Buch führte bereits zu einer entscheidenden Revolution des Denkens und bildet den geistigen Schwerpunkt zwischen Europa und Indien, und zwar in einem solchen Maße, daß von einem *"Pan-Iranismus"* gesprochen werden konnte. In meinem 1973 erschienenen dreibändigen Werk "Das Indische Zeitalter", das auch die geistige Ausgangsbasis meines letzten Stückes "Aufblühender Lotos in den Himalayas" bildet, wird die These einer sich durch die Jahrhunderte vorbereitenden euro-indischen Kulturellipse als Hochfeld einer künftigen kosmischen Kultur vertreten. In dieser Ellipse bilden Europa und Indien gleichsam die beiden Brennpunkte. Der Iran aber, der geopolitisch in der Mitte dieser euro-indischen Kulturellipse liegt, bestimmt sich eben durch seinen *Parsismus* als geistiger Mittelpunkt, der allerdings wieder, wie *SAHER* behauptet, seinen eigentlichen geistigen Schwerpunkt in Lemuria besitzt. Diese Geheimlehre Lemurias, diese "Lehre von den kosmisch-geistigen Schöpfungsmächten" steht, wie *SAHER* meint, am Beginn aller Hochkulturen der Menschheit.

Mit dieser These von der einzigartigen Bedeutung Lemurias aber enthüllt *SAHER* Lemuria sozusagen als einstiges, derzeit jedoch verschlossenes und in Zukunft wieder aufbrechendes Drittes Auge der Menschheit. Und *SAHER* erschaut im Wassermannzeitalter das kosmische Ostern Lemurias. Das bedeutet eine mögliche, ungemein erregende Synthese zwischen den in der Entwicklung begriffenen Wissenschaften einerseits und der wieder auferstehenden Kultur Lemurias andererseits, die eben durch ihre Geheimlehre auch tief in die Weisheitsbereiche anderer planetoider Sozietäten eingreift bzw. diesen verbunden ist; eine Perspektive, die auf jene "galaktische Ur- und Hochkultur" hindeutet, auf die ich in meinem Buch "Das Indische Zeitalter" nachdrücklich verwiesen habe.

Die sich nun in Zukunft vorbereitende Konzentration der künftigen Gesellschaft, die, wie ich in meiner "Galaktischen Philosophie" dargelegt habe, zuerst eine planetoide, dann eine solare und schließlich eine galaktische Sozietät sein wird, erfolgt in Integration hin zu der im 3. Jahrtausend immer mehr aufstrahlenden Kultur Lemurias. Es wird eine Kultur sein, welche die augenblickliche vorherrschende abstrakte Intelligenz, welche nicht nur die Natur bis zu den kleinsten Teilchen spaltet und die neuen Generationen der Computer vorbereitet, großen kosmisch-schöpferischen Geistbereichen und astralen Geistmächtigkeiten zuordnen wird.

Was also auf uns zukommt, zuwelt - stets vorausgesetzt, die Apokalypse findet nicht statt! -, das ist nicht nur die fortschreitende Enthüllung eines kosmischen Seins, die Entwicklung hin zu einem neuen kosmisch-geistigen, zu einem demiurgischen, zu einem faustischen Menschen, sondern das ist zugleich die Auferstehung - ja, im wahrsten Sinne des Wortes, die "lemurianische Auferstehung", das "lemurianische Ostern" - auf das auch Christus hinweist!, durch welche das Wesen dieser künftigen kosmischen und metakosmischen Kultur des Wassermannäons bestimmt wird.

Eine Kultur, die zugleich in Zusammenhang mit einer schon existenten Sternenkultur, etwa der Plejaden und des Sirius, und anderer planetoider Bewußtseinsbereiche unserer Galaxis zu verstehen sein wird.

Auch von hier aus ist *die einzigartige Bedeutung SAHERS* zu bestimmen. Sein Wirken, entscheidende Geisteinheiten vergangener Hochkulturen umschließend, die Inhalte der großen Weltreligionen und Weltphilosophien einbeziehend, ist zuletzt hin auf die Zukunft gezielt, und zwar auf eine Zukunft, die in ihrer möglichen Herrlichkeit und Geistmächtigkeit noch kaum von unserer Gegenwart aus zu erahnen ist.

SAHERS Auseinandersetzung mit den Weisheitslehren des ZARATHUSTRA ist zuletzt also ein Entdecken und Bewußtwerden Lemurias selbst. So gelang es *SAHER* - um diese Tatsache herauszugreifen - kleinere Fragmente des verlorengegangenen Geheimwerkes des ZARATHUSTRA, nämlich den 14. Band der insgesamt 21 Bücher, geist-intuitiv zu rekonstruieren. Dieser Band 14 aber befaßt sich mit einem ungemein wichtigen Aspekt, nämlich mit der hohen Schule des PSI-YOGA, mit den verschiedenen Methoden der Geist-Fern- und Selbstheilung. Und hier liegt ein Ausgangspunkt *SAHERS*, der ihn letztlich zur Ausübung seiner *Heilpraxis* führte. Er betrachtet es keineswegs als Zufall, daß er seine ersten Universitätsvorlesungen gerade an der *Universität Salzburg*, in der Paracelsusstadt, gehalten hat, und zwar im Mai 1974. PARACELSUS, Genie der Medizin, lebte von 1493 bis 1541. Er war eine faustische Persönlichkeit ohnegleichen und wurde auch für Goethe mit ein Entwurf zu seinem Faust. Paracelsus war nicht nur Schöpfer der Astronomia Magna, einer Mensch und Universum verbindenden Kosmosophie, er lehrte nicht nur, daß der Mensch, Ebenbild Gottes, durch seine "siderische Seele" dem Ewigen des Kosmos entstammt, sondern er lehrte auch, daß der Mensch durch sein "lumen naturale", durch eine natürliche, dem Lebendigen immanente Kraft bestimmt ist. Und dieses "lumen naturale" ist der großen Geheimwissenschaft Lemurias, deren Geistmagie, zugeordnet. *Es gibt viele Bezüge zwischen Paracelsus und SAHER*, der sich selbst in der Linie eines "indischen Paracelsus" begreift. So schrieb SAHER in einem Brief an mich u. a.: "Paracelsus suchte alchimistisch Gold. Ich suche das Gold der Homöopathie. Ich zeigte, daß ein homöopathisches Kompositum von Quecksilber plus Platin die gleiche Heilwirkung zeigt wie Gold (Aurum D 8)".

Und an NOSTRADAMUS denken lassend, beschäftigt sich SAHER auch mit *Edelsteinen*, die eine bestimmte kosmische Strahlung in sich konzentrieren und ein sogenanntes *"INSTA-YANTRO"*, eine Art "Mini-Ikon" darstellen.

Und SAHER erkennt in der *Frau*, im weiblichen Prinzip des Kosmos, auch das *Prinzip des Heilens*. Und es ist interessant, daß in einem Holzschnitt aus der Zeit des PARACELSUS eine symbolische Darstellung der Seele der Arznei, die Anima Mercury, eine nackte Frau zeigt, von der kreisförmige, genauer elliptische, Hellstrahlungen in einer *Mandalaform* ausgehen. Davon abgesehen: In den Geheimlehren des ZARATHUSTRA spielt die "Göttin" ANAHITA, wie auch in allen Mondverehrungen, eine entscheidende Rolle. Damit aber ist sie in ihrer tiefen kosmisch-symbolischen Bedeutung der Muttergöttin aller Ur- und Hochkulturen, auch der Muttergöttin Indiens, auch der shakti des Hinduismus nahegerückt.

SAHERS jahrelange Beschäftigung mit den Geheimlehren des ZARATHUSTRA, also letztlich mit der Kultur Lemurias, führte ihn zur Entdeckung einer - wie er es selbst nennt - "esoterischen Mathematik" bzw. Physik, führte ihn zu der V i s i o n einer metakosmischen Entsprechung zu der weltberühmten *Einsteinschen* Formel der Äquivalenz von Masse und Energie, führte ihn, was er selbst so nennt, zu *"SAHERS Gesetz vom PSI-Energie-Quantum"*.*)

Er charakterisiert dieses Gesetz mit den Worten: "Das PSI-Feld einer Person ist *meßbar*, und ferner läßt sich die Ausstrahlungsintensität (inklusive deren Spektrum) und auch ihre Zuge-

*): Strenggenommen **ist** (nach SAHERS Interpretation der Relativität) Energie Masse und Masse Energie; eben weil, wo das eine, auch das andere. (Anm. d. Red.)

hörigkeit zu der Gesamt-Evolution des Universums daraus bestimmen."

Dieser Satz bricht *entscheidende Konsequenzen* auf, und ich will diese, auch eigene Dimensionen meiner Philosophie berührend, versuchen erstmals darzulegen:

Da sich unser Universum auf seine totale physikalische Katastrophe oder Auflösung hinein in das Nichts zubewegt, wohin überzeugend die führenden kosmologischen Perspektiven weisen, befindet es sich aber zugleich auch, (wie ebenso Teilhard de Chardin mit seiner These von der Zubewegung des Universums hin zum Punkte Omega, den er mit der Offenbarung des Christus gleichsetzt) in Transformation auf ein anderes, höheres, astrales, zuletzt geistiges Sein. Dieser "universalen Transformation" ist nun der *eigentliche* Leib des Menschen, nämlich sein *astraler* Leib, eingeschlossen, den das PSI *(Kirlian-Methode)* messen läßt. Mit anderen Worten: Das gesamte kosmische Sein und ihm eingeschlossen jedes kosmische Wesen, jeder Mensch, bewegt sich dem astralen kosmischen Sein entgegen, dem der Mensch integriert ist, eben durch seinen Astralleib. Innerhalb dieser Einbewegung in das astral-kosmische Sein aber befindet sich jeder Mensch an einem *nur ihm eigenen,* karmisch typischen und einzigartigen Punkt seiner Entwicklung.

Das bedeutet aber in weiterer Konsequenz, daß der "Einwurf", der "Einsprung" in astrale Dimensionen bewußt möglich werden kann. Wie tief, wie *weitwirkend* und überhaupt künftiges Meta-Geschehen bedingend, das hängt eben von dem Resultat des *SAHER-Gesetzes* ab, das eben auf jeden Menschen angewendet werden kann. Oder anders formuliert: Das *SAHER-GESETZ bricht wie vielleicht kein anderes* die Möglichkeit zu einer "faustischen Formel", zu einem "Demiurgwerden des Menschen" (und zwar von astralen Bereichen aus) auf.

Das bedeutet aber auch: Es könnte möglich werden - wie dies heute bereits zur Realität wird -, vom Weltraum aus nicht nur kosmo-strategisch auf die Menschheit einzuwirken, sondern auch von astralen Bereichen aus, und zwar nicht in einem vernichtenden apokalyptischen Sinne, den "Stern Wermut" der Apokalypse beschwörend, sondern in einem astral-geistig transformativen Sinne. Das bedeutet weitergedacht etwas Ungeheuerliches, eben etwas Faustisches.

Gelingt bestimmten Menschen der bewußt vollzogene "Einsprung" in astrale Dimensionen, so ist von dort aus die Verwandlung des kosmischen Seins, des Seins überhaupt, das in vielen Wirklichkeiten geschichtet vorzustellen ist, nicht mehr undenkbar. Die weiteren Konsequenzen sind sozusagen "lemurianisch". Horizonte einer kosmischen Weltraumverwandlung wie einer meta-kosmischen Magie strahlen auf. So, von hier aus, wird es verständlich, daß im vierten Teil meiner "Faustischen Tetralogie", in "Fausts indischen Träumen", Faust mit seinen Söhnen eine neue, eine "astral-kosmisch demiurgische Rasse" schafft.

Doch von diesem *SAHER-Gesetz* führen auch weitere Perspektiven zu meiner "Kosmischen Liebeslehre", die wieder in einer "Kosmischen Liebeskultur" kulminiert. Das bewußte Ausklammern der Vereinigung des Weiblichen und Männlichen - im Sinne eines heiligen Weltschöpfungsprinzips -, das im Isis-Osiris-Kult Ägyptens, im Ischtar-Tammuz-Kult Babylons und besonders in Indien, im Tantra, als dominant gegolten hat, führte diese unsere gegenwärtige europäisch-amerikanische Schatten-Zivilisation zur Auflösung und Zersetzung der Natur. Die neue *kosmische Liebeskultur*, die, wenn auch in verschiedenen Formen und Arten, auch in anderen planetoiden Sozietäten vorhanden sein dürfte, schließt jedoch entscheidend das astrale Moment ein.

Einer der abgründigsten Sätze in *SAHERS* Abhandlung über den Zen-Yoga weist auf die Möglichkeit und Realität eines "astralen Eros", auf einen "gemeinsamen astralen Austritt von Frau und Mann" hin. Ein Ereignis, das allerdings die wechselseitige Öffnung der *Chakren* zur Voraussetzung hat, durch die der "astrale Leib" aus dem "physischen Körper" sozusagen "entbunden" wird. Ein Ereignis ohnegleichen - denn um ein solches handelt es sich! -, das durch einen der interessantesten, wenn auch weniger bekannten Yoga, nämlich durch den "Laya-Yoga" erfolgen könnte. Der Laya-Yoga erregt vor allem die sieben Hauptchakras, die sich längs des sogenannten "Brahma-Stabes" befinden, der einen Teil des Astralleibes des Menschen bildet.

In einem meiner vor kurzem beendeten Stücke, nämlich in meinen "Brasilianischen Orchideen", wird u. a. die Idee dargestellt, daß jede Vereinigung von Mann und Frau eine Lust kosmischer Art "ananda" bewirkt, die wieder in sich ein "Lust-Atom" erstehen läßt.

Und alle sexuell-personalen Akte von Mann und Frau durch alle Jahrtausende hindurch, also Trillionen von Liebesakten und Lust-Atomen umfassend, bewirken die Bildung eines "Feldes von Lust-Atomen", einer "Lust-Sonne", zuletzt eines "Lust-Universums", das als ein einzigartiges gewaltiges "meta-kosmisches Ananda-Ereignis", als ein "astrales Glückseignis- und Schöpfungsfeld zu begreifen ist.

Mit anderen Worten: *Die Lehre SAHERS*, Konsequenzen der Geheimlehre des ZARATHUSTRA, zuletzt Lemurias, deuten wie mein eigenes Schaffen auch auf die Sinnung der allgemein oberflächlich propagierten, sogenannten "sexuellen Revolution" hin. Diese erschöpfte sich bisher in "sexueller Affen-Gymnastik "- wie ich formulieren will -, ohne aber höher vorzudringen. Sie wußte und weiß nichts von der kosmischen Herrlichkeit und weltschöpferischen Möglichkeit, die im sexuellen Akt liegt, der an sich heilig ist und bis in das Astrale hinein gesteigert und erhöht werden kann. Im Gegensatz zu August STRINDBERG, der die Dämonie des Weiblichen, seine Zerstörungskraft, vor allem im Raum der Ehe, in seinem dramatischen Schaffen aufgerissen hat und hier die Horizonte der "apokalyptischen Hure" berührte, *verkündet SAHER eine neue Herrlichkeit und Schönheit der Frau.* Ausdrücklich schreibt er: "Ohne das Vorhandensein des Weiblichen wären auch die verschiedenen Formen des Heilmagnetismus und der Geistheilung nicht möglich."

SAHER weiß also um die geradezu ungeheuerliche schöpferische und heilende, aber auch prophetisch-intuitive, zuletzt *erlösende Macht und Herrlichkeit der Frau*, die in unserer gegenwärtigen Zivilisation, die eine Zivilisation des Kali-Yuga, des furchtbaren, des zur Katastrophe drängenden Äons ist, nicht mehr exi- stent zu sein scheint. Aber Lemuria weiß darum. Im geistigen Zentrum Lemurias, seiner Kultur, haben wunderbare, ungemein feine Poesie ausstrahlende Frauen, Göttinnen gestanden, die alle letztlich aus einer einzigen Frau, aus einer einzigen meta-kosmischen Göttin ausgestrahlt worden sind. Diese Vision berührt aber mein eigenes dramatisches Schaffen, und zwar im höchsten Maße und einzigartig. In meiner Trilogie der Trilogien, in meiner "Pfauen-Trilogie", offenbart sich in einer parallelen, einer astralen Wirklichkeit nicht der Mann, sondern die Frau als "donna poesia", in einem "parallelen Venedig" als Erlöserin. Und in einem ganz anderen Werk vorher, in der Trilogie "Die Messia" lebt Rahel, die Jüdin von Toledo, bewußt die Passion Christi, des Mannes, am Kreuz, um so zur Messia, zur Erlöserin zu werden. Und in einem meiner letzten Stücke, in "Die Säulen von Alexandria", das im Jenseits spielt, wird nicht nur das Erlösende und Wandelnde durch die Frau dargestellt, sondern erstmals in der Geschichte des Welttheaters eine "astrale Dramaturgie" und mit ihr ein "astrales Theater" angestrebt, das im Bereich meines "Theaters der Welt-Innenräume" beheimatet ist.

Eine weitere noch offene aber sehr aktuelle Frage zielt auf die Entwicklung einer künftigen Gesellschaft, einer künftigen kosmischen Sozietät. Zweifellos wird es eine Sozietät sein, die unsere "Revolution der Wissenschaften", unsere Technologie bis hin zu einer Weltraumtechnologie und Astronautik fortsetzen wird, wobei die bereits von Gerald O'Neill konstruierten Weltraumstädte in unserem Sonnensystem und in unserer Galaxis Realität werden. Und auch dort, gerade dort in diesen Weltraumstädten wird sich der künftige solare und galaktisch-kosmische Mensch entwickeln. Zugleich aber wird es bereits eine Sozietät werden, die in einem sich steigernden und überraschenden Maße von einem Bewußtwerden und Einströmen des Astralen und Geistigen bestimmt werden wird.

Es ist nun - sozusagen in faustischer Optik und Perspektive - vorstellbar, daß nicht nur im Weltraum die Weltraumstädte in den kosmischen Raum und in das kosmische Sein hineinwirken, sondern daß wir im Meta-Raum, im Meta-Ereignis-Raum, d. h. in einer Wirklichkeit hinter dieser Wirklichkeit, in einem parallelen Universum, bewußt gewaltige astrale Strahlungssphären bilden, welche auf die Verwandlung des kosmischen Seins und des Menschen selbst einwirken. Mit anderen Worten: Ich denke hier an bewußt geschaffene astrale Sonnen, die in unser Sein einwirken, so wie ich diese Vision erstmals in meiner "Faustischen Tetralogie" darzustellen versucht habe.

Diese astralen Sonnen aber könnten nicht nur als gewaltige "astrale Transformationszentren", sondern auch als eminente "astrale Magnetfelder" verstanden werden, welche die Menschen, sie in ihrer realen Natur hin zum Astralen verwandelnd, in ganz neue astrale Bereiche sozusagen "hineinziehen", "hineinrufen", um dort in einem neuen "astralen Weltschöpfungsfeld" ein neues Leben aus den astral-demiurgischen Potenzen der Menschen zu bewirken. Ebenfalls eine Vision, die ich in meiner "Faustischen Tetralogie" erstmals zu deuten versuchte.

Alle diese Möglichkeiten, Visionen und Ideen sind aber auch Konsequenzen des *Zen-Yoga SAHERS, des SAHER-GESETZES*. Aber es deuten sich noch andere Konsequenzen an. Es gibt Theorien, die dahin zielen, daß es Meister aus Lemuria gibt, die verborgen unter uns wohnen. Diese Meister konzentrieren sich, und hier ist eine Entsprechung zu den "Meistern der Himalayas" in Nordamerika, in Nord-Kalifornien, in einem verborgenen Tempel am Mount Shasta. Der Okkultist und Astronom Edgar Larkin und vor ihm die Rosenkreuzer-Presse in San José, Kalifornien, vertrat diese Meinung. Sie veröffentlichte überdies auch das Buch *"Lemuria - Der untergegangene Kontinent im Pazifik"*. In diesem Buch erklärten sie auch, daß die Lemurier eine hochentwickelte Wissenschaft besessen haben und sowohl die Maya-Kultur in Mexiko als auch die Bruderschaft von Mount Shasta gegründet hätten.

Diese Bruderschaft, im verborgenen Tempel am Mount Shasta lebend, existiert sie, bildet also de facto jenen Gral, jene Gralsritterschaft, auf welche die weltbekannte Gralssage hindeutet, die den Gral nach Spanien, in die Pyrenäen, auf den Berg Montsalvach verlegte. Und es ist nun anzunehmen, ist diese Theorie keine Utopie, keine "Magio-Fiction", daß diese Lemurier in einem entscheidenden Punkt unserer Menschheitsgeschichte in diese eingreifen werden bzw. eingreifen müssen. Und dieses "Eingreifen" kann nur, werden diese Lemurier in Verbindung mit anderen planetoiden Sozietäten gesehen, als ein "geist-astrales Ereignis ohnegleichen" verstanden werden. Dieses Eingreifen würde nämlich in jenem Bereich unserer Weltzivilisation erfolgen - genau dort -, welcher die mammonistische, die technisierteste und rationalste wie bedrohteste Zivilisation überhaupt entwickelt hat. Zugleich ist Nordamerika, die USA, eine Weltmacht. Dieser Weltmacht, die nach Ansicht vieler unter der Einstrahlung und unter dem Fluch des versunkenen Atlantis steht, in der das Böse wirksam ist, wie nicht nur Henry MILLER, sondern auch einer der modernsten amerikanischen Romanciers, William S. BURROUGHS, so in seinem Roman "The Naked Lunch" schreibt, wären also die lemurianischen Meister des Mount Shasta "zugeordnet". Die Meister der Himalayas aber sind Europa, der Weltmacht Sowjetunion wie Ostasien zugewandt.

Die entscheidende Transformation unseres gesamten kosmischen und existentiellen Seins, und zwar in einem geradezu ungeahnten Maße, könnte also überraschend aus den Bereichen "astraler Geistmächtigkeit" erfolgen. Ein Ereignis, auf das die im Entstehen begriffene *Sahersophie*, die als eine Zukunfts-Philosophie zu verstehen ist, hinweist.

Überdies: Die Meister von Lemuria haben ein entsprechendes Zentrum, wie es heißt, auch in Südamerika, in den Anden. So bricht vor uns eine Möglichkeit auf, die nun ernsthaft zu prüfen und zu loten sein wird. Wir stehen vor einer Frage, die ich als die "lemurianische Frage" bezeichnen möchte. Sie ist entweder in Zukunft in die Bereiche der "Fiction-Stories" zu verweisen, oder sie ist ernst, viel ernster zu nehmen, als wir alle bisher dachten.

Darüber muß Klarheit geschaffen werden. Und das Resultat dieser Klarstellung muß dann in die Kultur- und Seinsphilosophie bzw. in die kosmische Philosophie der Zukunft eingebracht werden. *SAHER* wird demnächst Afrika und die Philippinen besuchen, wo er über Lemuria forschen wird. Er hat neue Theorien entwickelt. Er besuchte die Osterinsel, die ebenfalls dem einstigen Kontinent Lemuria, der von Madagaskar bis hin zur Osterinsel reichte, eingeschlossen war. Dort, auf der Osterinsel, filmte Saher auch - wie er mir geschrieben hat - Geheimarchive. Dadurch aber ist erstmals, und zwar entscheidend, eine grundsätzlich neue und auch geistesgeschichtlich vertretbare Deutung Lemurias möglich geworden.

Es besteht auch kein Zweifel: Die künftige *SAHER-Philosophie*, die eine *Saherologie* und eine *Sahersophie* umfaßt, wird auch eine neue Geist- und Kulturphilosophie beinhalten.

Eines meiner bereits auch im Hörfunk gesendeten Stücke "Der Mörder Gottes" - das erste Drama über Friedrich Nietzsche, das geschrieben wurde - ist diesem großen und erregenden Denker, diesem Schöpfer der Idee des "Übermenschen" zugewandt. Diese Idee des Übermenschen, eine der bedeutendsten Ideen der europäischen, der deutschen Philosophie besonders, die ich dann in meiner "Galaktischen Philosophie" zur Idee des demiurgisch-faustischen Geistmenschen der Zukunft weiterentwickelte und steigerte, wurde nun auch im gesamten Schaffen und Denken *SAHERS* bedeutsam. *SAHER* - auch Schüler von Martin HEIDEGGER - stieß zu NIETZSCHE über Arthur SCHOPENHAUER vor. *SAHER* war überdies als Hörer anwesend, als HEIDEGGER erstmals seinen nun berühmt gewordenen "Satz vom Grunde" zum Vortrag brachte. HEIDEGGER hat überdies auch ein sehr interessantes Buch über NIETZSCHE, und zwar das zweibändige Werk NIETZSCHE, 1960, geschrieben.

SAHERS Philosophie aber kann auch - soweit sie in seinen bisherigen Büchern vorliegt und soweit sie sich der Zukunft zu deutet - als eine in das Astrale und Geistige hinein *erweiterte Idee des Übermenschen*, zugleich aber auch *als ein Gegenpol hin zu NIETZSCHE* gesehen werden.

SAHER, der Sir Julian HUXLEY, HEIDEGGER und Otto HAHN persönlich kannte, zielt auf den "geistig astralen Übermenschen" ab. Sri AUROBINDO, der bekanntlich NIETZSCHES Idee des Übermenschen, die ihn tief beeindruckte, seine Idee des "geistigen Übermenschen" entgegenstellte, kam ebenfalls in Kontakt mit *SAHER*. Es war der bekannte indische Millionär, das Finanzgenie R. A. PODAR, der beide Männer miteinander bekannt machte.

So sehen wir also *SAHER* nicht nur geistig, sondern *auch persönlich der führenden Elite* indischen und europäischen Geisteslebens *direkt verbunden und ihr zugehörig*, eine Verbundenheit, besonders auch zu dem bedeutenden Kulturphilosophen Jean GEBSER, die zugleich auch jene geistige Dimension bezeichnet, in der *SAHERS* Leben und Schaffen zu bestimmen ist. In der Einleitung und in dem dann abschließenden Kommentar zu dem Buch von Arthur Osborne *"Das sonderbare Leben eines indischen Fakirs"*, nämlich über Sai-Baba (1855-1918), der in seinem Leben und Wirken nicht nur an die großen Meister Indiens, sondern auch überraschend in einzelnen Zügen an Jesus denken läßt! - wird *SAHERS* Deutung des "neuen" Menschen erkennbar (SAIBABA von Shirdi war der Bruder von *SAHERS* Großvater).

Er spricht sich für einen "neuen integralen Menschentyp" aus, "der die Instrumente der Wissenschaft und Technik in dem Bewußtsein gebraucht, daß er größerer Dinge fähig ist, als nur die äußere Natur zu meistem". Dieser Mensch, dem Heiligen zu offen, so wie ich es in meinem 1958 in Wien gespielten Stück "Russische Ostern" gefordert habe, ist als ein "erweiterter Mensch" zu sehen. Der neue Mensch *SAHERS* ist aber auch, und zwar eminent, dem Kreativen zu offen. "In der nächsten Evolutionsphase", schreibt *SAHER*, "wird das Geniale im Menschen zunehmend zur Entfaltung kommen." Dieses ist einer der herrlichsten Sätze, die *SAHER* je geschrieben hat, und in ihm klingt auch die *"Genielehre der deutschen Romantik"*, aber auch die späthellenistische Lehre von den "logoi spermaticoi", in die Zukunft hinein transformiert, auf. Dieses ist auch mein Glaube, meine Weltsicht. So schließt die "Galaktische Philosophie" mit den Worten: "So bricht also die "Galaktische Philosophie" am Beginn des dritten Jahrtausends auf, um mit einer geistigen Leidenschaft besonderer Art eine galaktisch-demiurgische Weltrevolution zu verkünden, die sich in dem Offenbarwerden einer neuen "Weltschöpfungspoesie" vollendet.

Das dritte Jahrtausend ist bekanntlich aber auch das Jahrtausend des Wassermann-Zeitalters, des Aufbruches geistiger Mächtigkeiten ohnegleichen. In einem Brief an mich schrieb nun *SAHER* von jenem entscheidenden Ereignis, das ihn zum Mystiker und zur Einschau in das Zeitalter des Wassermannes geführt hat. Saher bekennt: "Da erhielt ich am 22. Jänner 1949, an dem Tag, da die Sonne den Steinbock hin zum Wassermann verließ, eine Offenbarung, wodurch ich für immer zum Mystiker wurde. Nun weiß ich, was das Wasserrnannzeitalter für uns bedeutet."

Verständlich, daß *SAHER* nun - und hier auch ganz im Geiste des Johannes-Evangeliums - eine Erneuerung aus dem Geiste fordert. Dies ist überdies auch der Titel einer der ersten Beiträge, die ich für eine Studentenzeitung nach Rückkehr aus dem Krieg geschrieben habe. Eine schöpferische Geistmächtigkeit fordert also *SAHER*, auf die auch mein gesamtes Schaffen hin gerichtet ist. Im Sinne dieses Geistmächtigwerdens des künftigen Menschen sieht er auch die mögliche Entfaltung der parapsychischen Fähigkeiten des neuen Menschen. Mit anderen Worten: Sai-Baba, auch er, erscheint als ein Vorentwurf eines künftigen Menschen. Diesem neuen künftigen Menschen *stellt SAHER in einem seiner tiefsten und schönsten Gedichte*, nämlich in "*Auch Gethsemane mahnt*", den apokalyptischen, den in Verzweiflung geworfenen Menschen unserer Zeit gegenüber. Eine Strophe daraus soll hier zitiert werden:

"Hast Du sie noch nicht gesehen, 0 Herr,
die Menschen
mit den aufgerissenen Augenpaaren,
in denen der Totentanz
der Träume tobt?"

Viele sind es schon,
viele, die lautlos
über den Schlafenden stöhnen...

Auch das Leben SAHERS vollzog sich und vollzieht sich in dem "Zuwurf" zur apokalyptischen Grenzschwelle unserer Menschheit, wie ich in meinem Buch "Aufmarsch zur Apokalypse", 1971, diese Zeit diagnostiziert habe. Wie einst Mahatma Gandhi, nachdem er von dem Abwurf der Atombomben über Hiroshima und Nagasaki hörte, tief deprimiert war, sein ganzes Lebenswerk in Frage gestellt sah, so ergreift *SAHER* oft immer mehr das, was er den Weltschmerz, den Schmerz über die Entwicklung und Zukunft der Menschheit, nennt.

Der nicht mehr zu übersehende weitreichende Zusammenbruch der westlichen Philosophie und der aus ihr heraus erstandenen ideologischen Felder, die Katastrophe und Problematik unserer rationalistischen Zivilisation, die sich nochmals ab der Frankfurter Schule, ab Adorno und Horkheimer im Licht einer "zweiten Aufklärung" zu sonnen meinte, ein Zusammenbruch, der bis zur totalen Existenzbedrohung der Menschheit geht, bis zum atomaren Tod, und zugleich vor allem der Ruf und die Sehnsucht der Menschen, vor allem der jungen Generation nach Frieden, Sinnbestätigung des Menschen und nach einer neuen Ganzheit läßt uns nun überraschend diese ersehnte Ganzheit in der Weltliteratur und vor allem im Welttheater erleben.

Mit anderen Worten: Anzustreben ist die <u>Erneuerung der Menschheit durch den schöpferischen Geist, der zu einem neuen Weltbild und Weltsein drängt. Dahin zielt *SAHERS Schaffen*</u> wie meines. Ich glaube, daß wir nun endlich an jenem Punkt einer noch unsichtbaren, aber bereits erfolgten geistigen Wende - zumindest als Chance - angekommen sind. Es scheint: die "Zeit der Insektenköpfe", die für Insekten, die in Termitenfeldern in Ost und West leben, die für diese Insekten Literatur und Theater geschrieben, inszeniert und gespielt haben - und sehr oft vor leeren Häusern! - neigt sich dem Untergang zu. Die neue Generation drängt zu neuen inneren geistigen Werten, die aber nicht formalistisch vermufft sind - etwa alte religiöse Strukturen! -, sondern die neue substantielle Ganzheiten atmen. Ferner: Der Zusammenbruch aller eindimensionaler Ideologien läßt uns nun die neue Weltliteratur und das neue Welttheater, das schon da - oder erst im Werden - ist, als eine neue, geradezu erlösende Ganzheit erleben, die auch in einer neuen Bedeutung in den politischen Raum einstrahlt.

In dieser sich nun vollends wandelnden Ereignislage sind *auch die lyrischen Werke SAHERS* zu sehen. *SAHERS poetisches Ingenium* deutete sich schon früh an. Er sprach bereits als Kind oft in Reimen. Als Kind begegnete er in Kalkutta dem großen Rabindranath TAGORE, dessen Haus sich in unmittelbarer Nachbarschaft zu jenem Haus befunden hat, in dem *SAHERS* Familie damals lebte. *SAHER* wurde auch für TAGORES weltberühmtes Stück "Das Postamt" mit zum Anlaß. *SAHER* wurde zu dem Knaben in Tagores Stück. *SAHER* führte mit Hermann HESSE einen Briefwechsel, und HESSE schätzte das *dichterische Ingenium SAHERS*. So auch der bedeutende Kulturdenker Jean GEBSER sagte über *SAHER*, er sei ein "Dichter durch und durch". *Auf das lyrische Schaffen SAHERS* habe ich bereits in den ersten Abschnitten hingewiesen.

Nun aber wird in Amerika erstmals ein Roman von *SAHER* unter dem Pseudonym Mastero Storyteller, "WELCOME TO THE TORTURE CHAMBER", erscheinen, der Science-Fiktion-Momente mit Philosophie verbindet und der in einem überraschenden Stil sich jener Ganzheit der Literatur zuwendet, die nun auf uns zukommt. Bereits liegt eine überraschende literarwissenschaftliche Analyse dieses Romanes vor. Frau Professor Mary Corelli Robins-Wallace von der Universität in Rangoon verfaßte sie. In dieser Analyse wird *SAHERS Roman* in bestimmten Aspekten mit TOLSTOJ, KAFKA, KIPLING, JOYCE und Mark TWAIN, aber auch mit Lord BYRON verglichen. So heißt es u. a.:

"It is the most overpowering poetic expression of real love caught between Evil and the Supernatural since Lord Byrons Manfred".

Ein erregender Vergleich, besonders dann, erinnert man sich, daß BYRONS Manfred BYRONS "Faust" ist.

WAGEND WEITERSCHREITEN!

Versuchen wir nun zu einer letzten Deutung *SAHERS*, dieser überraschenden und *einzigartigen Persönlichkeit* zu gelangen, die sich zwischen Jahrtausende zurückreichenden Kulturen bis hin tief in die Zukunft spannt. Viele Aspekte und aufgezeigte Perspektiven mögen vielen als geradezu phantastisch, ja irreal erscheinen. Phantastisch erscheint auch das Stück, zugleich auch *SAHERS* Filmsujet "Die Pille", das versucht, etwas wie ein "abendländisches Bardo Thödol" darzustellen, also Dimensionen eines westlichen Totenbuchs zu deuten, ein Anliegen, wie ich es auch in einem meiner Stücke "Souper vor der Kugel" versuchte. Aber erinnern wir uns in diesem Zusammenhang auch an ein Wort von Teilhard de Chardin:

"Im kosmischen Maßstab, so lehrt uns die moderne Physik, hat nur das Phantastische eine Chance, wahr zu sein."

Und je mehr wir in das Sein eindringen, was vor allem auch für die Biologie zutrifft, desto mehr überflutet uns das Phantastische. Und so verstanden geht unser Welterleben und, soweit wir es vermögen, auch unser Welterfassen einem eminent Phantastischen entgegen. In der Kunst und Literatur ist die Entwicklung des Surrealismus und des phantastischen Realismus ein Vorentwurf dahin. Immer mehr enthüllt sich uns das Phantastische, die Phantasie, zuletzt die Posie als jenes Moment, das teils in Verbindung mit dem Logos, teils aber auch davon getrennt, autonom, sich als Sein des Seins erweisen könnte, weil nämlich diesem Weltsein eine eminente *Weltpoesie* zugrunde liegt. In diesen großen zeitlosen Bezügen ist nun *SAHER*, sein Leben und sein Schaffen wie seine Persönlichkeit zu sehen, die zu jener Universalität strebt, welche alle großen Denker Asiens und im Abendland auch NOSTRADAMUS und PARACELSUS bestimmt haben. Zugleich aber drängt das Schaffen *SAHERS* leidenschaftlich der Zukunft entgegen, eben jener Zukunft, die eminent phantastisch, zutiefst von einer kosmisch-astralen Geistigkeit bestimmt werden wird.

Vielleicht kann man *SAHER* - berücksichtigt man auch sein weiteres Schaffen - als einen neuen PARACELSUS, vielleicht sogar als einen modernen Faust bezeichnen, der er werden kann? Nicht doch: *ein universaler Visionär* unserer Zeit wäre treffender; in Frankreich würde man ihn als einen *Savant* bezeichnen und als einen Heiler aus dem Unfaßbaren. *Das Genie* zeigt einmal mehr, daß es *unteilbar* ist.

Universität Wien, 1982 Kurt Becsi

BEGEGNUNG MIT EINEM WORT-MAGIER

(Ein Poet mit charismatischer Heilkraft)

von Frau Prof. Dr. Dr. Mari Elavia
(Kunsthistorikerin, Rom/Bombay) *)

*Lebe, wie Du, wenn Du stirbst,
wünschen wirst, gelebt zu haben.*
                              Gellert

Am 19. April 1982 feiert der *Dichter* und *Philosoph*,
Zarathustra-Mystiker und Ayurveda-Heiler

Medizinlama Nirvana-Guru (= Dr. Parwes J. K. *Saher*,
Schloßherr von Fort-Songhad in Indien)
seinen *fünfzigsten* Geburtstag.

Sein Großvater Khurshed Saher war parsischer Leibarzt für den Maharaja von Baroda und später der Inhaber der größten (reine Ayurveda und Naturheilmittel) Apotheke der damaligen Zeit. Eine Besonderheit dieser Apotheke war das Heilen durch Edelsteine, und ein großes Angebot aus dem Schatz des Maharajas stand ihr zur Verfügung. Wegen seines sozialen und uneigennützigen Einsatzes (hilfsbedürftige Kranke erhielten die Medikamente von Khurshed Saher kostenlos) wurde die Familie der Sahers von dem Maharaja in einen hohen Adelsstand erhoben, und sie erhielt als Lehen den noch heute existierenden prachtvollen Herrensitz "Schloß Songhad" am Ufer des Flusses Tapti.
(Die Familie hieß bis zur Enteignung:
Fürstenhaus Saher-von-Fort-Songhad.)
Motto im Familienwappen war:
DOMINUS ILLUMINATIO MEA
(der HERR ist meine Erleuchtung - die Red.)

*):Übersetzung aus dem Hindi

Im Jahre 1952 wurde Dr. Saher als postgraduate Scholar nach England gesandt und studierte an der Universität London Literaturphilosophie, Metaphysik und an Lincoln's Inn Rechts- und Staatsphilosophie. Mit Erfolg absolvierte er sämtliche Prüfungen und erwarb die staatlich anerkannten Grade und Diploma: LL.B. + Dipl.Litt. (Philosophy of religious Literatur and Metaphysics). Danach siedelte er über nach Freiburg i. Br. Dort promovierte er 1956 in der philosophischen Fakultät mit Auszeichnung. In Freiburg besuchte er die Vorlesungen von Martin HEIDEGGER. (Ein Vergleich zwischen M. HEIDEGGER und K. JASPERS findet sich in seinem Buch *"Evolution und Gottesidee"*).

Die Begegnung mit HEIDEGGER inspirierte ihn zu einem Versuch, eine der heutigen Zeit entsprechende "existentielle" Ost-West-(d.h. Asien-Europa)-Synthese auf dem Gebiet der Religionsphilosophie und Geistesgeschichte zu entwerfen. Dazu riet ihm auch sein Lehrer Arnold BERGSTRAESSER. Man dachte an etwas, vergleichbar mit R. OTTOS "Westöstlicher Mystik", nur etwas zeitnäher. Ein über mehrere Jahre befristeter Forschungsauftrag des Landes NordrheinWestfalen veranlaßte ihn, nach Münster zu gehen, wo er dann blieb. Hier machte er im Laufe der Jahre die Bekanntschaft namhafter Theologen und Religionswissenschaftler, wie z.B. GLASENAPP, RADHAKRISHNAN, HAUER, ELIADE und GEBSER.

Die Bekanntschaft und ein Briefwechsel mit EVANS-WENTZ, dem Übersetzer des sogenannten "Tibetanischen Totenbuches", erbrachten einen Gedankenaustausch, die tibetischen Varianten des Buddhismus betreffend. Der Hauptgegenstand seiner vergleichenden religionswissenschaftlichen Forschungen (auch unter religionssoziologischem und religionsphänomenologischem Blickwinkel, wie man es ähnlich, wenn auch nicht ganz in diesem Sinne, bei Joachim WACH findet) war zu der Zeit RADHAKRISHNAN und seine Religionsphilosophie. Hinzu kamen Vergleiche mit HUXLEY, TILLICH, Romain ROLLAND u.a. In der Zwischenzeit sind etwa 20 Bücher von Saher in deutscher Sprache erschienen, und einige andere sind bereits im Druck bei verschiedenen Verlagen und werden im nächsten Jahr erscheinen, u. a. *"Das Geheimnis vom Toten Meer"*. (Ein Vergleich zwischen christlicher und buddhistischer Theologie).

Der Verleger A. HENN, Düsseldorf, ernannte ihn zum Herausgeber seiner Schriftenreihe *"Religionspädagogik und Erwachsenenbildung"*, weil er sich in den letzten Jahren zunehmend damit beschäftigt hatte, eine spezifische, interdisziplinäre Didaktik des Faches "Religionswissenschaft" als Projekt der Curriculumforschung zu entwickeln. Abschließend wäre noch seine Beschäftigung mit Sinologie, Zen, Shintoismus und den tibetanischen Religionen zu erwähnen, wobei hier die Herren Prof. Dr. GRIMM (ehemals Münster, jetzt Bochum) und Prof. Dr. E. WALDSCHMIDT (ehemals Göttingen) seine Lehrer und Vorbilder waren. Durch einen Briefwechsel mit Hermann Hesse angeregt, legte er 1959 einen Gedichtband *"Die Weisheit der Todesstunde"* vor, worin er den Versuch macht, das Problem des Sterbens unter den unterschiedlichsten Gesichtspunkten zu schildern. Seine Forschertätigkeit führte ihn quer durch Südamerika auch nach der Osterinsel, Tahiti, Fiji, Neuseelands Küste und das geheime Interior Australiens und dann nach Bali, Thailand und Ceylon. Überall forschte er nach geheimen Einweihungsorten und im Urwald versteckten Mysterien-Tempeln. Seine vielen Reisen lehrten ihn die fast magische Wirkung, die von Edelsteinen ausgeht. So entstand seine Schrift *"Glück und Erfolg durch Edelsteine"*.

Auf der *Osterinsel* gelang es ihm, das Leben eines im stürmischen Meer treibenden Kindes zu retten. Der Vater des geretteten Kindes, ein hoher Schamane, gab ihm aus Dankbarkeit einen nur auf der *Osterinsel* vorkommenden kostbaren Edelstein von der Größe eines Eies. Sein unschätzbarer Wert, den man nicht nur in Karaten ausdrücken kann, liegt darin, daß er dem Besitzer die Gabe der übersinnlichen Poesie verleiht, unabhängig von der Sprache, in der gedichtet wird: im Englischen gibt es einen besonderen Ausdruck dafür: *poetic-empathy of the transcendental*. So entstand ein weiterer Gedichtband simultan zweisprachig in Sanskrit und Deutsch mit dem Titel: "DAS LIED VON DER PERLE" (Octopus Verlag, Wien). Man nannte Saher danach: *die Sanskrit-Nachtigall*.

Es handelt sich hier um Gedichte, die von einem Visionär/Illuminaten in einer mystischen Schau (=*"veda"*) empfangen worden sind. Und - sie sind geneigt und fähig, auch in dem einsichtigen Leser so eine Quasi-Schau entstehen zu lassen, wenn er diese

Gedichte mit der nötigen Einstellung liest und darüber nachsinnt. *Ein GENIUS hat hier seine Hand im Spiel.*

Eine geniale sprachliche Bewältigung. *Er bringt die Sprache zum Singen, als wäre sie eine Nachtigall.* Hieraus erklärt sich auch der Gebrauch zahlreicher Paradoxa; Worte gewordene Edelsteine aus der tiefsten Esoterik.

Jedes Gedicht birgt ein Geheimnis; jeder Baum am Wege kann der Baum der Erleuchtung sein. Die Erleuchtung wird durch das Symbol vermittelt. "Das Symbol ist mit dem Urelement des Lebens gleichzusetzen. Das Symbol bedeutet gleichzeitig die Tiefe des Unterbewußten, die Vision einer inneren Welt. Das Vision-Gedicht des echten Mystikers ist das Ergebnis des Sich-Erträu- mens des göttlichen Geistes."

Gedichte der Besinnung, die man immer wieder tröstend zu Rate ziehen kann: *Sternfunken an die Ewigkeit!*

Die vielen übersinnlichen Erlebnisse, die der Dichter des vorliegenden Werkes gehabt hat, besonders auf der *Osterinsel*, aber auch in den einsamen Wäldern Kanadas, machten ihn geneigt zu glauben, daß es einst einen versunkenen Kontinent namens LEMURIA gegeben hat. Er betrachtet es als seine besondere Aufgabe, den Vergleich zwischen lemurianischer Geheimweisheit und moderner *Medizin-Philosophie* und die aus diesem Vergleich sich ergebende Zusammenschau anzustellen und praktische Heilungsmöglichkeiten - *eine Heilung*, wenn man so will, *aus dem Unfaßbaren!*, zu erforschen. So wohnen diesen Gedichten auch gewisse Heilungsmöglichkeiten inne: Sie wirken auf Gemüt, Atmungs-Motorik und somit auch auf das Zwischenhirn zugunsten eines verbesserten Vegetativums. Noch heute ist bei allen Urwald-Völkern der Dichter gleichzeitig auch der Heiler des Stammes, und bis vor kurzem war es bei den Wüstenbewohnern auch nicht anders. SAHERS verstorbener Freund Aldous HUXLEY hat ihn jedoch im Spaß ermahnt, daß man auf die Dauer nicht zugleich Dichter und Mystiker sein kann; um als Mystiker fortschreiten zu können, muß auf das Dichten verzichtet werden. SAHER wollte diesem Rat folgen, und so schwieg er lange Zeit. Jedoch die Begegnung mit der esoterischen Malerei war so ergreifend, daß nur die Poesie hier ein fähiges Ausdrucksmittel war. Als *Ayurveda-Eingeweihter* mußte er dem "Ruf-von-Oben" Folge leisten. Jedoch gilt jetzt seine eigentliche Hauptberufung der Gesundung der Menschheit, denn auf Heilung erfolgt Wohlsein und auf Wohl folgt das HEIL (=Sanctus) = *Yoni-so Mano si karo* = Heil aus dem Ursprung des Geistes. Durch rege Forschungstätigkeit hat *Dr. SAHER* auch Wundermittel aus vergangenen Kulturen wiederentdeckt. Das verdankt er seinen Kenntnissen der alten Sprachen wie Awesta, Sanskrit, Altägyptisch, Altchinesisch, Tibetisch usw. Aus diesen gewissenhaften Forschungen entstand eine Reihe von Einzelrezepten, die jede Apotheke mit einer Einrichtung für Edelsteinverreibungen herstellen kann; so z.B. ein (Vital) Kreislauf-Tonikum, die Tropfen gegen Schlaflosigkeit, die (Zen) Tabletten zur Entspannung usw.

Inzwischen ist *Dr. SAHER* auch Präsident der Internationalen Gesellschaft für Philosophie und Geistesgeschichte, und eine Fördergesellschaft, um das Gedankengut der Sahers zu pflegen, ist als Verein eingetragen: die SAHER Gesellschaft für Yoga und integrale Philosophie e.V.

Dr. SAHER ist aus Überzeugung deutscher Staatsbürger geworden und besteht darauf, *ausschließlich* als solcher angesehen zu werden. *Dr. SAHER* hält als Zen- und Yoga-Meister sowie Naturheilpraktiker und Lebensberater laufend praxisorientierte Kurse, in denen Meditationstechniken (Psycho-autogenes Training, psychotherapeutische Entspannungsübungen, bewußt-gelenkte Heilmassage etc.), Akkupunktur, geistiges Heilen u.a. dargelegt werden. Auch die von ihm entwickelte "Tiefen-Entspan- nung und Vitalisation" (ITV) als Methode zur Bewußtseinserweiterung und Persönlichkeitsentfaltung wird in diesen Kursen unterrichtet.

SAHERS PHILOSOPHIA TOTALIS

(Dr. Purvez Ji. K. SAHER als Entdecker der *purnastischen* Evolution)
- Medizin aus der Sicht der Philosophie -
von
Seiner Exzellenz Dastur Prof. Dr. Dr.
FRAMROZE A. BODE
(Parsischer Fürstbischof und Senior für Vergleich.
Religionswissenschaft Los Angeles, California)

*"Die Liebe ist nur ein Erweitern
des eigenen Lebens"*
Tolstoi

Der indische Philosoph und Religionswissenschaftler Dr. Dr. P. J. Saher, dessen Buch über die Renaissance des Hinduismus (*"Indische Weisheit und das Abendland"*; Verlag Anton Hain, Meisenheim/Glan, 1965) von der Fachwelt unter die grundlegenden Werke zum Verständnis der Geistesbeziehungen zwischen Europa und Asien gezählt wurde, hat sich in diesem neuen Werk den Begriffen von Gott und Evolution in der Philosophie der Gegenwart zugewandt.

Diese Studien zur Geschichte der philosophischen Gegenwartsströmungen zwischen Asien und dem Abendland sind von ungeheurer Bedeutung für ein Verständnis der heutigen Situation der Menschheit. Dieses bedeutende Werk faßt am klarsten und gedrängtesten die religionsphilosophischen Vorstellungen des indischen Denkers Sri AUROBINDO und die des christlichen Theologen TEILHARD DE CHARDIN zusammen. Seine Untersuchungen über die Hauptrichtungen der abendländischen Philosophie heute und der Evolutionsgedanke in den außerchristlichen Religionen sind von Bedeutung für jeden, der an der erstaunlichen Wiederentdeckung Asiens teilnimmt. Sie geben auch Auskunft über Fragen, die unsere von messianischen Zukunftsvisionen beherrschte Zeit bewegen.

SAHER versteht sein Werk als eine Antwort auf TEILHARD DE CHARDINS zu einseitige christliche Auffassung der Evolutionslehre; und als eine Fortsetzung von AUROBINDOS bahnbrechender Entdeckungsfahrt des Geistes. In der Tat ist SAHER als der geistige Erbe und Nachfolger von AUROBINDO wie auch RADHAKRISHNAN zu betrachten. In ihm ahnen wir nicht nur den geistigen Führer der kommenden Generation von indischen Denkern und Dichtern, sondern einen, der auch in der Hauptströmung der abendländischen Philosophie einen festen Platz verdienen wird. Was für ein Glück für Deutschland, daß ausgerechnet dieser seltene Geist gerade mit deutschem Gedankengut sich sehr vertraut gemacht hat. Das ermöglicht es ihm, eine großartige Synthese aus indischem wie auch deutschem Kulturschatz zu entwickeln.

Wie SHANKARA vor 1.200 Jahren, versucht auch SAHER eine Integration und Wiederbelebung des indo-arischen Geistes. Aber der Zufall, daß SAHER ein gebürtiger Inder ist, soll uns nicht irreführen und dazu verleiten lassen, seine Bedeutung für das abendländische Denken zu unterschätzen. Denn gerade die heutige *europäische* Philosophie bekommt von *ihm* eine neue Richtung und einen neuen Impuls. Seine Methode der gegenseitigen Interpretation gibt Grund zu hoffen, daß in Zukunft *nicht mehr* von einer "indischen" oder "europäischen" Philosophie geredet wird, sondern von einer *Ganzheits-Philosophie*.

Das vorliegende Werk läßt in einem großen Wurf einen spirituellen Hintergrund der Evolutionslehre erkennen. Wie hier die Probleme liegen und zu deuten sind, ist noch kaum von einem Religionsphilosophen so lichtvoll dargestellt worden. Seit das dynamische Denken AUROBINDOS weit über Indien hinaus die Gemüter bewegte, hat eine solche sachkundige und kritische Studie über die Umdeutung der Gottesidee und Heilserwartung im Sinne der Evolution gefehlt. Es handelt sich hier um die Zusammenfassung und Neu-Interpretation uralter Weisheiten, in der sich die Quellen mystischer Einsicht mit denen des rationalen Denkens zu einem Strom von eigener Kraft und Seelenenergie verbinden.

In einer einzigartigen Weise vereint SAHER in sich die Bildungselemente Asiens und Europas. Seiner Geburt und Herkunft nach wurzelt er tief in den geistigen Überlieferungen des Parsismus (die indo-arische Religion von ZARATHUSTRA); besucht aber hat er eine christliche Schule und ist groß geworden in einer Umgebung von Hindus und Moslems. Sein "Spezialgebiet" für seine erste Promotion in London war "Die religiösen Quellen des Rechts im Hinduismus und im Islam". Während eines intensiven Studiums machte er sich auch vertraut mit anderen Religionen. Da er die meisten asiatischen Sprachen vortrefflich beherrschte, und zwar gerade die alten wie Awesta, Tibetisch, Pali und vor allem Sanskrit, könnte er eine neuartige Methode der historisch-kritischen geisteswissenschaftlichen Forschung entwickeln, die bedeutend gründlicher den Sachverhalt untersucht als die bisherigen. Mit gleicher Sorgfalt hat er die Philosophie und Metaphysik des christlichen Abendlandes in den Bereich seiner geistesgeschichtlichen Forschung einbezogen. Wenn er dabei den Schwerpunkt auf die geschichtliche Entwicklung der christlichen Theologie legt, so spricht sich darin seine Grundeinstellung aus, daß alle Hochkulturen zuinnerst von der Religion her geprägt sind.

Durch seinen Onkel, den bekannten indischen Yogi Sri S.N. TAVARIA, hat Saher auch Zugang zu den noch streng geheim gehaltenen Texten der verborgenen Weisheit Asiens, die nur durch gewisse Einweihungen vermittelt wird und vermittelt werden kann. So ist SAHER durch Geburt, Erziehung und Lebenslage prädestiniert, eine Art inoffizieller Botschafter zwischen der Welt des Fernen Ostens und dem Abendland zu werden.

Dabei ist noch etwas sehr Wesentliches zu beachten: daß Saher sich stets nur als "Interpret" großer Denker darstellen läßt, was auf seine angeborene Bescheidenheit zurückzuführen ist. Im Grunde handelt es sich hier um seine eigenen großartigen Ideen, die er ehrfürchtig nur am Rande seiner Interpretation erwähnt. Es wäre aber verfehlt, wenn wir uns von seiner Haltung täuschen lassen würden; hier ist einer der originellsten und weitblickendsten Denker unserer Zeit, der die "Interpretation" nur zum Anlaß nimmt, seine eigene tiefe Weisheit kundzutun. Diese Mischung von Weisheit und Demut ist ja kennzeichnend für die Tradition der östlichen SAVANTS, zu denen auch SAHER gehört. So dürfen wir seine Person und sein Werk mit größter Aufmerksamkeit und mit sehr viel Hoffnung begrüßen. Die enorme Feinfühligkeit, mit der er auf die individuelle wie auch auf die gesamte Situation der Menschheit reagiert, und das außerordentlich wache Wahrnehmungsvermögen, mit dem er in ihr neue spirituelle Kräfte spürt, macht ihn den meisten unserer Theoretiker überlegen. Vermutlich kommen wir nicht um das Eingeständnis herum, daß wir in der Breite der abendländischen Philosophie und christlichen Theologie nicht genug für die Auseinandersetzung mit ihm gerüstet sind. Wir sollten beeindruckt sein von der spirituellen Empfänglichkeit, die in ihm mit einer Macht lebendig ist, daß uns geeignete Maßstäbe fehlen, um sie zu beurteilen; daß wir einräumen müssen, von ihr beurteilt zu werden. Wir sollten hinhören auf die Intuitionen, die die sensible Psyche dieses Denkers uns gibt. Es ist Adventserwartung, was in seiner religiösen Aufgeschlossenheit lebendig ist. Man zögert, das Wort *Genie* allzu leichtfertig zu gebrauchen, aber schwerlich läßt sich eine andere Bezeichnung für die Ideen finden, die in *SAHERS* Werk ihren Niederschlag gefunden haben.

DIE HEILKRAFT DES WORTES

(Saher als Sprachgenie und Geschichtsphilosoph)
von
Prof. Dr. Dr. Radha Krishnan
(Rector Magnificus der Universität Madras)

*"Es gibt vortreffliche Menschen, die
nichts aus dem Stegreife, nichts
obenhin zu tun vermögen, sondern deren
Natur es verlangt, ihre jedesmaligen
Gegenstände mit Ruhe tief zu durchdringen.
Solche Talente machen uns oft
ungeduldig, indem man selten von
ihnen erlangt, was man augenblicklich
wünscht, allein auf diesem Wege
wird das Höchste geleistet."*
Goethe

Bei diesen Worten Goethes muß ich unwillkürlich an *Saher* denken. Bei ihm scheint zwar alles "aus dem Stegreife" zu kommen, aber dennoch wird "das Höchste geleistet". Wie macht er das? Durch seinen *"Zen-Yoga"*, vermute ich.

Uns wird erzählt, daß die mystischen Schriften endlos seien, die daraus zu gewinnenden Erkenntnisse ungemein groß, die Zeit aber nur kurz und die Hindernisse vielfältig seien. So müssen wir denn die wesentlichen Schriften auswählen und studieren, wie auch der Schwan nur Milch, vermischt mit Wasser, zu sich nimmt. Die Aufgabe, die verschiedenen esoterischen Texte in Einklang zu bringen und ihre gegenseitige Abhängigkeit aufzuzeigen, wird einer Methode zugeschrieben, genannt die Mimamsa, was Nachforschung oder Untersuchung bedeutet.

Die verborgene Weisheit ist *SAHERS* Darlegung der Philosophie von *Yoga und Zen*. Es ist ein Versuch, die verschiedenen Linien der esoterischen Weisheiten in einem realisierbaren System zusammenzufassen. Das System des Yoga beschreibt den Vorgang, durch den unser Bewußtsein, durch die Kontrolle des denkenden Geistes, mit dem göttlichen Leben eins wird. Die Pflege von Geist und Körper zu dem Zustand, der die volle Verwirklichung der letzten Wahrheit erlaubt, erfordert disziplinierte Anstrengungen. Das Yoga-System führt aus, daß (disziplinierte geistige Tätigkeit) lange Zeit, ununterbrochen und mit "satkaras" (d.h. Selbstbeherrschung, Ernsthaftigkeit, Glauben, feierlicher Ehrfurcht) betrieben: das sichere Mittel zur Selbstverwirklichung der Wahrheit ist.

In seinem imaginären Dialog zwischen einem Schüler und seinem Lehrer läßt Boehme den Schüler den Lehrer fragen, was ihn davon abhalte, die letzte Wahrheit zu begreifen. Der Lehrer antwortet, daß es sein Denken des Ich und sein Wollen des Ich seien. Unsere Verwechslung des wirklichen Selbst mit dem äußeren Ich verhindert unsere Erkenntnis des wahren SELBST. Boehme sagte, daß wir in eine neue Wirklichkeit unseres Seins gelangen und alles in neuer Relation erblicken könnten, "wenn wir von Eigendenken und Eigenwilligkeit ablassen und das Rad der Imagination und der Sinne zum Stillstand bringen". Das Ziel des Yoga ist es, uns bei der Erkenntnis des Seins, das allem Werden zugrunde liegt, zu helfen. Es ist schwer, das zu erreichen, aber man sollte sich auf das, was aus sich selbst und über uns existiert und was auch weiterhin in sich selbst das sein wird, was es ist, konzentrieren. Da *SAHER* die meisten Sanskrit-Schriften vortrefflich beherrscht, und zwar gerade die alten geheimverständlichen, vor allem die Sutras und Upanishaden, könnte er eine Art moderner Interpret und Kommentator der "verborgenen" Weisheit des Ostens für den Westen werden.

Am 19. April 1932 wurde Saher als einziger Sohn des parsischen Theaterdirektors Jamshedji K. Saher und seiner Ehefrau Tehmina in Bombay (Indien) geboren.

Er besuchte zunächst eine englische (christliche) Grundschule und wechselte dann in ein einheimisches Privatinternat über. Nach der mit Erfolg bestandenen staatlichen Abschlußprüfung (Abitur) immatrikulierte er sich 1947 an der Universität Bombay (R. A. Podar College), wo er die akademischen Grade B.Com. (1951) und B.A. (1952) erwarb.

Im Jahre 1952 wurde er als postgraduate scholar nach England gesandt und studierte an der Universität London Literaturphilosophie und Metaphysik und an Lincoln's Inn Rechts- und Staatsphilosophie. Mit Erfolg absolvierte er in der Zeit bis 1955 sämtliche Prüfungen im Rahmen des gestellten Curriculums und erwarb somit die staatlich anerkannten Grade LL.B. (with Honour) und Diploma-in-the-Humanities (Philosophy of religious Literature and Metaphysics). Zusätzlich erwarb er den Grad des "Barrister-at-Law" durch die den englischen Universitäten vom Staat übergeordnete Rechtsanwälte-Innung (Council of Legal Educations, Inn of the Court of Law). Dieser Grad entspricht dem deutschen Dr. jur. (Wahlfach: "Hindu- and Moslem-Law. Relationship between Religion and Jurisprudence".)

Anschließend ging er nach Holland für ein kurzes Studium im Rahmen des dortigen Internationalen Gerichtshofes in Den Haag, wo er ein Zertifikat für Völkerrecht ausgestellt bekam.

Danach siedelte er über nach Freiburg i.Br. Dort promovierte er 1956 in der philosophischen Fakultät mit Auszeichnung (Fächer: Philosophie, Philologie, Politologie).

In Freiburg besuchte er die Vorlesungen von Martin HEIDEGGER. (Ein Vergleich zwischen M. HEIDEGGER und K. JASPERS findet sich in seinem Buch *"Evolution und Gottesidee".*)

Die Begegnung mit HEIDEGGER inspirierte ihn zu einem Versuch, eine der heutigen Zeit entsprechende "existentielle" Ost-West-(d.h. Asien-Europa-)-Synthese auf dem Gebiet der Religionsphilosophie und Geistesgeschichte zu entwerfen. Dazu riet ihm auch sein Lehrer Arnold BERGSTRAESSER. Man dachte an etwas, vergleichbar mit R. OTTOS "West-östlicher Mystik", nur etwas zeitnäher.

Ein über mehrere Jahre befristeter Forschungsauftrag des Landes Nordrhein-Westfalen veranlaßte ihn, nach Münster zu gehen, wo er dann blieb. Hier machte er im Laufe der Jahre die Bekanntschaft namhafter Theologen und Religionswissenschaftler, wie z.B. GLASENAPP, HEILER, MENSCHING, OHM, RADHAKRISHNAN, HAUER, ELIADE, RATSCHOW, BENZ und GEBSER:

1960 war er in Marburg an der Vorbereitung des Weltkongresses der Religionen beteiligt. Hier hatte er eine Wiederbegegnung mit dem Zarathustra-Forscher A. BODE, mit welchem er eine Interpretation der "Gathas" und des Zarathustra erarbeitet hatte, die, wie Prof. ZAEHNER, Oxford, während des Kongresses erwähnte, in England bereits Anerkennung gefunden hatte.

Später kam es zu einer engen Zusammenarbeit mit dem Team ALTHEIM-STIEHL. Nach der Berufung von Prof. STIEHL von Berlin nach Münster beauftragten sie ihn, u.a. Vorlesungen über Religionsgeschichte des Altertums an der Universität Münster zu halten. Da keine Planstelle vorhanden war, mußte er seine Tätigkeit unterbrechen. Ferner arbeitete er zusammen mit Prof. R. HAUSCHILD in Jena auf dem Gebiet Iranistik/ Indologie (Avesta-Sanskrit-Parallelen) und mit Prof. FRAUWALLNER in Wien, dem Kenner der indischen Philosophiegeschichte (vor allem Buddhismus).

Die Bekanntschaft und ein Briefwechsel mit EVANS-WENTZ, dem Übersetzer des sog. "Tibetanischen Totenbuches", erbrachten einen Gedankenaustausch, die tibetischen Varianten des Buddhismus betreffend.

Der Hauptgegenstand seiner vergleichenden religionswissenschaftlichen Forschungen (auch unter religionssoziologischem und religionsphänomenologischem Blickwinkel, wie man es ähnlich, wenn auch nicht ganz in diesem Sinne bei Johannes WACH findet) war zu der Zeit RADHAKRISHNAN und seine Religionsphilosophie. Hinzu kamen Vergleiche mit HUXLEY, TILLICH, ROMAIN ROLLAND u.a. Das Manuskript mit den Ergebnissen dieser Studien wurde von drei Fachleuten geprüft:

1) von dem theologisch orientierten Professor der Philosophie Otto MOST (als Prodekan Vertreter der Phil. Fakultät an der Universität Münster),

2) von Prof. H. von GLASENAPP (Seminar für Indologie und vergleichende Religionswissenschaft der Universität Tübingen),

3) vom Orientalischen Seminar der Universität Münster durch dessen Vertreter H. BERGER, jetzt ordentlicher Professor für Indologie am Süd-Asien-Institut der Universität Heidelberg.

Auf Grund dieser Gutachten, die alle drei stark befürwortend waren, ließ das Kultusministerium von Nordrhein-Westfalen diese Arbeit, die einer Habilitationsschrift entsprach, 1962 auf eigene Kosten drucken. Diese *de-facto-Habilitation* war nur deswegen nicht mit "venia legendi" verbunden, weil zu der Zeit ein Fach mit dieser speziellen Ausrichtung nicht vorhanden war. Das Buch erschien mit einem Vorwort von G. MENSCHING. Es fand auch im Ausland gebührende Anerkennung, so daß der englische Verlag G. Allen and Unwin mit der Bitte an ihn herantrat, ein ähnliches Buch in englischer Sprache zu verfassen, was er -

den neueren Stand der Forschung berücksichtigend - auch tat. Das so vorgelegte Buch *"Eastern Wisdom and Western Thought"* erfuhr in entsprechenden Fachkreisen eine so positive Aufnahme, daß ihm bald ein zweites Werk im gleichen Verlag folgte unter dem Titel *"Happiness and Immortality"*, ein Werk, daß speziell dem Buddhismus und dem Werk Georg GRIMMS gewidmet ist.

In der Zwischenzeit sind etwa zehn Bücher von Saher in deutscher Sprache erschienen, und einige andere sind bereits im Druck bei verschiedenen Verlagen und werden im nächsten Jahr erscheinen, u.a. *"The Conquest of Suffering"* (ein Vergleich zwischen christlicher und buddhistischer Theologie).

Der Verleger A. HENN, Düsseldorf, ernannte ihn zum Herausgeber seiner Schriftenreihe *"Religionspädagogik und Erwachsenenbildung"*, weil er sich in den letzten Jahren zunehmend damit beschäftigt hatte, eine spezifische, interdisziplinäre Didaktik des Faches "Religionswissenschaft" als Projekt der Curriculumforschung zu entwickeln.

Diese Schriftenreihe hat bereits Erfolg gehabt mit dem Lehrbuch *"Im Lichte des Meisters"*, Die Lehre des Buddha in Frage und Antwort von M. KELLER-GRIMM und A. DHAMMAPALA, das gemäß der intendierten Zielsetzung die Didaktik des Religionsunterrichtes ebenso berücksichtigt wie den theologischen Inhalt selbst.

Abschließend wäre noch seine Beschäftigung mit Sinologie, Zen, Shintoismus und den tibetischen Religionen zu erwähnen, wobei hier die Herren Prof. Dr. GRIMM (ehemals Münster, dann Bochum) und Prof. Dr. E. WALDSCHMIDT (ehemals Göttingen) seine Lehrer und Vorbilder waren.

Saher hält als Zen- und Yoga-Lehrer sowie *Naturheilpraktiker* laufend praxisorientierte Kurse, in denen fernöstliche Meditationstechniken (Zen, Yoga, tibetische Meditation), Akupunktur, geistiges Heilen u.a. dargestellt werden. Auch die von ihm entwickelte "Tiefen-Meditation" als Methode zur Bewußtseinserweiterung und Persönlichkeitsentfaltung wird in diesen Kursen unterrichtet.

So ist am 19. April 1982 ein *Genie* und Kenner der vergleichenden Religionswissenschaften und der phänomenologischen Geschichtsschreibung eben erst nur 50 Jahre alt geworden; herzlichen Glückwunsch.

HEILBRINGENDE EDELSTEINE

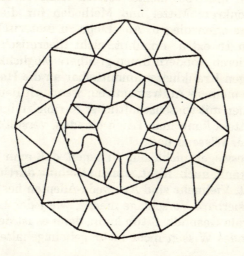

Festvortrag vor dem Homöopathischen Kongreß
der Ärzte und Heilpraktiker
im Kurfürstensaal zu Heppenheim

von

Dr. phil. Purvez Ji. K. **SAHER**
- Tiefenpsychologe und Edelsteinforscher -
em. Gastdozent der Universitäten Marburg (BRD) und
Salzburg (Austria), Wissenschaftlicher Mitarbeiter für
Medizinforschung und Pharmakologie

AYURVEDA UND EDELSTEINE

Ich überbringe Ihnen die Grüße der Heiler in Ostasien; sie haben mich beauftragt, Ihnen mitzuteilen, wie sehr sie sich dort freuen, daß der Westen nun aufrichtige Schritte unternimmt, die große universelle Weisheit zu erforschen.

Die großen Lamas, die versteckt in der Gobi wohnen, sind voller Sorge und Mitleid, daß die Menschen hierzulande so sehr unter Zivilisationskrankheiten zu leiden haben. Einige Adepten Ostasiens haben mich bei meiner letzten Reise dorthin beauftragt, Ihnen konkrete Mittel und Methoden für die Heilung durch Edelsteine offenzulegen. Aus Liebe zu esoterischen Kreisen haben sie mich extra ermahnt, nicht theoretisch oder gar gelehrt zu referieren, sondern Ihnen greifbare Möglichkeiten zur Vorbeugung gegen Krankheiten unmittelbar an die Hand zu geben. Ich würde meinem Auftrag untreu, wenn ich heute versuchen würde, Ihnen mit wissenschaftlicher Akribie zu imponieren. Mit solchen Mitteln kann man Laien blenden, verstößt aber gegen den Geist der Wissenschaft.

Es genügt deswegen nicht, nur zu sagen, daß man mit Edelsteinen heilen kann, auch nicht, wie die Heilung durch Edelsteine vor sich geht. Vielmehr sind Ayurveda-Adepten bestrebt, daß ich Ihnen realisierbare Vorschläge mache, wie jeder Laie etwas für seine integrale Gesundheit tun kann, denn es ist der Zug der Zeit, daß heilendes Wissen nicht mehr geheimgehalten werden soll.

Aufklärung statt Mystifikation ist das Gebot der Stunde.

Im Dienste der Sache habe ich mir erlaubt, einige schriftliche Unterlagen meines Referates in der Form von Verfielfältigungen für Sie mitzubringen, die ich an Sie verteilen werde, soweit der Vorrat reicht. Aus diesen Unterlagen kann sich auch der westliche Mensch heraussuchen, was ihm bei der Vermeidung von Krankheiten dienlich sein kann.

In diesem Sinne darf ich Ihnen nochmals versichern, daß die Meister des Fernen Ostens allen Menschen ihre Segenswünsche senden; und sie sind der Meinung, daß ganz Europa durch die gute Ausstrahlung eines jeden von Ihnen profitieren wird, denn in der wahren Esoterik gibt es weder Ost noch West, nur eine Gemeinschaft des Geistes.

Zu den geheimnisvollen Heilkünsten aus der Gobi gehört in erster Linie das *"Instayantro"*. Das *"Instayantro"* ist eine Kombination von fernöstlicher Kabbala, Numerologie, esoterischer Geometrie, AYURVEDA und vor allem Mantramandala oder die Wissenschaft von Vibrationen. Das *"Instayantro"* kann man für verschiedene Zwecke verwenden, jedoch nirgendwo sind dessen Erfolge so markant wie in der esoterischen Geist-Heilung und in der *Selbstheilung durch das eigene Innere (=PSI)*. Selbstverständlich kann man durch *"Instayantro"* auch andere para-esoterische Phänomene erleichtern, wie z.B. Levitation, Fernwirkung, Astralwanderung, Telepathie usw. Ein Beispiel sagt mehr aus als etliche Vorträge.

Und somit werde ich Ihnen sogleich zeigen, wie das Werkzeug eines Instayantro aussieht. Ich darf wiederholen, daß ein Instayantro rein strukturell gesehen aus einer Mandala-ähnlichen Geometrie-Zeichnung besteht. Diese Zeichnung, rein optisch betrachtet, ist wie ein Design nach bestimmten Sanskrit-, Avesta- oder tibetischen Buchstaben, und zwar kabbalistisch ausgesucht aus einem Mantram.

In diesem Fall aber wird das Mantram nicht akustisch fixiert, sondern nach einer mystischen Farbenlehre und einer esoterischen Maltechnik in der Form eines Designes fixiert. Eine solche Zeichnung bildet ein feinstoffliches Gefäß, in das magische Kräfte oder, anders gesagt, bioelektrische Kräfte aus dem Kosmos gespeichert werden können zwecks Beladung von Gegenständen. (Wie ein solches Instayantro rein von der Optik her aussieht, sehen Sie auf dem Schutzumschlag des Buches "LEBENSWEISHEIT UND CREATIVE MYSTIK".)

Hat man aber das Design oder sagen wir das geometrische Muster eines Instayantro, ist man auch in der Lage, das so entstandene feinstoffliche Gefäß mit kosmo-magischen Energien zu füllen. Somit kann man die gespeicherte Energie in verschiedenen Zielrichtungen kanalisieren, d.h.: das Instayantro ist wie eine biorhythmische Bank, in die man überschüssige PSI-Kräfte deponiert, um bei Bedarf dort geistiges Kapital für seine biorhythmischen "Kurven" zu bekommen. So z.B. ist es beim Telepathieren mit Hilfesuchenden sehr wichtig, daß etwas auf die Unterlage eines Instayantro gelegt wird, nachdem auf die Rückseite des Instayantro an einer ganz bestimmten Stelle die Uhrzeit geschrieben wird, zu der die geistige Verbindung stattfinden soll.

Mittels eines Instayantros kann man Edelsteine und Halbedelsteine mit diversen Heilkräften aktivieren. Mit anderen Worten, wie die latente Heilkraft in Edelsteinen für esoterische und Heilungszwecke dynamisiert wird. Diese Dynamisierung ist auch durch die Mikroelektronik meßbar, und in Lhasa hat man auch einen Computer danach programmiert.

Vielleicht ist daraus zu verstehen, weshalb jeder Tourist ungehindert nach China einreisen kann, aber keinem erlaubt wird, Tibet zu besuchen. Möglicherweise ist man dabei, das Instayantro zu einer Geheimwaffe zu entwickeln. Es soll tatsächlich versteckt in der Wüste Gobi gewaltige Laboratorien geben, wo die verschiedenen verborgenen Eigenschaften von Edelsteinen untersucht werden. Durch Edelsteine kann man Atome viel leichter spalten als auf herkömmliche Art.

Jahrhundertelang hat man sich über Instayantro und die Heilung durch Edelsteine gewissermaßen lustig gemacht, weil man meinte, keine rationale Erklärung dafür zu haben. Das änderte sich schlagartig, nachdem das Nobelpreisträger-Team für Medizin die bio-energetische Basis aller Gehirnfunktionen entdeckte. Nach meiner Meinung sind Edelsteine in der Lage, Mikrosignale zum Zwischenhirn zu senden. Dadurch kann das Zwischenhirn konditioniert werden, mehr oder weniger Fett zu verbrennen; mehr oder weniger zu essen, um satt zu werden; sich müder oder frischer zu fühlen; den Blutdruck höher oder niedriger zu halten usw., d.h. alle vegetativen Störungen, die vom Zwischenhirn steuerbar sind, zu beeinflussen. Diese Mikrosignale der Edelsteine, die direkt zum Zwischenhirn gefunkt werden, sind in der Regel zu schwach, um eine starke Wirkung zu erzielen. Deswegen ist es unerläßlich, daß die Wirkung der Edelsteine vorher durch ein entsprechendes Instayantro um ein Vielfaches gesteigert wird. Das geschieht auf folgende Weise:

Als erstes versucht der AYURVEDA-Meister den Grundstein des Patienten herauszufinden, danach entscheidet er Art und Farbe des Steines, der für ihn in Frage käme, und dann die Form; kantig, rund oder flach. Dann aber versucht er ebenfalls einen Grundstein für das zu heilende Leiden zu finden, so z.B., ob das Leiden organisch ist oder vegetativ oder psychisch, ob akut oder chronisch usw.

Nachdem der geeignete Stein oder Steine ausgesucht worden sind, werden die entsprechenden Steine auf die Rückseite eines

Instayantros gelegt. Dabei spielt es allerdings eine Rolle, wo der Stein hingelegt wird, ob in die Mitte, in die rechte Ecke oder in die linke Ecke, unten oder oben usw. Dann muß entschieden werden, wie lange der Stein im Instayantro gesättigt werden soll. Erst dann ist aus einem gewöhnlichen Edelstein ein Heilungsmittel geworden.

Einige solcher Steine habe ich aus Ceylon mitgebracht und habe damit außerordentliche und erfolgreiche Erfahrungen gemacht. Diese Erfahrungen haben mich dazu veranlaßt, solche Steine stets bei mir zu tragen, damit ich immer in der Lage bin, im Notfall anderen Menschen helfen zu können. So ein heilender Edelstein kann in einem der folgenden Verfahren verwendet werden.

An dieser Stelle möchte ich die Kritik, daß eine Heilung durch Edelsteine sich nur reiche Leute leisten können, widerlegen. Es ist nämlich nicht erforderlich, ganze Edelsteine zu verwenden, um gesund zu werden. Der Kenner weiß, daß es genügt, ein glühendes Weihrauchstäbchen gegen so einen Stein zu halten und die fallende Asche zu sammeln. Diese Asche wird dann einer homöopathischen Lösung von Avena sativa D2 beigegeben und kräftig geschüttelt. Ein guter Hersteller homöopathischer Mittel ist durchaus in der Lage, ein Mittel zur Heilung durch Edelsteine zu marktgerechten Preisen herzustellen. Und zu meiner großen Freude darf ich Ihnen mitteilen, daß ich so einen Hersteller gefunden habe, der bereit ist, AYURVEDA-Edelsteinmittel, die nicht apothekenpflichtig sind und nicht als Heilmittel verschrieben werden müssen, zu erschwinglichen Preisen herauszugeben. Im Geiste der wahren Esoterik hat dieser Hersteller sich bereit erklärt, auf jeglichen Eigennutz zu verzichten, indem der Reinertrag zugunsten der Entwicklungshilfe in die Dritte Welt geht.

Eine andere Methode ist, die Medikamente, die man ohnehin nehmen muß, vorher mit bestimmten Edelsteinen in Berührung zu bringen. Eine dritte Methode ist, den Staub durch die Verreibung von Edelsteinen bestimmten Medikamenten beizugeben. Natürlich ist dabei nicht uninteressant die Kernfrage, wieso und weshalb Edelsteine überhaupt in der Lage sind, auf den menschlichen Körper zu wirken.

Diese Frage wird wissenschaftlich in meinen Schriften erklärt, vor allem in meiner Reihe "bio-energetische Heilweise"! Danach könnte man es so erklären: Jeder echte Edelstein oder

Halbedelstein enthält riesige Mengen *"Prana"* in seinen vielen atomaren Verbindungen. Die molekulare Konstitution aller Edelsteine hat eine verblüffende Ähnlichkeit mit der Anatomie des menschlichen Gehirns mit seinen vielen Furchen. Eingebettet in diese furcheähnlichen Spiralen vibrieren transistorartige Prana-Batterien. Durch Berührung mit einem Instayantro werden solche Batterien so stark beladen, daß sie die Furchen sprengen, und das freigewordene *"Prana"* kombiniert sich mit dem *"Prana"* des Patienten. Der kränkliche Körper bekommt eine Flut heilender prana-magnetischer Ströme, und zwar direkt, so daß das *eigentliche* Leiden zuerst im feinstofflichen Körper angesprochen wird und man die Konsequenzen dann sicher im Grobstofflichen findet. Wenn man überlegt, daß die Schaltstelle sowohl zum feinstofflichen und grobstofflichen Körper als auch zum Vegetativum und zur Psyche im Zwischenhirn liegt, so ist es gar nicht verwunderlich, sondern im Gegenteil ganz verständlich, daß die durch Edelsteine erzielte Wirkung über das Zwischenhirn sowohl seelische als auch körperliche Weh-Wehchen beeinflussen kann. Die neuere Gehirnforschung hat erwiesen, daß gerade die Reize, die so gering sind, daß sie von uns bewußt nicht wahrgenommen werden, großen Einfluß auf das Zwischenhirn haben und dort die kräftigsten Gegenreize erzeugen. Wissenschaftlich ist durchaus erkannt und bestätigt, daß viele Funktionen und Fehlfunktionen im menschlichen Körper vom unbewußt reagierenden Teil des Gehirns abhängig sind. Dieser unbewußte Teil wird vom Zwischenhirn gesteuert. In diesen vielwegigen *runenhaften* Verästelungen des Zwischenhirns werden bioelektrische Signale der Ausstrahlungen der Edelsteine empfangen.

Man muß drei miteinander in Zusammenhang stehende Punkte berücksichtigen: Erstens die Frage, wie ist es verstandesmäßig zu erklären, daß die sogenannten esoterischen Heilweisen überhaupt erfolgreich wirken.

Der zweite Punkt wäre dann, wieso ein Instayantro, das für den Uneingeweihten lediglich wie eine geheimnisvolle Zeichnung aussehen mag, in der Lage sein kann, Heilkräfte im Menschen zu aktivieren; und zuletzt die Funktion der Edelsteine in diesem Zusammenhang.

Alle drei Punkte könnte man heranziehen, wenn man die Situation in dem damaligen Lemuria berücksichtigt. Auch in Lemuria gab es eine Edelsteinheilkunde unter der Bezeichnung

"JHANSVERI". Der Kontinent Lemuria war sehr reich an Edel- und Halbedelsteinen. Dabei ist auch zu berücksichtigen, daß für die Heilung von Organkrankheiten *Halb*edelsteine noch geeigneter sind.

Es gibt nicht nur körperliche Krankheiten, es gibt auch *"karmische"* Krankheiten, die sich als Krankheiten des feinstofflichen Körpers äußern, besonders, wenn man eine astrologisch ungünstige Phase durchmacht; aber auch dann können Edelsteine helfend einwirken.

Ich kenne einen Fall, in dem ein Patient gezwungen war, eine sehr wichtige Verhandlung in einer äußerst gefährlichen astrologischen Periode durchzuführen. Ihm habe ich dann, als er zu mir in die Lebensberatung kam, einen blauen Edelstein aus Ceylon besorgt, den er unmittelbar in Berührung mit der Haut trug. Die Verhandlung konnte, trotz astrologischen Widerstandes, erfolgreich absolviert werden.

Ich habe so viele solcher Fälle erlebt, daß ich geneigt bin zu glauben, daß Edelsteine mächtiger sind als das Schicksal; oder besser gesagt: Man kann sich mit Hilfe von Edelsteinen kleine Lücken oder Lichtblicke in einer astrologisch ungünstigen Periode verschaffen. Das ist dahingehend zu erklären, daß Edelsteine eine mikro-elektronische Schwingung besitzen, die, wenn sie genau dosiert ist, sich den Schwingungen des *"Karmas"* des Leidenden anpaßt und sie dementsprechend ändert. Natürlich ist, um mit Edelsteinen *"Karma"* zu ändern, eine fundierte Kenntnis der Sanskrit-Sprache und der lemurianischen Heilkunde Voraussetzung, so daß man für den jeweiligen Fall immer die genaue Farbe, Form und Art des Steines trifft; oder es müssen mehrere Steine in einer bestimmten Instayantro-Form gesetzt werden.

Ich glaube, wir sind jetzt in der Lage, genau erklären zu können, wieso und weshalb esoterische Heilmethoden so auf den Patienten wirken, wie sie es tun. Die eigentliche Stelle, an der ein Patient geheilt wird, liegt am Boden des Schädels, nicht weit vom Zwischenhirn. Wenn wir jetzt von der Heilung von Krankheiten sprechen, meinen wir auch seelische Leiden, so z.B. die Befreiung von Angst, Eifersucht, Wahnvorstellungen, Unangenehmem oder Unerfreulichem oder Ähnlichem mehr. Wie gesagt, die Heilung muß erst im Zwischenhirn stattfinden. Und dafür ist eine Kombination von Edelsteinen, die nach einem Instayantro-Prinzip zusammengestellt sind, hervorragend. Das wird uns sofort verständlich, wenn wir uns vergegenwärtigen, daß das Zwischenhirn nur auf ganz sanfte Reize reagiert, und jedes Zwischenhirn reagiert anders. Durch eine Kombination von Edelsteinen erreichen wir einen Schwingungsgrad, der genau die Intensität hat, um eine Blockade im Zwischenhirn aufzuheben. Edelsteine sind sozusagen das, was Impletol und Procain in der Neuraltherapie sind. Dadurch, daß die Edelsteine eine Blockade sowohl im Vegetativum oder Zwischenhirn als auch in der Psyche freilegen, erreichen wir Sekunden-Phänomene, d.h.: der Mensch wird nicht langsam geheilt, sondern spontan, d.h. von der Sekunde her.

Ich habe in meiner Praxis oft genug erlebt, daß es möglich ist, mit Edelsteinen das Sekundenphänomen zu erreichen. Ausschlaggebend allerdings ist und bleibt, daß man jeden Fall ganz individuell bearbeitet und nicht nach einem Schema F.

Auf der Insel Ceylon habe ich entlegene buddhistische Klöster besucht, wo die Mönche dieses Wissen eifrig hüten, und das nicht ganz zu Unrecht, da ich in den unterirdischen Bibliotheken dieser Klöster Manuskripte in der lemurischen Sprache entdeckt habe. Weil diese Sprache mit der Sanskrit-Sprache sehr verwandt ist, kann man sich durchaus einiges zusammenreimen. Eindeutig geht daraus hervor, daß fast alle Edensteine irgendeine spezifische Wirkungsweise besitzen, sei es psychisch oder physisch. Auf unerfindlichen Wegen ist eine, in Einzelheiten gehende, systematische Ausarbeitung dieser Wissenschaft-von-der-Edelsteinheilung in die Wüste Gobi gekommen.

Geologen haben herausgefunden, daß der Boden unter dem Sand der Wüste Gobi sehr edelsteinhaltig ist. Und zwischen China und Rußland vermutet man deswegen gewisse Spannungen.

Daß die Edelsteine tatsächlich eine an Wunder grenzende Wirkung besitzen, kann jeder für sich selbst prüfen, indem er einen (auch der Form und Farbe nach) geeigneten Stein nimmt und diesen auf einem passenden Instayantro 8 Tage lang liegen läßt. Danach braucht man nur den Stein in die Hand zu nehmen und man würde sofort die Wirkung spüren. Wenn dieser Weg zu umständlich ist, kann man einige Präparate, die edelsteinhaltig sind, zu sich nehmen.

Kurz soll jetzt der Begriff "Instayantro" näher erklärt werden. Ursprünglich sah man das Instayantro als heilbringende Mandala-Zeichnung an. Hiermit ist aber der Begriff Instayantro nicht voll gewürdigt. Im weiteren Sinne beinhaltet der Fachausdruck Instayantro den medizinphilosophischen Werdegang für das Zustandekommen esoterischer Heilerfolge. Gerade bei der Heilung durch Edelsteine wird der Begriff Instayantro deutlich. Genau wie im ursprünglichen Sinne des Wortes Instayantro sind Edelsteine eine mystische, mandala-artige Farbkomposition, die jedoch in ihrem *subatomaren* Zeichenmuster einem strengen geometrischen Bau eingeordnet ist. Wenn man bedenkt, daß das Verhältnis der eigentlichen Materie des Edelsteins zu seinem Gesamtvolumen nur einen winzigen Bruchteil beinhaltet, so wird in einer unheimlich instruktiven Art deutlich, wie groß die Energie ist, die in jedem kleinsten Edelstein-Atom steckt. Wichtig ist auch zu wissen, daß viele Edelsteine flüssige Stoffe beinhalten und auch mit Flüssigkeiten gesättigt werden können. Es ist daher durchaus einsichtig, daß gerade feinste Verreibungen von Edelsteinen wegen ihrer relativ großen Oberfläche Fremd- und Schadstoffe aus dem Körper aufnehmen können. Dem mit der Homöopathie vertrauten Zuhörer wird längst aufgefallen sein, daß gerade dadurch, daß in den Edelsteinen Mineralien und Spurenelemente in feinster Dosierung vorhanden sind, eine hervorragende Wirkung erzielt wird; zum Vergleich darf ich die Hochpotenz, wie z.B. D -200, in homöopathischer Medizin anführen.

Der berühmte Sanskrit-Dichter KALIDAS beschreibt Edelsteine als "leuchtende Samen der Götter im Mutterschoß der Erde".

"Es spricht sich in den lichten Steinen
So klar der Farben Rätsel aus;
Wie ewige Blüten sie erscheinen
In ihrer Mutter dunklem Haus" singt Th. Körner.

Edelsteine sind dem Menschen seit Jahrtausenden bekannt - und haben eh und je eine faszinierende Magie entfaltet. Schon im versunkenen Lemuria dienten Edelsteine als Amulett und Talisman. Sie boten Schutz vor Dämonen und stimmten Engel freundlich. Sie konnten Böses abwehren und Gesundheit erhalten; sie wirkten Gift-entschärfend und verhinderten Infektionskrankheiten; sie machten der Götter-Gunst geneigt und führten Schiffbrüchige heim.

Edelsteine sind auch im Kundalini-Yoga wichtig. Hier sollte man zu dem persönlichen Edelstein, entsprechend dem Geschlecht, einen Yin- oder Yang-Stein zusätzlich tragen. Ein hervorragender Yin-Stein ist der Rubin - ein wirksamer Yang-Stein ist der Saphir.

Schon seit meiner Jugend haben mich Edelsteine fasziniert. Jede Gelegenheit habe ich genutzt, mein Wissen und meine Beziehung zu edlem Gestein zu vertiefen.

Es war für mich ein großes Erlebnis, als mir die Gelegenheit gegeben wurde, die Schatzkammern des Schahs von Persien zu besichtigen.

Durch eigene mystische Erlebnisse dort wurde mein Augenmerk besonders auf die Beziehung zwischen Edelsteinen und Heilung gelenkt. Alle alten Völker haben die heilende Kraft der Edelsteine erkannt. Ich persönlich habe spontanen Heilungen in Persien im Schatzamt beigewohnt, die darauf zurückzuführen sind, daß dort nicht nur alle vorkommenden Edelsteine zu sehen waren, sondern diese in besonderer Art (einem Instayantro entsprechend) angeordnet waren.

Leider ist die spirituelle Kraft der Edelsteine oftmals mißbraucht worden. Ihnen allen sind derartige Fälle gewiß bekannt. Als Beispiel darf ich die unglückselige Geschichte des Kohinoor erwähnen. Hier wird die unheimliche Wirkung der schwarzen Magie deutlich.

Es ist wichtig zu wissen, daß die Edelsteine nicht nur schwarz-magisch mißbraucht werden können, sondern daß man sich durch die Wahl des richtigen, persönlichen Edelsteines vor Schwarz-Magie schützen kann. Bei der Wahl eines besonders schützenden Steines (vorzugsweise in der Form eines Amuletts) sollte man den Rat eines *Experten* suchen.

Dieser wählt je nach Veranlagung und Konstitution unter Einbeziehung der astrologischen, der numerologischen und der naturheilkundlichen Gesichtspunkte *den* Edelstein aus. Um die Wirksamkeit der Edelsteine voll auszunutzen, ist es ohnehin ratsam, bei der Auswahl einen *Fachmann* zu befragen, *der auch die esoterischen Aspekte der Edelsteine kennt.* Es ist durchaus möglich, einen für Sie persönlich oder für einen speziellen Fall besonders geeigneten Edelstein auszusuchen. *Bei der Wahl bin ich Ihnen gerne behilflich.*

Es gibt auch eine besondere Form der Telepathie oder Sympathie-Magie zwischen Mensch und Edelstein. So z.B. kann ein richtig gewählter Stein den Besitzer telepathisch vor Gefahren warnen.

Die schicksalhafte Verbundenheit des Menschen mit edlem Gestein wird allerorts und zu allen Zeiten so deutlich, daß ich überzeugt bin, daß selbst in der *Reinkarnation* die mystische Beziehung zu dem persönlichen Stein eines jeden Menschen erhalten bleibt.

Die Einwirkung von Edelsteinen auf ihren Träger ist sogar meßbar und kann mit einem Gemnometer ausgewertet werden. Russische Forscher erbrachten mit Hilfe dieser hochempfindlichen Meßgeräte auch den Beweis. Der Mikrokosmos entspricht nach Paracelsus dem Makrokosmos.

Ähnliche Kräfte, wie sie zwischen Planeten wirksam sind, halten die Atome der Edelkristalle in ihrem festen Verband.

Die höchsten Symbole der Esoterik sind die Sterne der Astrologie - eben weil sie als Makrokosmos im Menschen wirksam werden. Wenn wir die Sterne als YANG ansehen, so sind Edelsteine YIN und bilden eine Polarität zu den Sternen.

Der Kristallraum aller Edelsteine ist angefüllt mit feinstofflicher Energie. Schon in uralten Religionen werden Edelsteine als führungsmächtige Lebenshilfe anempfohlen.

Die enorme Bedeutung, welche der Stand der Gestirne in der Astrologie einnimmt, wird auf die Edelsteine als korrespondierendem Mikrokosmos übertragen; deswegen auch ihre Wirkung als Talisman.

In den Qumram-Schriftrollen, die am Toten Meer gefunden wurden, wird auch berichtet, daß Jesus einen Ring voller Edelsteine trug, wenn er Wunder wirkte oder Menschen heilte.

Die moderne Kristallphysik und Chemie haben inzwischen eindeutig bewiesen, daß den Edelsteinen geheimnisvolle Kräfte eigen sind.

Also eine magische Edelstein-Energie nicht nur im Lichte der Wissenschaft, sondern die Wissenschaft bedient sich ihrer, um selbst das Rätselhafte zu erforschen.

So z.B., wenn Radiowellen von einem Bergkristall gesteuert werden. Vom Turmalin werden die Radarwellen kybernetisch gelenkt, und Saphire müssen unbedingt auf der Oberfläche von Satelliten sein, um Sonnenlicht in elektrische Energie umzuwandeln. Erst durch den Rubinkristall war die Entwicklung des Laserstrahls möglich. Und der Smaragd dient als Moderator in Atomreaktoren. Das sind nur mal ein paar Beispiele. Daß viele Edelkristalle unter Druck Mikro-Elektrizität erzeugen, ist allgemein bekannt - und die neueste Zündung bei der Automobil-Ausstellung in New York besteht aus einem Halbedelstein, der unter Druck Elektrizität abgibt. So wird zur Steuerung der elektromagnetischen Wellen in Radargeräten der Turmalin verwendet, weil er durch Erhitzen bielektrisch wird. Und einen genaueren Schwingungserzeuger als den der Eigen-Schwingungen von Quarz-Kristallen gibt es überhaupt nicht.

Das ist so, weil Edelstein-Kristalle die bestgeordnete Materie in der Evolution sind. D.h. im Laufe der Evolution verlassen Edelsteine den Mineralbereich und werden als Pflanzen wiedergeboren; sie stehen an der Grenze zum Pflanzen-Bereich, so wie der Mensch fast den Bereich der Engel streift. Vom Standpunkt der Wissenschaft aus gestatten Edelsteine eine experimentelle Bestätigung des bereits Gesagten über die atomaren Strukturen der Kristalle.

Die Entstehung eines Kristalls kann in dem Bose-Labor der Universität Calcutta beobachtet werden. Der Kristallkeim ist 10.000 mal kleiner als die Dicke einer Rasierklinge. Die einzelnen Lichtpünktchen bestehen aus etwa 150 Millionen Atomen.

Bei meinem Bemühen, die Wirkung der Edelsteine zu untersuchen, und beim Studium der einschlägigen Fachliteratur sind mir in den Werken einiger hervorragender Fachkenner und Mitarbeiter Juwelen der Poesie zugänglich geworden. Darf ich auch Ihnen diese beglückenden Wortschöpfungen mitteilen.

DAS INSTAYANTRO-LIED *)
*) Lied und Text sind Copyright von Frau Odenwaeller

Hast du ihn je gehört?
Den beseelten Song dieser Bindungen?
Wenn sich ein Mensch vermählt
dem Edelstein seiner Bedürfnisse?
Wenn sich ein Mensch vermählt
dem Helfer, dem veredelnden,
vom Fachmann auserwählt,
ausgependelt nach den Anlagen.

Hallo --- hallo --- Instayantro --- das ist so.
Hallo --- hallo --- Instayantro --- das ist so.

Gebündelt in der Wirkung,
konzentriert an Kraft,
ob dazu Gold oder Silber,
entscheidet Yin und Yang.
Lausch nun dem Gesang dieser
mystischen Hochzeit fein,
Instayantros Aufgaben besingt jeder Edelstein.

Hallo --- hallo --- Instayantro --- das ist so.
Hallo --- hallo --- Instayantro --- das ist so.

Ich, der *Diamant*,
bin König unter Edelsteinen,
ich spende Licht und Kraft,
die meines Tragens würdig scheinen;
Reserviert für große Meister,
die mit meiner Macht agieren können,
ich festige die Bindungen wieder
zwischen Eheleuten.

Hallo --- hallo --- Instayantro --- das ist so.
Hallo --- hallo --- Instayantro --- das ist so.

Nun hätt' ich's fast vergessen,
wozu ich geeignet bin,
ich geb denen Lebensmut,
die recht kleinmütig sind.
Doch auch das ist sehr wichtig,
wer voll Mißtrauen ist,
der wird von mir beschwichtigt,
erleuchtet innerlich.

Hallo --- hallo --- Instayantro --- das ist so.
Hallo --- hallo --- Instayantro --- das ist so.

Ich, der *Rubin*,
ich bin stets heiß begehrt!
Fürs Blut und das Gemüt,
da wirk' ich reinigend.
Schütz' dich vor Liebeskummer
und heil' die Eifersucht,
verhelf' zur zweiten Jugend,
wenn du betagter bist.

Hallo --- hallo --- Instayantro --- das ist so.
Hallo --- hallo --- Instayantro --- das ist so.

Aquamarin werd' ich genannt,
ich bin der, den man zu schätzen weiß,
als Schutz vor der Gefahr -
Intuition verleih' ich jederzeit.
Bin wertvoll den Sensiblen,
die feinfühlend und taktvoll sind,
mach' hellsehend den Menschen,
der sich meiner bedient.

Hallo --- hallo --- Instayantro --- das ist so.
Hallo --- hallo --- Instayantro --- das ist so.

Ich, der *Mondstein*,
symbolisiere dir die Reinheit.
Ich bin die weiße Yin-Braut,
die reine Braut vom Yangstein.
Durchstrahlt und gestärkt werden die Beckenorgane,
stabilisiert die Wirbelsäule sowie das Rückenmark.

Hallo --- hallo --- Instayantro --- das ist so.
Hallo --- hallo --- Instayantro --- das ist so.

Ich, der *Mondstein*,
schenk auch Heiterkeit und Frohsinn,
ich mildere dein Schicksal,
wenn Astro-Stellung bedroht dich.
Der innern Lauterkeit bin ich hilfreich zur Stell',
der Herd deiner Gedanken bleibt so sauber und hell.

Hallo --- hallo --- Instayantro --- das ist so.
Hallo --- hallo --- Instayantro --- das ist so.

Ich, der *Achat*,
kann dir unsagbar viel bringen,
bin nicht für die Eitelkeit,
du wirst wahres Glück empfinden.
Für Edelmütige wirk' ich,
der schlichte Edelstein.
Bist du habgierig und geizig,
werd' ich gegen dich sein.

Hallo --- hallo --- Instayantro --- das ist so.
Hallo --- hallo --- Instayantro --- das ist so.

Ich bin der *Karneol*,
dem Achat geistig verbunden.
Schenkst du mir viel Vertrau'n,
so werd' ich dir bekunden,
wie hilfreich ich dir bin,
und das dein ganzes Leben.
Symbol der Verbundenheit,
ich kann dir sehr viel geben.

Hallo --- hallo --- Instayantro --- das ist so.
Hallo --- hallo --- Instayantro --- das ist so.

Ich, der *Saphir*,
gekauft oder geschenkt dir vom anderen Geschlecht,
du kannst glücklich sein mit mir.
Schenk' dir besondern Halt,
durch Übertragung geist'ger Kräfte
wirst guter Ratgeber auch,
führ' dich zum klaren Denken.

Hallo --- hallo --- Instayantro --- das ist so.
Hallo --- hallo --- Instayantro --- das ist so.

Ich bin der *Granat*, stamm' aus Ceylon,
aus Sri Lanka, ich schenke dir die Gaben,
stets vermittlend zu handeln,
zu fördern die Harmonie,
die äußere und zu innerst,
bring' Anerkennung und Ehre,
wenn du Menschen wirklich hilfst.

Hallo --- hallo --- Instayantro --- das ist so.
Hallo --- hallo --- Instayantro --- das ist so.

Mit mir, dem *Smaragd*,
kannst du Unheimliches erreichen.
Die Störungen von Gebäuden,
ungünstig gelegen, werden weichen.
Ich steig're dein Vermögen,
befreie dich von Süchten,
und verleihe dir die Gabe,
zu verstehen esoterische Schriften.

Hallo --- hallo --- Instayantro --- das ist so.
Hallo --- hallo --- Instayantro --- das ist so.

Ich, der *Smaragd*,
muß schließlich noch erwähnen,
daß ich Überträger bin von kosmischen Stromwellen.
Wirk' gut auf die Organe,
die zwischen Nabel und Leiste sind,
Voraussetzung jedoch:
"Nimm mich von 'ner Yoga-Meisterin".

Hallo --- hallo --- Instayantro --- das ist so.
Hallo --- hallo --- Instayantro --- das ist so.

Ich bin der *Malachit*,
dem Smaragd geistig verwandt,
ich bin dir sehr viel wert,
wenn dich Angst übermannt.
Hältst du mich dann im Munde,
wenn du davon befall'n,
befrei' ich dich davon,
du wirst mir noch Dank zoll'n.

Hallo --- hallo --- Instayantro --- das ist so.
Hallo --- hallo --- Instayantro --- das ist so.

Kennst du den Engel der Frau'n?
Im Osten wohlbekannt!
So nennt man mich, die *Koralle*!
Ich geh' dir hilfreich zur Hand,
der Frau mit ihren Problemen,
den Schwankungen im Gemüt.
Doch heil' ich nur grundsätzlich -
wenn die Eitelkeit besiegt.

Hallo --- hallo --- Instayantro --- das ist so.
Hallo --- hallo --- Instayantro --- das ist so.

Ich, der *Amethyst*,
symbolisiere Dank und Demut
vor dem Meister oder Guru,
auch bring' ich viel, viel Segen.
Verstärk' deine Eigenschaft,
die ethische, religiöse.
Spirituelle Entwicklungen,
die kann ich sehr fördern.

Hallo --- hallo --- Instayantro --- das ist so.
Hallo --- hallo --- Instayantro --- das ist so.

Sie sangen ihre Lieder,
Instayantros Edelsteine,
willst du dessen würdig sein,
unterbinde Gier und Geize.
Kämpf' gegen Mißtrau'n an,
gegen Kleinmut und Kritiksucht,
falls du dich geläutert hast,
bist du bereit dazu.

Hallo --- hallo --- Instayantro --- das ist so.
Hallo --- hallo --- Instayantro --- das ist so.

Du weißt, dein Instayantro,
was er für dich erspürt,
ist etwas Unbeschreibliches und nicht von dieser Welt,
ist von unsichtbaren Kräften,
etwas Magisches,
Beseelendes,
etwas ganz und gar Veredelndes,
ist ein lebendes Geschöpf.

Hallo --- hallo --- Instayantro --- das ist so.
Hallo --- hallo --- Instayantro --- das ist so.

Das Lied ist dem Dortmunder Heilpraktiker Dr. P. J. Saher gewidmet, weil er der einzige Hersteller von INSTAYANTROS im Abendland ist.

Die Tatsache, daß Dr. P. J. Saher ein Heilpraktiker ist, sollte aber keineswegs den Eindruck erwecken, daß ein INSTAYANTRO ein Heilmittel sei.

Das INSTAYANTRO ist nicht als Ersatz für irgendeine Behandlung oder Therapie gedacht.

Ein INSTAYANTRO ist kein Heilmittel im Sinne des Heilmittelgesetzes.

Ein INSTAYANTRO per se hat mit Heilung als solches direkt nichts zu tun.

Das INSTAYANTRO ist eher etwas "Religiöses", das auf die totale Persönlichkeitsentfaltung einwirkt.

Es ist nur ein Zufall, daß der Hersteller sich auch gleichzeitig als Heiler betätigt; eine Übertragung dieser Beziehung auf das INSTAYANTRO selbst wäre nicht angebracht.

Gertrude Odenwaeller

So finde ich mich in meiner Arbeit bestätigt durch das Wissen, daß ich die Liebe zu edlem Gestein mit wertvollen Menschen teile.

Es wurde des öfteren der Wunsch an mich herangetragen, für eine Möglichkeit zu sorgen, das Herkunftsland besonders wirksamer Edelsteine - nämlich Ceylon - unter sachkundiger Führung kennenzulernen. So beabsichtige ich, eine Edelstein- und Ayurveda-Forschungsreise nach Ceylon zu organisieren. Diese kleine Reisegruppe von Esoterikern wird von mir persönlich betreut, und gemeinsam werden wir die Wunderheiler Ceylons, die Mysterien des Buddhismus und die Edelsteinfundstätten besichtigen.

Viele Jahre habe ich in meiner Tätigkeit als Heilpraktiker Ayurveda-Mittel verwandt. Auch die heilende Wirkung der Edelsteine wurde mir in meiner Praxis eindeutig bestätigt. Seit einiger Zeit habe ich den erfolgreichen Versuch gestartet, beide Heilweisen zu kombinieren.

Mit großer Dankbarkeit nahm ich die bereitwillige Hilfe eines erfahrenen Pharmazeuten an. Die Firma Homviora in Lüdinghausen stellt die *von mir* für besonders wirksam gehaltenen Kombinationspräparate her. Diese hervorragenden Vital- und Stärkungsmittel sind durch die wirtschaftliche Herstellung von jedem leicht zu beziehen. Diese Ayurveda-Mittel werden unter Verwendung *ausgesuchter* Edelsteine hergestellt und sind direkt von mir oder über eine Apotheke zu beziehen; die Anschrift dieser Firma finden Sie in den zur Verteilung kommenden Unterlagen. (*Apothekenpflichtig!*)

Schon die alten Ägypter schätzten den Blutstein zur Bekämpfung aller Infektionen. In Griechenland wurde er zermahlen und mit Honig vermischt. Die Mönche auf dem Berg Athos berichten, daß der Achat die Sehkraft schärfe. Noch heute wird in Indien gegen Magenkrebs ein Rubin-Elixier zubereitet und dem Kranken eingeflößt. Die alten Römer waren der Ansicht, daß Jaspis die Epilepsie heilen kann; Hildegard von Bingen schreibt dem Bergkristall die Fähigkeit zu, Drüsenkrankheiten zu heilen. Gegen alle Darmkrankheiten verordneten tibetische Ärzte den Chrysolith. Und in der Mongolei wird gegen Durchfall der Granat gepriesen. Gegen Frauenkrankheiten, vor allen Dingen bei Unterleibskrebs, Gebärmuttersenkung, Erkrankungen der Eierstöcke und Wechseljahr-Beschwerden verordneten die Lamas in der Wüste Gobi zermahlene Halbedelsteine in Wein verrührt. Der berühmte Leibarzt des Kalifen Harun al Raschid empfahl gegen Gallenschmerzen Lapislazuli. Selbst Albertus Magnus - der Lehrvater von Thomas von Aquin - hat den Diamanten als Heilmittel gegen Gallensteine gepriesen; und sowohl Luther als auch Calvin waren überzeugt, daß Bernstein die Gelbsucht heile. Im zaristischen Rußland hatten die frommen Mönche den Saphir als zermahlenen Heilstein gegen innere Geschwüre angewandt. Noch heute werden überall in Zentral-Afrika Harnbeschwerden erfolgreich behandelt mit pulverisiertem Bernstein, der in einer bestimmten Flüssigkeit gelöst wird. Bei den Inkas und den Schamanen galt der Rubin als Stärker des Herzens. Bereits im Altertum galt der Achat als beliebtes Mittel gegen Blutarmut. Dasselbe gilt für Onyx, Karneol und Sarder, die heute vorzugsweise aus Brasilien zu haben sind. Die Sudan-Neger verwenden den Achat gegen Impotenz und Gehirnkrämpfe. Schon im alten Babylon war die Wirkung des Amethysten bekannt, und auch heute noch soll der Amethyst wirksam sein zur Heilung von Tablettensucht und Alkoholabhängigkeit. Zur Suchtentwöhnung wird vielfach der meeresblaue Aquamarin empfohlen, und gegen Herzneurose und unbegründete Ängste hat sich der Aventurin oft als hilfreich erwiesen. Der Bergkristall ist eine große Hilfe sowohl beim Hellsehen als auch bei der telepathischen Fern-Meditation. Der Bernstein soll den zu hohen Blutdruck normalisieren - so wie der Beryll (wenn er eine rosa Farbe hat) gut gegen den grünen Star sein kann. Gegen Altersschwäche, Rheuma und Gicht soll der Chrysopras ein Segen sein, und das blaugrüne Falkenauge soll gut sein gegen Migräne, Neurose und Schlafstörungen. Jedoch kaum ein anderer Edelstein hat so viele Heileigenschaften wie der Diamant - man könnte stundenlang nur über die Wirkungen sprechen, die dem Diamanten zugeschrieben werden. Ein gutes Heilmittel gegen Hörigkeit und grundlose Eifersucht soll der Topas sein. Und der Granat gilt als Talisman zum Schutz gegen Krebs. Der Koralle wird eine hervorragende vitalisierende Wirkung zugeschrieben und Korallen-Pulver gilt bei vielen Völkern als ein ideales Mittel gegen eine ganze Reihe von körperlichen und seelischen Wehwehchen. Demnach schützen Edel-Korallen vor Herzkrankheiten. Lapislazuli war schon im Altertum bekannt als gutes Beruhigungsmittel und soll auch vor Suizidgefahren schützen. Der geheimnisvollste aller Edelsteine ist der

Opal. Sogar bei fast unheilbaren Leiden wird vielfach seine Hilfe in Anspruch genommen. Deswegen hat dieser Stein in Asien den Namen "Anker der Hoffnung".

Der beste Stein gegen Besessenheit soll der in Ceylon zu habende Padparaja sein - was auf ceylonesisch "Morgenröte" bedeutet. Der Peridot oder Chrysolith war schon im alten Burma und Thailand ein bewährtes Mittel gegen Herz-Kreislauf-Beschwerden, Nierenleiden und Krebs - und auch Stoffwechselstörungen. Die Perle ist nach dem Diamanten das zweitwichtigste Kleinod für esoterische Verwendungsformen. Die Fähigkeiten eines Mediums können durch Perlen gesteigert werden.

Aus dem Gesamten ersehen Sie, daß es sich hier um ein umfangreiches Gebiet handelt. Auch gehen die Meinungen über die Heilwirkungen der einzelnen Steine manchmal auseinander. In mühevoller Arbeit habe ich Spreu vom Weizen getrennt. In jahrelangen Versuchen habe ich mich selbst vom heilsamen Einfluß der Edelsteine überzeugt. Meine Versuche und Ergebnisse habe ich schriftlich festgehalten und will versuchen, die gesammelten Erkenntnisse durch Herausgabe einer Broschüre einem größeren Kreis zugänglich zu machen.

Der Weg, der mich zu der Edelsteinheilkunde in Verbindung mit Ayurveda-Medzin geführt hat, wird in meinem Buch *"Lebensweisheit und creative Mystik"*, das direkt von mir zu beziehen ist, aufgezeigt. Einige meiner Leser werden sicherlich Gelegenheit haben, sich mit mir in einem persönlichen Gespräch über anstehende Fragen zu unterhalten.

Gerne stehe ich Ihnen zu Ihrer persönlichen Konsultation, besonders im Hinblick auf esoterische Lebensberatung, zur Verfügung. Ferner weise ich darauf hin, daß ich in der Akademie für interdisziplinäre Medizin als wissenschaftlicher Beirat tätig war. Diese Akademie veranstaltet auch Kurse über Kirlian-Photographie. Gerade die Kirlian-Fotographie erscheint mir interessant, weil man dadurch die Wirksamkeit von Edelsteinen und Ayurveda-Mitteln regelrecht beweisen kann. So z.B. hat sich gezeigt, daß eine Frau, die meine (auf Ayurveda-Basis hergestellte) *"Rosenmilch"* als Kosmetikum verwendet, eine viel hellere und schönere Ausstrahlung auch des feinstofflichen Körpers hatte.

Ähnliche Kurse, die jedoch viel tiefer in die Esoterik gehen, werden von meinem Institut veranstaltet.

Was Goethe mit seinem tiefen Naturverständnis geahnt und mit Dichterworten prophetisch ausgesprochen hatte, das ist heute zum strahlenden Sonnenlicht wissenschaftlicher Erkenntnis geworden.

Mit einem Schlag sind die künstlichen Grenzen gefallen, die man bisher zwischen anorganischer und organischer Natur, zwischen Esoterik und Wissenschaft gutgläubig aufgerichtet hatte. Die Edelstein-Heilkunde ist die Medizin des Wassermannzeitalters.

Eben weil der Diamant keine eigene Farbe besitzt, reflektiert er das reine Licht. So herrlich das Grün eines Smaragdes, das Rot des Rubin, das Blau des Saphirs erscheint, dem klaren Licht der Leere gegenüber bedeutet jede Färbung eine Begrenzung. Lichtbeseelte Edelsteine erinnern uns an unsere eigene Ur-Natur. Auch wir müssen die Gewalt der Schleifmittel erdulden und durch anhaltendes Bemühen selbst an uns arbeiten.

Folgen wir dem ewigen Anruf des Geistes, und wir selbst sind eines Tages eine Handvoll lichtspendender Edelsteine. *Wenn nichts anderes hilft, fragen Sie den Edelsteinforscher.*

P.S.:
Studien zur Pharmakologie heilwirksamer Edelsteine:
Die Pharmakodynamik der Edelsteine (Instayantros) als Ergebnis mikrodosologischer Prüfungen liegt in der inneren Struktur des Edelsteinmoleküls bzw. in den festen Bestandteilen des zugehörigen Protons, die als sogenannte "Quarks" der Forschung nun bekannt sind; es ist zu erwarten, daß auch histopochemisch der Nachweis bald folgen wird. Bei subatomaren Teilchen (von Edelsteinen) sind die Gesetze, denen solche "Quarks" gehorchen, ein weiteres Merkmal, das man durch FARBEN kennzeichnet; nach dem Modell der Quanten-CHROMO-Dynamik (Farbdynamik, genauso wie mein verstorbener Onkel Dr. med. Ghadiali schon 1919 i.d. USA voraussagte - Anm. d. Übersetz.). Noch ist ungewiß, ob sich alle Voraussagen zugunsten der Edelsteine bestätigen werden, doch besteht begründete Aussicht, daß die experimentellen Beobachtungen (Pharmakologie) und die theoretischen Vermutungen (Ayurveda) zu einem einheitlichen Bild verschmelzen. Epikritisch kann angeführt werden, daß die unbekannte Dimension der Edelsteine noch nicht erschöpfend erforscht ist. (A.a.O.: Universität Leningrad: *"Kurzmitteilungen"*).

EINIGE RANDNOTIZEN ZU DER WIRKUNGSART EINES INSTAYANTROS

Wie Prof. Dr. Kurt Becsi in meinem Buch "ASTROSOPHIA THEOMAGICA" so treffend beschrieben hat, bewegt sich zur Zeit die ganze Welt, das Sonnensystem, ja der ganze Kosmos in eine neue Richtung. Eine ganz neue Epoche kommt auf uns zu, die neue Begriffe mit sich bringt und eben diese neuen Begriffe uns auferlegt.

Wir sind am Ende eines Zeitalters, und alles beginnt sich einem neuen Zeitalter zuzuwenden; schlechthin befinden wir uns im Übergang vom Fische- ins Wassermann-Zeitalter. "....Mozarts Zauberflöte geist-stellar das Ende des Fische-Zeitalters charakterisiere... (das neue Aeon) aber den Beginn des Wassermann-Zeitalters bezeichnet..." - so Becsi. Genug: Zur Zeit befinden wir uns im Übergang vom Fische- ins Wassermann-Zeitalter.

Dieses neubegonnene Wassermann-Zeitalter bezeichnet nun Benjour Christianson (Freie Mitteilungsblätter Nr. 150 v. 21. 12. 82) sehr treffend als *das Zeitalter der Schwingungen.*

Ferner meint er (sinngemäß) folgendes, was sehr zur Verständlichmachung der Wirkart von INSTAYANTROS beiträgt. Er meint (und nicht zu Unrecht), daß man extrem hochwertige und äußerst subtile "Substanzen" einem Patienten (auch) immateriell als Schwingung verabfolgen kann. Das trifft a fortiori für alle Formen der Edelsteintherapie zu, wobei man die Heilwirkung durch Schwingungen auch als ein zusätzliches Ereignis bewerten kann, so wie z.B. bei überhochpotenzierten, homöopathischen LM-Arzneien, die lt. B. Christianson "ohnehin nur auf Grund ihrer Schwingungen" wirken. Es ist aber für das Verstehen dieser Dinge nicht unbedingt nötig, daß die Wirkung ausschließlich durch Schwingungen entsteht, es genügt ja vollauf, daß die Schwingungen Gewaltiges beitragen. Und dieses Argument hat ja B. Christianson mit glaubwürdigen Experimenten und Statistik belegt. Ferner:

"All dies ist nur der Anfang einer noch nicht überschaubaren Entwicklung."

Gewiß! Je mehr wir in das jetzige (Wassermann)-Zeitalter fortschreiten, um so mehr werden diese superfeinfühligen (der "Magie" ähnlichen) Begebenheiten verständlicher und vertrauter. Dazu gehört zweifelsohne nicht nur die Telepathie, sondern vielmehr die telepathische Versorgung mit Licht (Intuition, Eingebungen, Impulse) und Kraft (Hilfe, Energie, Trost, Mut, Inspiration), wofür nun ein *Instayantro* besonders gut geeignet erscheint.

Vergegenwärtigt man nun, daß ein INSTAYANTRO oft und nachhaltig unter magnetisierte Pyramiden gelegt wird bzw. mit Vibrationsenergie von Gebetsmantrams plus Pyramidenenergie bereichert wird, so wäre es einsichtig, daß ein INSTAYANTRO viel, viel mehr darstellt als nur die in ihm enthaltenen Edelsteine; Edelsteine in noch so reicher Kombination vermögen nie das zu erreichen (= **die** Schwingung zu erreichen), was ein INSTAYANTRO vermag. Ein INSTAYANTRO ist wie der Mittelpunkt zwischen zwei Nord-Süd gerichteten Pyramiden. Erstellen zwei solche Pyramiden eine Art elektromagnetisches Feld, dann wäre das INSTAYANTRO vergleichbar mit einer genau in die Mitte dieses Feldes gelegten münzartigen kleinen Platte. Nun aber haben die Experimente Christiansons gezeigt, daß eine solche "Platte" dazu fähig ist, (unter anderem auch) Pyramiden-Energie telepathisch (an die gemeinte Person) zu übertragen. Somit ist ersichtlich, daß ein INSTAYANTRO nicht von dem "Glauben" seines Inhabers abhängt, sondern auch dann hilfreich wirken würde, wenn sein Inhaber nicht mal wüßte, daß jemand für ihn ein Instayantro gefertigt hat.

So ist nun B. Christianson weiter zu zitieren (wobei ich die Teile vom Zitat entferne, die die Heilung von Krankheiten erwähnen, um nicht den Eindruck aufkommen zu lassen, daß ein INSTAYANTRO ein "Heilmittel" im Sinne des Arzneimittelwerbegesetzes sei):

"Seither verfeinerten wir die Methode ständig und führten eine große Zahl von Versuchen durch. So unterstützten wir einige Personen (in einer für diese kritischen Zeit). Einige Empfänger fühlen die Energiezufuhr so markant, daß sie sich (zum Erstaunen ihrer Freunde) in ungewöhnlich kurzer Zeit wohlfühlten. Bei hochsensiblen Personen war die Übertragung zum Teil so stark, daß sie (in seltenen Fällen fast) die Grenze des Erträglichen erreichte... Viele Fälle von Kraftlosigkeit wurden erfolgreich... getestet, so auch depressive Zustände. Frappant war, wie sich bei allen (Empfängern), die (in erster Linie eigentlich) Probleme geistig-seelischer Natur hatten (also Fälle für die Lebensberatung), die geistige Führung verstärkte und verbesserte."

(Alle Klammern sind von mir, um den Analogievergleich für den Leser zu erleichtern).

Ein ganz besonders wichtiger und meines Erachtens auch glücklicher Ausdruck in diesem hervorragenden Artikel von B. Christianson ist das, was er bezeichnet als: *eine meditative Imprägnierung*. So schreibt er unter anderem: "Wird eine Übertragung für seelisch-geistige Ziele gemacht, erfordert dies eine *meditative Imprägnierung*...."

Gerade diese meditative Imprägnierung bzw. ähnliche Vorgänge spielen bei der Herstellung von INSTAYANTROS eine sehr wichtige und vielschichtige Rolle, und daraus ergibt sich sein unkalkulierbarer Wert. Das kann man nicht oft genug erwähnen, um unmißverständlich klarzumachen, daß ein INSTAYANTRO einen völlig anderen Wert (und Maßstäbe) hat als den Wert der Edelsteine und/oder Edelmetalle, aus denen das (grobstoffliche) INSTAYANTRO zusammengebaut ist.

Wir schließen mit einem letzten Zitat von Christianson, dem wir alle zu Dank verpflichtet sind für seine Pionierarbeit auf dem Gebiet der telepathischen Übermittlung von (hilfreicher, lichtspendender) Energie. Das Zitat lautet: "Auch die Versuche zur Förderung von Meditationen... verliefen erfolgreich." Das alles ist zweifelsohne zum Nachdenken sehr geeignet.

Dr. phil. P. J. Saher

Auszüge aus Richard Bach:

"THERE'S NO SUCH PLACE AS FAR AWAY"

Nun wird es Zeit, daß du erfährst, was für ein Geschenk (das Instayantro ist, das) ich dir bringe. Dinge aus Blech und Glas nutzen sich in einem Tag ab und werden weggelegt. Für dich habe ich aber eine bessere Gabe.

Es sieht aus wie ein Ring (sprich: Instayantro), den du tragen sollst. Es funkelt in einem besonderen Licht. Keiner kann ihn dir wegnehmen, niemand ihn zunichte machen. Du als einzige auf der Welt kannst den Ring (Instayantro), den ich dir heute gebe, tragen.

Der Ring (Instayantro) verleiht dir eine neue Kraft. Wenn du ihn trägst, kannst du dich in die Schwingen (Schwingungen) aller Vögel (Engel) versetzen - du kannst durch ihre goldenen Augen sehen, kannst den Wind spüren, der durch ihre samtenen Flügel streicht. Das Glücksgefühl, sich über die Welt und all ihre Sorgen zu erheben (Astralflug), wird dir zuteil werden. Solange es dir gefällt, kannst du am Himmel bleiben, über Nacht und Sonnenaufgang, und wenn du danach verlangst, zur Erde zurückzukehren, wirst du auf all deine Fragen Antworten gefunden haben und deiner Ängste ledig sein. (Also: Das Instayantro steigert die Intuition.)

Von keiner Hand zu berühren, unsichtbar fremdem Auge, wird dein Ring (dein Instayantro) um so mehr vermögen, je mehr du dir zutraust. Anfangs wird sich seine Kraft nur im Freien erweisen (im direkten Kontakt mit dem Instayantro), wenn du den Vogel beobachtest, mit dem du fliegst (seelische Anteilnahme). Später aber, wenn du gelernt hast, mit dem Ring (Instayantro) umzugehen, genügen Vögel, die du gar nicht siehst, und zuletzt wird dir aufgehen, daß du weder Ring (Instayantro) noch Vogel brauchst (den Kontakt damit), um über die Stille der Wolken hinzufliegen. Wenn dieser Tag (Tag der Erleuchtung) gekommen ist, gib den Rat zum Ring (Instayantro) weiter an jemanden, der einmal zu verstehen mag, daß nur die Dinge zählen, die aus Wahrheit und Freude gemacht sind, nicht aus Blech und Glas.

Einige Gründe, weshalb man sein Instayantro geheimhalten sollte.

Es gibt leider immer noch negativ gepolte Menschen, die aus irgendeinem Grunde Sie entmutigen wollen, indem sie die ganze Sache ins Lächerliche ziehen; durch Geheimhaltung vermeiden Sie unnötige Kritik, womöglich sogar Spott. Viel besser ist es, Ihre Erfolge für sich sprechen zu lassen. Erst wenn die Leute Sie fragen, warum Sie so viel Erfolg haben, können Sie ihnen vom Instayantro erzählen.

Durch Geheimhaltung umgehen Sie sogenannte "gutgemeinte" Ratschläge. Es könnte sein, daß gewisse Typen, auch wenn sie Sie nicht mit Worten zermürben, so doch unterbewußt an Ihre Mißerfolge denken. So wälzen sie diese Gedanken im Kopf herum, und das erzeugt negative Ausstrahlung. Durch Geheimhaltung vermeiden Sie also negative Gedankenbeeinflussung. (Man denke an die Schweigegelübde in etlichen Märchen.) Es ist besser, wenn andere Ihre Erfolge entdecken und Sie fragen nach dem Geheimnis Ihres Glücks.

Amtliche Begutachtung des INSTAYANTROS
Hiermit bescheinigen wir, daß die von Dr. Purvez Ji K. SAHER ausgesuchten und/oder hergestellten Intayantros von uns in etlichen Verfahren getestet worden sind, und wir haben eine eindeutige Wirkung festgestellt.

Zusätzlich zu einer empirischen Steigerung des Wohlbefindens, der Persönlichkeits-Entfaltung, Steigerung der Kräfte als Voraussetzung für eine evtl. "Geistheilung" gibt es auch andere großartige Wirkungen, die völlig unabhängig von einer Heilung sind - da sie entweder zusätzlich oder gesondert auftreten.

Ferner bescheinigen wir, daß der authentische Natur- und Geistheiler Dr. Purvez Ji K. Saher aus West-Germany von uns bevollmächtigt ist, unsere Angelegenheiten durchzuführen, in unserem Namen zu zeichnen und Formulare mit unserem Briefkopf zu benutzen.

Nach Prüfung bestätigt in Manila, am 16. Januar im Jahre des Herrn 1983, mit meiner Unterschrift und Siegel.

(Originalkopie auf der nächsten Seite)

FILIPINO CHRISTIAN CHURCH
Phase I, Lot 9, Block 11, Pacita Complex
San Pedro, Laguna, Philippines
Telephone 99-28-82

Monsignor Alimidoro E. Sison
SUPREME BISHOP

Rev. Leticia P. Novino
Rev. Crisanto V. Ramos
MISSIONARY PRIESTS

Amtliche Begutachtung des INSTAYANTROS

Hiermit bescheinigen wir, daß die von Dr. Purvez Ji K. SAHER ausgesuchten und/oder hergestellten Instayantros von uns in etlichen Verfahren getestet worden sind, und wir haben eine eindeutige Wirkung festgestellt.

Zusätzlich zu einer empirischen Steigerung des Wohlbefindens, der Persönlichkeits-Entfaltung, Steigerung der Kräfte als Voraussetzung für eine evtl. 'Geistheilung' gibt es auch andere großartige Wirkungen, die völlig unabhängig von einer Heilung sind – da sie entweder zusätzlich oder gesondert auftreten.

Ferner bescheinigen wir, daß der authentische Natur- und Geistheiler Dr. Purvez Ji K. Saher aus West Germany von uns bevollmächtigt ist, unsere Angelegenheiten durchzuführen, in unserem Namen zu zeichnen und Formulare mit unserem Briefkopf zu benutzen.

Nach Prüfung bestätigt in Manila, am 16. Januar im Jahre des Herrn 1983, mit meiner Unterschrift und Siegel.

Gezeichnet von

Novino

(REV. LETICIA P. NOVINO)

certified · Bestätigt · officio

Falls Sie Interesse daran haben, sich näher mit der Edelsteinheilung (nach der Original-Methode des Dortmunder Heilpraktikers Dr. phil. P. J. Saher) zu beschäftigen oder gar ein INSTAYANTRO für sich selbst zu entwerfen bzw. zu erstehen, so wenden Sie sich an die weiter oben abgedruckte Adresse.

Der Autor
Dr. phil. P. J. Saher

DER AUTOR

Am 19. April 1932 wurde der Verfasser als einziger Sohn des parsischen Theaterdirektors Jamshedji K. Saher und seiner Ehefrau Tehmina in Bombay (Indien) geboren.

Er besuchte zunächst eine englische (christliche) Grundschule und wechselte dann in ein einheimisches Privatinternat über. Nach der mit Erfolg bestandenen, staatlichen Abschlußprüfung (Abitur) immatrikulierte er sich 1947 an der Universität Bombay (R. A. Podar College), wo er die akademischen Grade B. Com (1951) und B. A. (1952) erwarb.

Im Jahre 1952 wurde er als postgraduate scholar nach England gesandt und studierte an der Universität London Literaturphilosophie und Metaphysik und an Lincoln's Inn Rechts- und Staatsphilosophie. Mit Erfolg absolvierte er in der Zeit bis 1955 sämtliche Prüfungen im Rahmen des gestellten Curriculums und erwarb somit die staatlich anerkannten Grade LL.B. (with Honour) und Diploma-in-the-Humanities (Philosophy of religious Literature and Metaphysics). Zusätzlich erwarb er den Grad des Barrister-at-Law durch die den englischen Universitäten vom Staat übergeordnete Rechtsanwalts-Innung (Council of Legal Education, Inns of the Court of Law). Dieser Grad entspricht dem deutschen Dr. jur. (Wahlfach: Hindu- and Moslem-Law. Relationship between Religion and Jurisprudence.)

Anschließend ging er nach Holland für ein kurzes Studium im Rahmen des dortigen Internationalen Gerichtshofes in Den Haag, wo er ein Zertifikat für Völkerrecht ausgestellt bekam.

Danach siedelte er über nach Freiburg i. Br. Dort promovierte er 1956 in der *philosophischen* Fakultät mit Auszeichnung (Fächer: Philisophie, Philologie, Politologie).

In Freiburg besuchte er die Vorlesungen von Martin HEIDEGGER. (Ein Vergleich zwischen M. HEIDEGGER und K. JASPERS findet sich in seinem Buch *"Evolution und Gottesidee".)*

Die Begegnung mit HEIDEGGER inspirierte ihn zu einem Versuch, eine der heutigen Zeit entsprechende, "existentielle" Ost-West (d.h. Asien-Europa)-Synthese auf dem Gebiet der Religionsphilosophie und Geistesgeschichte zu entwerfen. Dazu riet ihm auch sein Lehrer Arnold BERGSTRAESSER. Man dachte an etwas, vergleichbar mit R. OTTOS "West-östlicher-Mystik", nur etwas zeitnäher.

Ein über mehrere Jahre befristeter Forschungsauftrag des Landes NordrheinWestfalen veranlaßte ihn, nach Münster zu gehen, wo er dann blieb. Hier machte er im Laufe der Jahre die Bekanntschaft namhafter Theologen und Religionswissenschaftler, wie z.B. GLASENAPP, HEILER, MENSCHING, OHM, RADHAKRISHNAN, HAUER, ELIADE, RATSCHOW, BENZ und GEBSER.

1960 war er in Marburg an den Vorbereitungen des Weltkongresses der Religionen beteiligt. Hier hatte er eine Wiederbegegnung mit dem Zarathustra-Forscher A. BODE, mit welchem er eine Interpretation der GATHAS und des Zarathustra erarbeitet hatte, die, wie Prof. ZAEHNER, Oxford, während des Kongresses erwähnte, in England bereits Anerkennung gefunden hatte.

Später kam es zu einer engen Zusammenarbeit mit dem Team ALTHEIM-STIEHL. Nach der Berufung von Prof. STIEHL von Berlin nach Münster beauftragten sie ihn, u.a. Vorlesungen über Religionsgeschichte des Altertums an der Universität Münster zu halten. Da keine Planstelle vorhanden war, mußte er seine Tätigkeit unterbrechen. Ferner arbeitete er zusammen mit Prof. R. HAUSCHILD in Jena auf dem Gebiet Iranistik/Indologie (Avesta-Sanskrit-Parallelen) und mit Prof. FRAUWALLNER in Wien, dem Kenner der indischen Philosophiegeschichte (vor allem Buddhismus).

Die Bekanntschaft und ein Briefwechsel mit EVANS-WENTZ, dem Herausgeber des sog. "Tibetanischen Totenbuches", erbrachten einen Gedankenaustausch, die tibetischen Varianten des Buddhismus betreffend.

Der Hauptgegenstand seiner vergleichenden religionswissenschaftlichen Forschungen (auch unter religionssoziologischem und religionsphänomenologischem Blickwinkel, wie man es ähnlich, wenn auch nicht ganz in diesem Sinne, bei Joachim WACH findet) war zu der Zeit RADHAKRISHNAN und seine Religionsphilosophie. Hinzu kamen Vergleiche mit HUXLEY, TILLICH, ROMAIN ROLLAND u.a. Das Manuskript mit den Ergebnissen dieser Studien wurde von d r e i Fachleuten geprüft:

1) von dem theologisch orientierten Professor der Philosophie Otto MOST (als Prodekan, Vertreter der phil. Fakultät der Universität Münster),

2) von Prof. H. von GLASENAPP (Seminar für Indologie und vergleichende Religionswissenschaft der Universität Tübingen),

3) vom Orientalischen Seminar der Universität Münster durch dessen Vertreter H. BERGER, jetzt ordentlicher Professor für Indologie am Süd-Asien-Institut der Universität Heidelberg.

Auf Grund dieser Gutachten, die alle drei stark befürwortend waren, ließ das Kultusministerium von Nordrhein-Westfalen diese Arbeit, die einer Habilitationsschrift entsprach, 1962 auf eigene Kosten drucken. Diese de facto Habilitation war nur deswegen nicht mit venia legendi verbunden, weil zu der Zeit ein Fach mit dieser spezifischen Ausrichtung nicht vorhanden war. Das Buch erschien mit einem Vorwort von G. MENSCHING. Es fand auch im Ausland gebührende Anerkennung, so daß der englische Verlag G. Allen and Unwin mit der Bitte an ihn herantrat, ein ähnliches Buch in englischer Sprache zu verfassen, was er - den neuesten Stand der Forschung berücksichtigend - auch tat. Das so verlegte Buch *"Eastern Wisdom and Western Thought"* erfuhr in entsprechenden Fachkreisen eine so positive Aufnahme, daß ihm bald ein zweites Werk im gleichen Verlag folgte unter dem Titel *"Happiness and Immortality"*, ein Werk, das speziell dem Buddhismus und dem Werk Georg GRIMMs gewidmet ist.

In der Zwischenzeit sind etwa zehn Bücher von Saher in deutscher Sprache erschienen, und einige andere sind bereits im Druck bei verschiedenen Verlagen und werden im nächsten Jahr erscheinen, u.a. *"The Conquest of Suffering"* (ein Vergleich zwischen christlicher und buddhistischer Theologie).

Der Verleger A. HENN, Düsseldorf, ernannte ihn zum Herausgeber seiner Schriftenreihe *"Religionspädagogik und Erwachsenenbildung"*, weil er sich in den letzten Jahren zunehmend damit beschäftigt hatte, eine spezifische, interdisziplinäre Didaktik des Faches "Religionswissenschaft" als Projekt der Curriculumforschung zu entwickeln.

Diese Schriftenreihe hat bereits Erfolg gehabt mit dem Lehrbuch *"Im Lichte des Meisters"*, Die Lehre des Buddha in Frage und Antwort von M. KELLER-GRIMM und A. DHAMMAPALA, das gemäß der intendierten Zielsetzung die Didaktik des Religionsunterrichts ebenso berücksichtigt wie den theologischen Inhalt selbst.

Abschließend wäre noch seine Beschäftigung mit Sinologie, Zen, Shintoismus und den tibetischen Religionen zu erwähnen, wobei hier die Herren Prof. Dr. GRIMM (ehemals Münster, jetzt Bochum) und Prof. Dr. E. WALDSCHMIDT (ehemals Göttingen) seine Lehrer und Vorbilder waren.

Saher hält als Zen- und Yoga-Lehrer sowie Naturheilpraktiker laufend praxisorientierte Kurse, in denen fernöstliche Meditationstechniken (Zen, Yoga, tibetische Meditation), Akupunktur, geistiges Heilen u.a. dargelegt werden. Auch die von ihm entwickelte "Tiefen-Meditation" als Methode zur Bewußtseinserweiterung und Persönlichkeitsentfaltung wird in diesen Kursen unterrichtet.

Wenn Ihnen das Buch gefallen hat oder auch weitere Fragen aufwirft, sollten Sie das nächste Buch des Autors

UNIO MYSTICA THEOMAGICA

lesen, das im EWERTVERLAG im Herbst 1995 erscheint!

INFO:

Falls jemand weitere Fragen an den Dortmunder Heilpraktiker Dr. phil. P. J. Saher hat, so wende er sich an:

Dr. phil. P. J. Saher
Sekretariat
- Villa Lemuria -
c/o Gisela Schmid
Postfach 50 12 41
D-50972 Köln

Tel.:	**0221 39 72 91**
Fax:	**0231 52 33 91 (dienstlich)**
	02851 74 58 (privat)